ÖKOZID 5

»EINGEBORENE« – AUSGEBUCHT

JAHRBUCH FÜR ÖKOLOGIE UND BEDROHTE KULTUREN

Herausgegeben von Peter E. Stüben / INFOE
Eine Publikation der Stiftung UMVERTEILEN
AG »dritte Welt – HIER!«

FOCUS

Claus Euler (Hrsg.)

»Eingeborene« – ausgebucht

Ökologische Zerstörung durch Tourismus

ökozid 5

FOCUS

Titelfoto: »Eingeborene« – ausgebucht
Dani-Papuas tanzen im Hochland West-Papuas vor Touristen
(Foto: Peter E. Stüben

Umschlagentwurf/Layout: Florian Maderspacher

CIP-Titelaufnahme der Deutschen Bibliothek

»Eingeborene« – ausgebucht : ökologische Zerstörung durch Tourismus / Claus Euler (Hg.). – Giessen: Focus-Verl., 1989
(Ökozid ; 5)
ISBN 3-88349-374-0
NE: Euler, Claus [Hrsg.]; GT

Satz: Focus Verlag, Gießen
Druck und Bindung: Fuldaer Verlagsanstalt, Fulda

INHALT

Jost Krippendorf

VORWORT

»Zur Hölle mit den Paradiesen« – Schlechte Aussichten für gute Einsichten?

Als ob wir es nicht längst wüßten! Das vorliegende Buch zeigt einmal mehr, nach welchem überwiegenden Muster die sogenannte Tourismusentwicklung sich weltweit abspielt: Egoistische und wirtschaftliche Interessen sind alleinige Zielgrößen. Alles übrige wird ihnen untergeordnet – der Zweck heiligt die Mittel. Natur, Menschen und Kulturen als Gebrauchs- und Verbrauchsgüter, als Wegwerfware des touristischen Konsums. Das touristische Zerstörungspotential ist unermeßlich – die Wut darüber beim Lesen dieses Buches auch. Einmal mehr. Ich bin betroffen. Seit Jahren. Immer wieder. Ohnmachtsgefühle kommen auf. Wir wissen längst, wie ein anderer, ein umwelt- und sozialverantwortlicher Tourismus aussehen müßte. Wir haben Forderungskataloge en masse formuliert, wie sanfter Tourismus zu verwirklichen wäre. So zum Beispiel die 30 Thesen der Arbeitsgemeinschaft »Tourismus mit Einsicht« – ich will hier einige dieser Thesen zitieren. Sie geben das wieder, was man als »konsensfähige Theorie« bezeichnen könnte.

- **Wir als Verantwortliche in Tourismusgebieten**
  Wir streben gleichermaßen eine wirtschaftlich ergiebige, sozialverantwortliche und umweltverträgliche Tourismusentwicklung an. Wir sind entsprechend bereit, dort auf einen weiteren Ausbau zu verzichten, wo er für unsere Bevölkerung und unsere Umwelt zu untragbaren Belastungen führt. Wir hüten uns vor den sogenannten wirtschaftlichen Sachzwängen.

  Wir legen die touristischen Ausbauziele in unseren Orten verbindlich fest und beschränken uns dabei auf das Wünschbare, nicht auf das Machbare. Wir halten uns an diese Ziele und nehmen dabei auch zeitweilige Engpässe bewußt in Kauf.

  Wir wollen die Kontrolle über unseren Grund und Boden behalten. Wir betreiben eine aktive Raumordnungs- und Bodenpolitik. Wir beschränken unser Baugebiet durch sparsame Ausscheidung von Bauzonen. Wir verzichten auf den Bodenverkauf an Auswärtige. Wir setzen uns für eine vorrangige Nutzung der bestehenden Bausubstanz ein.

  Wir verfolgen eine zurückhaltende Erschließungspolitik. Wir wollen deshalb beim Bau neuer oder bei der Erweiterung bestehender Infrastrukturanlagen (insbesondere Straßen, Parkplätze, Flugplätze, Wasserversorgung, Kanalisation) und touristischer Transporteinrichtungen (Luftseilbahnen, Skilifte) vorsichtig sein und die Ausbau-Ziele strikt beachten.

  Wir wollen die Tourismusentwicklung konsequent auf die natürliche und kulturelle Eigenart unserer Region ausrichten. Wir erwarten, daß auch unsere Gäste bereit sind, sich auf uns einzustellen. Wir wollen, daß unsere einheimische Kultur eigenständig und lebendig bleibt. Wir pflegen und fördern unsere Architektur, unser Handwerk, unsere Kunst, unsere Sprache, unsere Bräuche, unsere Gastronomie.

- **Wir als Reiseunternehmen**
  Wir sehen unsere Kunden als lebensfrohe Menschen, die ihre Ferien als die ›schönsten Wochen des Jahres‹ genießen wollen. Wir wissen auch, daß die Zahl der vielseitig interessierten, rücksichtsvollen und umweltbewußten Reisenden immer größer wird. Wir wollen solche Eigenschaften und Haltungen ansprechen und fördern, ohne dabei ›Gäste-Erziehung‹ zu betreiben.
  Wir wollen mit den Leistungsträgern und der einheimischen Bevölkerung in den Zielgebieten partnerschaftlich zusammenarbeiten. Wir setzen uns für faire Geschäftsbedingungen ein, die für alle Partner größtmöglichen Nutzen bringen. Wir fördern in möglichst vielen Bereichen unserer Tätigkeit eine aktive Beteiligung der einheimischen Bevölkerung.
  Wir wollen über unsere Kataloge, Reiseinformationen und Reiseleiter unsere Kunden sachlich und umfassend informieren und Interesse dafür wecken, ein bereistes Land in seiner Gesamtheit zu erfahren. Unsere Werbung soll attraktiv, aber immer ehrlich und verantwortungsbewußt sein. Sie verzichtet auf die üblichen Superlative und klischeehaften Darstellungen in Wort und Bild. Ganz besonders achten wir auf eine respektvolle Beschreibung der Bevölkerung in den Zielgebieten. Wir nehmen Abstand von jeglicher Werbung mit erotischen Abenteuern.

- **Ich als Tourist**
  In den Gebieten, die ich besuche, leben Menschen mit ihrer eigenen Kultur. Ich will mehr über das Land und seine Menschen erfahren. Ich will mich der gastgebenden Bevölkerung anpassen und nicht als ›König Gast‹ das Umgekehrte verlangen. Fragen statt antworten; suchen statt finden.
  Ich bin bereit, auch gegenüber der bereisten Umwelt ein Stück Verantwortung zu übernehmen: Ich gebe mich mit dem zufrieden, was vorhanden ist, und verlange nicht ständig nach mehr Komfort, Luxus und Freizeit-Einrichtungen aller Art; ich benütze umweltfreundliche Verkehrsmittel und gehe viel zu Fuß. Ich bin auch ohne Zweitwohnung glücklich. Natur erfahren und in Eintracht mit ihr leben – wenn schon im Alltag schwierig, dann wenigstens in den Ferien.
  Ich will mir mehr Zeit nehmen und mich der allgemeinen Reisehektik entgegenstellen. Mehr Zeit zum Beobachten, mehr Zeit für Begegnungen, mehr Zeit füreinander. Mehr Zeit insgesamt, um mir etwas anzueignen und in den Alltag mitzunehmen.

So ist denn sanfter Tourismus seit mehr als einem Jahrzehnt in aller Experten- und Forscher-Munde. Was dabei im Vergleich zur übrigen Wissenschaftsszene erstaunlich ist: die Tourismusakademiker argumentieren praktisch zu 100 Prozent deckungsgleich und auch ihre Therapievorschläge zielen in die gleiche Richtung. Sie unterscheiden sich höchstens im Grad der als notwendig erachteten Intervention. Den einigen ›Theoretikern‹ steht nun aber das mächtige Heer der praktischen Entscheidungsträger auf allen Ebenen gegenüber. Und hier ist man sich offensichtlich auch einig: Man will sich nicht an das halten, was die Forscher herausgefunden haben. Von einer »sanften Wende« in der praktischen Politik sind wir noch weit entfernt. Weiter denn je, vielleicht. Obwohl man oft von zunehmendem Umweltbewußtsein spricht. Das Um-fühlen und Um-denken mag stattgefunden haben, das Um-handeln steht noch aus.

Weshalb das alles? Weshalb sind denn alle Akteure dermaßen uneinsichtig? Warum geht die mit dem harten Tourismus verbundene Zerstörung von Umwelt und Kulturen eigentlich ganz friedlich, sozusagen im allseitigen Einverständnis, als fröhliche Apokalypse vor sich? Der Gründe sind viele; für jede Aktorenebene wieder andere, aber alle hängen zusammen.

Die Verantwortlichen in den Tourismusgebieten setzen, oft wider besseres Wissen, weiterhin auf quantitatives Wachstum. Auf die sinnlose Mehrproduktion von Betten, Straßen, Parkplätzen, Seilbahnen, Skiliften, Freizeitanlagen. Das touristische Wettrüsten geht weiter. Das Alibi heißt Sachzwang. Und Zwänge machen Angst. Im Namen der Arbeitsbeschaffung und des Konkurrenzkampfes. Amen. Schlicht und ergreifend.

Die Reiseunternehmen, die Hersteller der Ware »Reise«, sind keine gemeinnützigen Institutionen, sondern kommerzielle Unternehmen. Für sie ist es letztlich ohne Belang, warum und wie eine Reise unternommen wird. Interessant ist nur, daß sie unternommen wird. »Tourismus ist Geschäft und nicht Wohltätigkeit« – »Zur Hölle mit den Paradiesen!«, so sprechen Tourismuspromotoren. Unter dem Druck der Tourismuskritik sind zwar neuerdings die Reisekataloge um eine Spur ehrlicher geworden. Sie machen den Touristen da und dort auf die Unterschiede zwischen seinem und dem besuchten Land aufmerksam. Manchmal kann man sogar eine Aufforderung zu rücksichtsvollem Verhalten lesen. Aber bei diesen Ansätzen und Ausnahmen wird es dann wohl bleiben. Man hat dem neuen Wind zwar etwas Rechnung getragen und kann sich als fortschrittlich ausweisen. Aber sich selbst das Geschäft vermiesen, das möchte man nun auch wieder nicht. Man ist ja schließlich Reiseveranstalter und kein länderkundlicher Verein. Und solange die Konkurrenten nicht auch auf ein kritischeres Marketing einschwenken, kann man beim besten Willen nicht mehr tun. Klischees sind gefragt, und Klischees sollen die Leute haben. Die Reiseziele sind beliebig austauschbar. Sie lassen sich durchblättern, wie die Seiten eines Reisekatalogs.

Und die Touristen? Auch sie haben ihren egoistischen Standpunkt. Ihre eigene Erholung geht ihnen über alles. Ihre Reisen sind viel mehr von einem »Von-weg« als von einem »Hin-zu« motiviert. Das Sichabstoßen von der alltäglichen Situation ist wesentlicher als das Interesse an den besuchten Gebieten und Menschen. Es ist nicht so wichtig, wohin man fährt, nur raus aus dem Alltag, abschalten, Tapetenwechsel. Weg von zu Hause und frei: »Jetzt sage ich einmal, was geht, und es soll für mich gut sein.« Die Have-a-good-time-Ideologie und die Morgen-sind-wir-schon-wieder-fort-Haltung beherrschen die Szene. Verantwortung wird abgelehnt. Egoismus ist Trumpf.

Der gemeinsame Grund, der hinter alledem steht, ist das in unseren Industrieländern immer noch vorherrschende Menschenbild des Homo oeconomicus. Der rational denkende Mensch, der sich von seinen egoistischen, materiellen Nutzenerwägungen leiten läßt und ohne Rücksicht auf soziale oder ökologische Verluste das tut, was ihm kurzfristig am meisten bringt. Ihm ist die Umwelt im Prinzip egal: Sie ist für ihn nichts weiter als ein freies Gut, das er als Produktionsmittel verwenden und kommerzialisieren oder als Wegwerfgut konsumieren kann. Frei nach dem bayerischen Mundartdichter Harald Grill: »Uns Urlaubern ist die Landschaft egal. Wenn sie kaputt ist, fahren wir woanders hin. Uns Einheimischen ist die Landschaft auch egal. Wenn wir sie kaputtgemacht haben, fahren wir in Urlaub!«

Düstere Perspektiven? Solange der Homo socialis und der Homo oecologicus es schwer haben, neben dem Homo oeconomicus aufzukommen, bleiben die Perspektiven düster. Allerdings gibt es sehr viel ermutigende Anzeichen, daß ein tiefgreifender Bewußtseinswandel in Gang gekommen ist: Der Homo oecologicus ist im Vormarsch, allen Widerständen zum Trotz. Aber wie gesagt: von einem massenhaften Um-handeln sind wir noch weit entfernt. Und bis es vielleicht einmal wirklich anders wird, machen wir weiter nach dem Motto von Bertolt Brecht:

»Und sie sägten an den Ästen
auf denen sie saßen,
und schrien sich zu ihren Erfahrungen
wie man besser sägen könne.
Und fuhren mit Krachen in die Tiefe,
und die ihnen zusahen beim Sägen
schüttelten die Köpfe
und sägten kräftig weiter.«

Claus Euler

EINLEITUNG

Touristische »Erschließung« ist ökologische Zerstörung

Rings um den Globus breitet sich die »weiße Industrie« Tourismus in rasantem Tempo aus und ergreift mit Riesenkrallen und mit wenigen Ausnahmen von jeder Nation Besitz, die dem Geschäft mit Reisen bislang nur untergeordnete oder gar keine Aufmerksamkeit geschenkt hat. Verfolgt man die Pressemitteilungen daraufhin ein wenig intensiver, so fallen Beispiele genug auf, die zeigen, daß Tourismus zwar (für sich selbst) innovativ ist, aber vor allem verdrängt, ersetzt und oftmals zerstört, wo er von »Erschließung« oder gar »Inwertsetzung« spricht:

»Ein Leckerbissen ganz besonderer Art: die touristische Entjungferung Omans durch 240 Schweizer Reisebürofachleute«;[1] (der heilige) »Berg Arat für Touristen«;[2] »Insel Phuket: Tourismus statt Zinn«.[3] Nepal gab in diesem Jahr weitere bislang zu den »restricted areas« zählenden Regionen seines Staatsgebietes für den Tourismus frei; nach zweieinhalb Jahrzehnten strikter Begrenzung auf Sieben-Tage-Visa erlaubt Burma nun erstmals einen 14-tägigen Aufenthalt;[4] Übernachtungen in japanischen Klöstern werden möglich; usw. usw.

»Visit Bangladesh before tourists come«, heißt der lockende Werbespruch der nationalen Tourismusbehörde. Selbst Bangladesh, das dichtbesiedelste und eines der ärmsten Länder der Erde, will im Tourismusgeschäft Fuß fassen und war deshalb erstmals 1989 auch bei der »Internationalen Tourismus Börse« (ITB) in Berlin vertreten. Das Land der Extreme hat auch im Bereich Tourismus einen Rekord aufzuweisen: mit 120 km hat es den längsten Sandstrand der Welt.

Mit der Erweiterung der Ziele ändert sich auch die Palette des Angebotes; immer extremere Gebiete des Globus werden einbezogen und erfordern neue Reisearten, deren Bezeichnung eine verschiedenartige Anziehungskraft ausüben: der Höhlentourismus lockt mit »Höhlentrekking«;[5] vom Hallenskilaufen in Japan[6] über »Heliskiing« im Himalaya[7] bis zum futuristischsten Skigebiet der Welt im französischen Les Arcs, das seinen Gästen die »Apocalypse Snow und intergalaktische Sprünge im silberfarbenen Astronautenlook«[8] verspricht. Ob Kongresse auf Hochsee-Eisbrechern, »Tauchen im Fauteuil«[9] oder das Buchen eines Mondfluges, ob »Besuche« bei Indianern in den letzten Regenwäldern, das »Encounter« mit den »Seezigeunern« in Südostasien oder den Pygmäen in der Kalahari-Wüste Afrikas, noch besser gar – im Zeichen der australischen »200-Jahr-Feier« – eine Nacht als Sträfling in Kingston Bay in historischen Kostümen: immer geht es für den satten Bürger der reichen Industrienationen darum, seinen Hunger nach etwas Neuem zu stillen, aus seiner reglementierten Umgebung auszubrechen, zu entdecken und überall dabei zu sein. Das perverseste Angebot begegnete mir in einer chinesischen Tageszeitung unter dem Titel »Bizarre new options open up for tourists«. Dort konnte ich lesen, daß der neue, englische Travel Club »Holidays for Maniacs« Touren zu politischen Spannungsgebieten in Afrika, Zentralamerika und dem Nahen Osten anbietet. Risiko und Nervenkitzel als Entertainment ist gefragt, das Motto des Veranstalters: »I love unusual destinations and getting away from the kind of plastic locations most tourists go for«.[10]

Diese Extreme, wird man zu Recht einwenden, betreffen nur wenige Reisende und nur die außergewöhnlichen Ansprüche. Doch als Trends, sozusagen als Speerspitze einer Boom-Industrie, sind sie Signale eines rücksichtslosen Konsums, die durch die Werbestrategen bis in den kleinsten Winkel der Erdkugel ausgestrahlt werden sollen.

Was die Touristen zu »entdecken« aufgefordert werden, haben vor ihnen zwangsläufig längst die geschäftstüchtigen Tourismusmanager »erschlossen«, das durchprogrammierte Abenteuer kann auch erst dann beginnen. Wenn wir, 496 Jahre nach Columbus heute die Bahamas »wiederentdecken«,[11] dann entdecken wir auch den kolonialen Reise-[12] und Sprachstil von neuem.[13]

Mobilität ist zum wichtigsten Barometer unserer Prestigeskala geworden. Die Pflicht zur Differenz, würde Sloterdijk sagen, treibt uns in einen unausweichlichen Originalitätsstreß. Wir entwickeln uns vom Globetrotter zum Globejetter; das Credo: ich reise, also bin ich! Es lebe die Dromokratie, die Herrschaft der Geschwindigkeit:[14] es ist egal, wo man ist, Hauptsache man ist nicht zuhause, denn dort »geht man in Kur« d.h. nimmt Urlaub vom Urlaub, um sich zu erholen. Von einer »Reisekultur« kann also schon gar nicht mehr die Rede sein; eine Erholung ohne Reisen ist undenkbar, weil sie ohne jeglichen Prestigewert bleibt.

Jedes Land bietet sich mit eigener Superlative oder etwas ganz Besonderem an und alle wollen, ohne Rücksicht auf die Umwelt, kräftig mitverdienen; zu den Ölmagnaten und Edelsteinmillionären gesellt sich eine neue Spezies hinzu: die Freizeitbarone. Zuhause wehrt man sich gegen Hühnerbatterien, am Strand ist man dann selbst zur Sonnenöl-Sardine degradiert; also: ab ins Paradies.

Äußere Grenzen werden im Jetzeitalter in Minutenschnelle überschritten, die inneren Grenzen jedoch nur ganz selten überhaupt einmal. Also auch beim »Gastmahl bei Kopfjägern« in Borneo[15] nicht, wo der Kontrast so irrsinnig ist, daß die so hoch bewertete »Kulturbegegnung« vor Zynismus nur so trieft: sie kann nichts anderes sein als Kulturzerstörung; die Logik des Schutzes schlägt Kapriolen!

Das touristische Objekt, ob Landschaft oder »Eingeborener«, wird zur Staffage unserer Konsumbedürfnisse; die Fotovandalen fallen in den ja sowieso dem Untergang geweihten[16] Alltag der Steinzeitmenschen ein, werden selbst zu »Wilden«.

Sollen doch alle zufrieden sein und selber sehen, wie sie partizipieren können. Den Reibach machen die Großen, aller Abfall (im umfassendsten Sinne des Wortes!) bleibt bei den Kleinen: die »Eingeborenen« sind ausgebootet, aber ausgebucht.

Sehen Sie sich also die letzten Ureinwohner der Erde an, so lange es sie noch gibt, bevor sie vom Heer der exotikhungrigen Abenteuertouristen von der Steinzeit in die Postmoderne geschleudert werden und jegliche Authentizität durch Scheinrealität[17] ersetzt wird.

Fatale Folge: Nicht nur die kulturelle Intimität des Fremden, des Gastvolkes, sondern auch die gesamte ökologische Unberührtheit wird zerstört. Verantwortungslos macht sich der »Verbraucher« vondannen und hinterläßt oft das Chaos einer Müllhalde, einer Zwangsumsiedlung, eingeschleppter Krankheiten und die Bedrückung auf seiten der »Bereisten«, daß sie in der nächsten Saison, ungefragt, wieder überfallen werden. Eingesperrt in die Bedürfniswelt ihnen Fremder vollzieht sich der totale touristische Ausverkauf, die arrangierte Ausbeutung, der Gipfel unvorstellbarer Arroganz und Ignoranz!

Die touristischen »Facilities« werden den Einheimischen zu Symbolen einer neuen

Bevormundung, sind ihnen Signale des bevorstehenden, aufgezwungenen Wandels. Die »Eingeborenen« müssen – für uns Sinnbild der eigenen, längst überwundenen Vergangenheit – als Gradmesser unserer Überlegenheit herhalten. Sie dienen in Zukunft, entweder in der erstarrten Haltung längst ausgerotteter Traditionen, oder als farbenfroh dekorierte Hopser ihres eigenen kulturellen Totentanzes, nur noch dem inszenierten Phototermin; je nackter, desto besser. Der gnadenlose Voyeurismus, erkauft durch Geschenke, die nur wir als solche betrachten, degradiert die Einheimischen mehr und mehr zu Pflegefällen unseres Glaubens, die »Zivilisation« verbreiten zu müssen.

Nicht einer einzigen vom westlichen Gesellschaftsmodell (noch!) weitgehend unberührt lebenden Urbevölkerungsgruppe hat touristische Erschließung eine Chance gelassen, die Distanz zum Fremden selbst zu bestimmen. Aber wir setzen nicht nur Distanz, sondern auch Geschwindigkeit, Ausmaß und Richtung der Vereinnahmung alleine fest: bereist, verreist, zerreist. Es gibt andere Wortspiele, die sich geradezu aufdrängen und bereits existierenden die Krone der Kritik aufsetzen: Tourismus-Tourorismus-Terrourismus.[18]

Wir erfinden immer wieder neue Möglichkeiten uns selbst etwas vorzumachen. Also müßte nun nach »Band-Aid« und seinen Alibi-Geschwistern »Live-Aid«, »Sport-Aid« und »Cartoon-Aid«, über das »Eat-Aid«, bei dem sich an einem Tag die Reichen dieser Erde gegen eine publicitywirksame Geldsumme vollfressen und aus dem Erlös ein Projekt gegen den Hunger in der Welt gestiftet wird, bald auch ein »Tour-Aid« ins Leben gerufen werden: jede(r) Reisende stiftet 2 % des Reisepreises für die durch diese Reise entstandenen kulturellen und ökologischen Schäden.

Diese radikal-kritische Bestandsaufnahme ist Spiegel des sich weltweit regenden Widerstandes und fordert weiteres Umdenken und -handeln, das der Ausbreitung der Zerstörung Einhalt gebietet. Lebensraum geht vor Vergnügungsraum!

Brauchen wir eine »Organisation tourismusimportierender Länder« (OTIC) oder einen Reisetauglichkeitstest bezogen auf »Kulturbegegnungsfähigkeit«? Gesellschaftliche Phantasie ist gefragt und wird ausprobiert (Beispiel: das Konzept »Stattreisen«).

Vieles hat dieses Buch nicht leisten können: konkrete Anforderungen an die Politiker etwa, haben in einem Jahrbuch aber auch nicht das geeignete Forum. Die kritische Analyse überwiegt also auch hier. Es geht um umweltzerstörerische Folgen durch Reisen von Menschen; ökologische Auswirkungen von Sondermülltourismus oder solche der Reisen von Katastrophenhilfsgeldern sind also einer eigenen Betrachtung vorbehalten.

Zum Inhalt

Durch das Interview mit **Al Imfeld** haben wir eine breite Einführung an den Anfang gestellt. **Uwe Kievelitz** geht in seiner Untersuchung über den speziellen Reisetypus »Ethnotourismus« auf die Auswirkungen interkultureller Kurzkontakte mit »Eingeborenen« ein. In einem zweiten, ebenfalls nicht regional spezifischen Beitrag machen **Robert Dilger** und **Rainer Buchwald** deutlich, daß zwischen der Ausbeutung des wissenschaftlichen Tourismus früher und heute nur ein gradueller Unterschied besteht.

Ökologische Zerstörung durch Tourismus findet nicht nur fernab unseres Alltags, sondern auch vor unserer eigenen Türe statt: Die Alternative zur Ausbeutung der »3. Welt« kann nicht heißen, daß wir die Tropen zu uns holen. **Günter Ermlich** hat sich intensiv mit dem holländischen »Centre Parc-Konzept« beschäftigt und mit den Betroffenen in den Dörfern der Lüneburger Heide gesprochen. Wie im norddeutschen Flachland, so kommt auch in den Bergen das große Geschäft immer vor der Naturbewahrung: Skitourismus in den Alpen ist für die zunehmende Vernichtung eines ganzen Ökosystems verantwortlich; der von **Manfred Spöttl** beschriebene, engagierte Kampf von Karl Partsch muß deshalb noch mehr Nachahmer finden.

Frank Kressing's Nachbetrachtung zum Kampf der Lubicon-Cree Indianer gegen die von Ölmultis gesponserten olympischen Winterspiele in Calgary 1988 ist nicht nur ein Aufschrei von vernachlässigten Staatsbürgern zweiter Klasse, sondern auch Appell gegen den Verlust der »olympischen Idee« zugunsten des Kommerz. Dieses Beispiel zeigt besonders deutlich, wie direkt Landschaftszerstörung für Sporttourismus auch Zerstörung des Lebensraums von Minderheiten ist.

Als ökologische Zerstörung besonderer Art wollte ich auch den Sextourismus verstanden wissen, zumal die Lebenswelt der Frauen, die in die Prostitution gezwungen werden, oft doppelt zerstört wird: erst in ihrer Heimat und ein zweites Mal, nachdem die mit Touristen eingegangene Ehe in dessen Herkunftsland im Chaos endet. Die Ethnologin **Heidi Thiemann** skizziert aus ihrer Forschung in Thailand, wie sich die sozialen Strukturen bis in die Dörfer drastisch verändert haben.

Weltweites Echo hat der Protest der verschiedenen Widerstandsgruppen in Goa gegen den geplanten Luxustourismus gefunden. Mit Gesetzestricks wird Küstenland enteignet und zum Industrieland erklärt. U. a. mit der Verbreitung der Meinung des Volkes – wie der übersetzten Rede von **Albertina Almeida** im vorliegenden Buch – ist es gelungen, daß die Ausführung des Masterplans der indischen Regierung zunächst unterbrochen ist. Daß diese Entscheidung nichts mit Einsicht zu tun hat, zeigt vielleicht auch die Tatsache, daß die Untersuchung, die sich im Rahmen des ASA-Programms zum Thema »Strandtourismus« in Indien speziell mit Goa beschäftigen wollte, von den indischen Behörden abgelehnt wurde.

Einen ermutigenden Ansatz, das mittlerweile weltweit bekanntgewordene Konzept des »Sanften Tourismus« oder »Tourismus mit Einsicht« praktisch und gewinnbringend für alle Beteiligten umzusetzen, stellt **Ludmilla Tüting** mit dem *Annapurna Conservation Area Project* vor: umweltschonend entwickeln und die lokale Bevölkerung auf allen Ebenen mitentscheiden lassen, sind zwei der Kriterien für zukünftige Planung, die nicht nur im indischen Subkontinent (**Christine Plüss** beschreibt die rücksichtslose Planung der Malediven), sondern auch im Pazifik (im Beitrag von **Christiane Brauer**) Verbreitung finden müssen.

Langfristig sicher eher den Möglichkeiten für Deviseneinnahmen nachgebend als bedrohte Lebensräume schützend, wird sich – so meine pessimistische Prognose – auch das Konzept des Gorilla-Tourismus, das **Karl-Heinz Kohnen** und **Rüdiger Braun** aus Zentralafrika sehr genau kennen, dem Kommerz beugen.

Yörn Kreib zeigt in seiner Studie, welche Reiseprogramme von Umweltschutzorganisationen tatsächlich umweltverträglichen Tourismus praktizieren. Die Reiseprospekt-Rezension von **Asun Garcia** schließt den Kreis der Thematik zur Vermarktung des Abenteuers: *»Macht euch die Erde untertan«.*

Anmerkungen

1 »Die Weltwoche« vom 24.11.1988
2 »Tagblatt der Stadt Zürich« vom 29.11.1988
3 »Rheinische Post« vom 6.5.1989
4 »Asiaweek« vom 26.5.1989
5 »Tagesanzeiger« vom 24.6.1988
6 »Die Zeit« vom 24.6.1988
7 »Tagesanzeiger« vom 2.3.1988 und »The Sunday Telegraph« vom 9.10.1988
8 »Die Weltwoche« vom 3.3.1988
9 »Zürcher City« vom 6.1.1989
10 »China Daily« vom 1.6.1988
11 Werbespruch des Bahamas Tourist Office, Frankfurt/M.
12 mit der Werbung im Zürcher »Tagesanzeiger« für Reisegepäck der Warenhausgenossenschaft MIGROS assoziiere ich automatisch Reisen im kolonialen Stil
13 Klemens Ludwig hat dies in einem kurzen, aber prägnanten Leserbrief in der »Frankfurter Rundschau« vom 23.11.1988 kritisch zusammengefaßt.
14 aus Kort Schnibben's brillantem Artikel in »Die Zeit« vom 27.5.1988: »Köln – Karibik und zurück. Zur ›Beach Party‹ nach Barbados – eine 24-Stunden-Reise in das nächste Jahrtausend«
15 Titelbildbericht-Ankündigung in der Zeitschrift »Traveller's World« 1/89
16 die zwei entsprechenden Passagen des arroganten und diskriminierenden Textes aus dem Reiseprospekt der Firma *Sacha Travels* (Rümlang/Schweiz) können eigentlich nicht oft genug als Negativbeispiel zitiert werden und finden sich deshalb in der Reiseprospekt-Rezension von Asun Garcia in voller Länge.

». . . und sie lassen die Puppen tanzen« – Dani-Pa pua-Tänzer vor Touristen im Hochland West-Papuas
(Foto: Peter E. Stüben

I. »Konsum auf allen Ebenen«

»Tourismus: Die raffinierteste Vermarktung all unserer Sehnsüchte und die perfide Monetarisierung menschlicher Weltoffenheit«

Gespräch von Mitgliedern des INFOE-Schweiz mit dem Journalisten Al Imfeld

Al Imfeld: Bevor wir dieses Gespräch führen, möchte ich vorausschicken, was ich unter Tourismus verstehe und wie Tourismus heute insgesamt gesehen werden muß. Daraus ergibt sich nachher eher eine Alternative und ein Aktionsmodell.

Für mich ist Tourismus nicht Freizeit oder Reisen, sondern Tourismus ist Geschäft. Tourismus ist ein Teil dessen, was in der Wirtschaftswissenschaft als Tertiärsektor bezeichnet wird. Tourismus ist ein ganzes Paket, fein verpackt geschnürt und sehr komplex verflochten: angefangen vom Reisebüro bis zur Computeranlage, die Hotellerie, das Restaurant, die Fluglinie, das Benzin, aber auch Versicherungen usw. Man sieht hier eine riesige Verflechtung. Tourismus ist deshalb nichts anderes als eine monetarisierte und kommerzialisierte Existenzweise, die sich mit verschiedenen, komplexen Werten des Menschen befaßt und sie nun umsetzt zu einer Art Tertiärwirtschaft. Im Tourismus eingeschlossen sind also auch theologische, psychologische, soziale und kulturelle Aspekte. Hier werden Werte miteingebaut, die von der Werbung z. T. systematisch gebraucht oder mißbraucht werden. Deshalb ist Tourismus in der Wirtschaftswissenschaft die ideale Form einer transnationalen Gesellschaft. Auch wenn er sich nicht als einzelnes Produkt eines Multis zeigt, ist er bereits kennzeichnend für das, was im Moment international passiert: die totale Verschmelzung von primärem, sekundärem und tertiärem Sektor, die horizontale und vertikale Verknüpfung von Firmen und Tätigkeiten. Mit *horizontal* meine ich Produktionsmittel, Produktionsweisen und Produkte, die auf der gleichen Ebene liegen, beispielsweise Land, Landwirtschaft, Essen, Trinken, Restaurationsbetrieb etc. Wenn ich Firmen in diesem Bereich nehme, bin ich im traditionellen Agrobusiness. Der Tourismus geht aber auch in die Vertikale; er spannt also den Primärsektor ein, weil er Land und Landwirtschaft braucht. Er braucht aber auch Industrieprodukte und vor allem den Dienstleistungssektor, der vom Menschen selbst immer mehr, auch zur Freizeitgestaltung, gefordert wird. Dieser wird kommerzialisiert über Banken, Hotellerie und das System der Versicherungen/Absicherungen. In diesem Sinne kann man sehen, daß Tourismus in einer neuen Form und in subtilster Art über alle Grenzen hinweggeht. Wenn wir heute Tourismus ökonomisch beurteilen, können wir nicht unterscheiden zwischen Nah- und Ferntourismus. Vor dem Hintergrund seiner unkontrollierten Abwicklung wird klar, daß er eine subtile Form des Kolonialismus ist oder geworden ist. Das finde ich wichtig, am Anfang erwähnt zu haben, um dem Phänomen in seiner Analyse habhaft zu werden.

Al Imfeld (rechts) mit den beiden INFOE-Mitarbeitern Claus Euler und Werner Thut (Foto: Claus Euler)

Claus Euler: Du bist ja von Anfang an bei der Diskussion dabeigewesen, die sich mit den Bereichen Tourismus, Entwicklung, Konsum usw. befaßt. Du hast vor über zehn Jahren den »Arbeitskreis Tourismus und Entwicklung« in Basel mitbegründet. Was hat sich seit dieser Zeit an Deinen Positionen geändert?

Al Imfeld: Rein persönlich habe ich sehr viel dazugelernt. Es ist immer so, daß man erst an einen Aspekt herangeht und dann der zweite und dritte hinzukommt. Der weltweite Austausch von Studien über die Auswirkungen zeigt dann weitere Zusammenhänge, und ich habe mich in meiner Vertiefung dann mehr dem kulturellen Bereich zugewendet. Ich hatte auch meine Schwierigkeiten mit dem Kreis, weil ich das Gefühl hatte, wir fahren zu rasch auf eine Alternative ab. Im Laufe der Auseinandersetzung hat sich bei mir ein vertieftes Umweltbewußtsein, speziell bezüglich dieser Thematik, hinzugesellt. Früher dagegen hatte man das Phänomen sehr stark einseitig vom kolonialistischen, also politischen Standpunkt aus gesehen, während nun der Faktor der ökologischen Zerstörung – Umweltbelastungen hier und in der »3. Welt« – hinzukam. Die Unzufriedenheit ist gegenüber damals die gleiche, aber ich sehe die Probleme heute seriöser und in ihrer gewachsenen Komplexität. Das bedeutet, daß es nicht einfach ist, eine Alternative sofort zu finden, denn wir müssen mit verschiedenen Faktoren umzugehen lernen. Ich bin von einem puren Entweder-oder weggekommen.

Werner Thut: Heißt das, daß Du in der Analyse und in der Suche nach Lösugsvorschlägen radikaler geworden bist, weil es schwieriger geworden ist, überhaupt etwas Machbares in Form einer politischen Forderung zu entwickeln?

Al Imfeld: Ja und nein; es kommt immer darauf an, was unter *radikaler* verstanden wird. Wenn Du ein stärkeres Entweder-oder meinst, dann bin ich nicht radikaler geworden, weil ich sehe, daß es nichts gibt, was monokausal zu lösen wäre. Ich bin verflochtener geworden. Da das politische System auch in der Gesetzgebung sehr stark auf einem Entweder-oder und Monokausalität aufbaut, muß ich zunächst den Faktor der Verursachung finden, bevor ich ihn gesetzmäßig und mit einem politischen Ansatz angehen kann. Heute sehen wir, daß die Problematik mit einem Gesetz allein nicht faßbar ist. Man muß auf verschiedenen Ebenen operieren; ich selbst kann an verschiedenen Fäden ziehen, muß aber gleichzeitig andere Gruppen animieren und bestärken und andere Stoßrichtungen vorschlagen, damit sie an andern Fäden ziehen, wenn ich es selbst nicht kann. Genauso, wie der Tourismus auf den verschiedenen horizontalen und vertikalen Ebenen agiert, muß ich versuchen, die entsprechenden Initiativen zu finden und zu vernetzen, auch im Kampf, weil eine Landreformgruppe genauso wichtig ist, wie eine, die versucht, ein sanftes Tourismuskonzept zu entwickeln.

Die Werbung suggeriert Endzeitstimmung

Claus Euler: Es sind in der allgemeinen Diskussion Vokabeln gefallen, die z. T. auch von Dir stammen bzw. von Dir verwendet werden: Torschlußpanik, Chaos, heranwachsendes Monster etc. Gibt es tatsächlich eine Endzeitstimmung, wie sie manchmal apostrophiert wird? Der *Spiegel* (Nr. 31/1988, d. Red.) schreibt: »Es beginnt der Kampf um die letzten Paradiese«. Gibt es heute für ein Engagement nicht Zwänge, die viel rascheres und intensiveres Suchen nach Lösungsvorschlägen erfordern?

Al Imfeld: Torschlußpanik und Tourismus halte ich für sehr eng miteinander verbunden, weil ja Tourismus in unserer Welt sehr stark zu einem Fluchtphänomen geworden ist. Je unwohler sich der Mensch hier fühlt, desto mehr möchte er ausbrechen. Dieses Unwohlsein findet sich auf verschiedenen Ebenen: ein Theologe wird das konstatieren als ein Sehnsuchtsphänomen, ein Suchen nach einer heilen Welt oder dem Paradies; ein Gewerkschafter stellt fest, daß dieser Mensch hier so eingespannt ist, daß er weg will, weil er einen Freiraum braucht außerhalb unseres Käfigbetriebes in der Fabrik oder im sozialen Bereich des Wohnens. Dieser Mensch möchte ausbrechen, mal etwas anderes haben. Er fragt sich nicht, in was er eigentlich ausbricht; wichtig ist nur, daß es anders ist, als er es hier hat. Die Motive dieses Menschen, der keine Zeit hat zu großen Reflektionen, werden von den Tourismusgeschäftemachern aufgefangen. Mit Werbung werden die verschiedenen Motive geschickt miteinander verbunden.

Claus Euler: Mit der Werbung wird also auch diese Endzeitstimmung suggeriert?

Al Imfeld: Ja, ganz genau. Da möchte ich von meiner sowohl theologischen als auch psychologischen Ausbildung her sagen: Das ist eine der wohl raffiniertesten Verbindungen, denn wenn ich eine Endzeitstimmung habe, dann heißt das, es bricht hier etwas zusammen und es bricht die neue Welt auf. Die neue Welt kannst Du als heile Welt, als Paradies, als Himmel verstehen. All das wird für den Tourismus in kleine Bildchen zerstückelt. Je mehr Endzeitstimmung – »no future«, Eschatologie – ich hier habe oder unterstelle, desto leichter hat es die Branche zu sagen: geht weg oder kommt mit. So wird ein Weg geboten, der die Uhr vermeintlich von fünf vor zwölf wieder auf sechs vor zwölf zurückdreht.

Noch eine letzte Anmerkung zu dieser so vielschichtigen Thematik: Wir sind so verindividualisiert und punktualisiert worden, daß wir die großen Zusammenhänge nicht mehr sehen; alles, was ein bißchen weiter von uns weg ist, verführt zum Ausbrechen und dem Glauben, nur meine Welt sei kaputt, während »die draußen« als einzige noch heil ist. »Draußen ist das Heil« ist eine typisch abendländisch-westliche Vorstellung. Die Verbindung von innen und außen, die auch in der Umweltproblematik und in unserem neuen Denken wieder aufleuchtet, die ist zerbrochen. Deshalb geht man hinaus.

Fritz Berger: Für mich gibt es da einen Widerspruch in touristischem Verhalten: Auf der einen Seite gibt es die »Dritte Welt«, die »Unterentwickelten«, die »Primitiven«, die »Schlechten«. Auf der anderen Seite wird die Ferne als heile Welt verkauft und empfunden.

Al Imfeld: Da mußt Du einen wesentlichen Unterschied machen, den ja auch die Branche macht: wir gehen doch nicht zu Menschen, sondern in die Natur. Da wirken diese alten, kolonialen Begriffe von Natur nach, d.h. der »Unterentwickelte« hat »Natur«; etwas, das noch nicht in unser menschliches Gestalten hineingenommen worden ist. Das wird mit den Begriffen »wild« und »Naturreligion« assoziiert, mit dem, was der Mensch hier erleben möchte, wovor er aber Angst hat. Vor den Menschen hat er dann erst recht Angst. Also zieht er sich zurück auf die von uns abgesicherten Paket-Paradiese eigener Hotels, abgesicherte Strände und Versicherungen.

Nur selten findet also im Tourismus eine wirkliche Begegnung der Kulturen statt. Die andere Kultur wird dagegen – im Nachtclub, im Hotel oder am Strand – kommerzialisiert, gekauft, weil konserviert hingestellt. Insofern ist der von Dir geäußerte Widerspruch eigentlich keiner. Dennoch werden bestimmte Assoziationsschemen bei den Menschen ausgelöst, die einige Widersprüche belassen.

Claus Euler: Weil man diese Natur nicht mit nach Hause nehmen kann und heute auch, statt mit dem Gewehr, mit der Kamera zur Eroberung unterwegs ist, werden von der Natur nur Bilder mitgebracht. So holt man sich seine Spritze Natur, die man braucht, woanders, anstatt sich hier zuhause durch umweltschonenderes Verhalten für die Natur einzusetzen. Es ist also für den Einzelnen vermeintlich viel billiger, intakte Umwelt woanders zu er-leben, als sie hier durch Engagement zurückzugewinnen.

Al Imfeld: Mit dem hängt auch das »endzeitliche Verhalten« zusammen, d.h. die Vermittlung des Gefühls: »geh noch, bevor alles zerstört ist; was zuhause ist, kannst Du immer noch sehen.«

Fritz Berger: Das Verrückte finde ich, daß die Menschen dort das große Ziel haben, in den »goldenen Westen« zu kommen, den sie wiederum als »heile Welt« ansehen.

Al Imfeld (links) mit dem INFOE-Mitarbeiter Fritz Berger (Foto: Claus Euler)

Al Imfeld: Das ist erneut das Verschwommene von ›innerhalb‹ und ›außerhalb‹, das man nicht mehr als Einheit sieht, abgesehen vielleicht noch bei Mönchsgemeinschaften von Buddhisten, Benediktinern oder Zisterziensern und neuen Bewegungen. Sonst ist immer die Verlockung da, daß alles außerhalb von dir etwas Prickelndes hat. Das ist wie bei den Kindern: das gleiche Essen ist bei den anderen spannender als zuhause. Wir können also scheinbar mit dieser Trennung noch nicht so umgehen, wie das heute im ökologischen Denken wieder versucht wird. Aber erst ein kybernetisches Denken, vermittelt über die Erziehung, ermöglicht es uns, die Umwelt- und Tourismusproblematik anders zu beurteilen.

Es gibt nur selten eine echte Grenzüberschreitung

Claus Euler: Ein weiteres Stichwort aus der Diskussion ist die »Grenzüberschreitung«: Nicht jeder, der Bali gebucht hat, passiert auch Grenzen, bis er dort ankommt. Es findet zwar eine physische Grenzüberschreitung statt, aber eine innere bleibt meistens aus, weil man sich der fremden Kultur gar nicht stellen will.

Al Imfeld: Das Fremde ist gar nicht differenziert faßbar für den Einzelnen: Je mehr er sich von der eigenen Kultur entfernt, umso weniger hat er ein Mittel zu vergleichen und mit anderen umzugehen. Das Fremde ist einheitlich fremd, d.h. es spielt keine Rolle, ob er nach Kenia, Nepal, Brasilien oder nach Ghana geht.

Fritz Berger: Der Tourist überschreitet eben gar keine Grenzen; er nimmt sein Flugzeug mit, sein Gepäck, seine gewohnte Art zu schlafen etc.

Al Imfeld: Ja, er bleibt innerhalb seiner Welt und es wird ihm vorgegaukelt, daß er außerhalb ist. Deshalb ist die ganze Infrastruktur im Tourismusgeschäft so organisiert, daß man vom Banken-, Versicherungs- und Buchungssystem über Essen, Trinken, Schlafen etc. alles von hier aus nach unsern Maßstäben ausrichtet. Es kommt nicht von ungefähr, daß z.B. Agro-Business und Hotellerie gleichzeitig Vorbereiter und Nutznießer des Tourismus sind. Die großen Hotelketten kontrollieren alles zentral: Die in den USA von den Mormonen gesteuerte »Mariott«-Kette (weltweit ca. 700 Hotels!) macht dies bis hin zum Essen von Salt Lake City aus. Bei Mariott heißt es z.B. in den Anweisungen ans Management: keine einzige Zutat im Essen soll ohne Wissen und Zustimmung der Zentrale geändert werden. Sie ist also mit ihrem Nahrungsmittel-Multi vernetzt; das Catering ist von dort gesteuert und es bestehen einzelne Abnahmeverträge mit Coca Cola, Bier-Brauereien, der Whiskey-Firma etc.

Über diese Vernetzung kommen wir in die Essens- und Getränke-Soziologie hinein: Wenn der Tiefergestellte sieht, was der über ihm konsumiert, beginnt er das zu kopieren, möchte das auch haben. Er will Partizipation am Status des anderen über Essen und Trinken wahrnehmen; das ist eine alte Erfahrung der gesamten Kulturgeschichte der Menschheit. Der erste Streik der Geschichte brach nicht etwa wegen höherer Löhne aus, sondern weil die Arbeiter in England, wie die Adligen, ihren »early-morning tea« mit Zucker wollten.

Zurückkommend auf Deine Anmerkung, muß man sagen, daß die Wünsche der Menschen in Kenia oder anderswo, uns und unsere Lebensart zu kopieren, ja wiederum unseren Exportmarkt stützen. Deshalb sehe ich im Tourismus die raffinierteste Werbung für das internationale Geschäft: Der Kenianer will unseren Lebensstandard und materiellen Konsum erreichen, nimmt also einen Job in der Tourismus-Branche an und hofft – so haben wir 25 Jahre lang geredet –, daß er dann entwickelt wird.

Werner Thut: Ich habe den Eindruck, daß wir uns da eine Suppe eingebrockt haben, die wir erst jetzt auszulöffeln beginnen: mit dieser Art von Geschäft heizen wir internationale Wanderungsströme geradezu an. Früher oder später werden uns die Schattenseiten und Paradoxien des Tourismus konkret bewußt werden.

Al Imfeld: Die sollten uns schon längst bewußt sein.

Claus Euler: Zum Beispiel in bezug auf die Asylbewerber, die wir diskriminierend »Wirtschaftsflüchtlinge« nennen. Was die vielzitierte Kulturbegegnung betrifft, so könnten viele sie eigentlich auch hier zuhause haben, indem sie sich z.B. mit Tamilen aus Sri Lanka mal treffen würden. Hier will man aber die fremde Kultur nicht kennenlernen, wo es einfacher wäre als in der Fremde, in der man sich noch unsicherer fühlen muß.

Al Imfeld: Das ist traurig, aber genau so ist es.

Claus Euler: Man will immer die Exotik der anderen Umgebung.

Al Imfeld: Weil man die Natur nur ohne Menschen will, obwohl es das nicht gibt. Dieser Schizophrenie ist man sich nicht mal bewußt, weil der Erziehungs- und Schulungsprozeß, bis in die Wissenschaft hinein, dem nicht Rechnung trägt bzw. unsere Machermentalität vorgibt, durch die Wissenschaft immer wieder neue Lösungstechniken bereitstellen zu können, um die Fehler wieder ins Lot zu bringen.

Claus Euler: Du hast die Übertragbarkeit der Wirtschaftsfaktoren eben sehr deutlich dargestellt. Wir haben festgestellt, daß derjenige, der eine Fernreise macht, eigentlich gar keine Grenze überschreitet. Ich frage mich dann: Ist die Freizeit überhaupt noch Freizeit, wenn man es zum Leben braucht, woanders hinzufahren, um sich dort durch sauberes Wasser, reine Luft und unverseuchtes Essen aufzutanken? Ist Alltagswelt hier und dort also nicht eigentlich gleich, wenn man die Versorgung mit diesen grundlegenden Notwendigkeiten zum Leben in den Vordergrund stellt?

Al Imfeld: Das stimmt. Das ist der eine Aspekt.

Aber noch verrückter ist, daß viele Lebensmittel aus seiner Welt reimportiert werden. Du kannst in Afrika keinen einzigen reinen Fruchtsaft mehr trinken, obwohl es so viele Früchte gibt. Selbst das einheimische Gewerbe ist darauf angewiesen, daß Du Coca Cola, Fanta oder ein Evian-Wasser kaufst, damit sich der getätigte Import auch lohnt. Mit dem Essen ist es genauso. Es macht keinen Unterschied mehr, ob Du ein Stück Schweinefleisch hier oder in der »3. Welt« ißt: es ist genauso mit Schadstoffen und Additiven durchsetzt wie hier. Der Tourist ißt ja längst nichts Lokales mehr.

Claus Euler: Die Frage ging noch etwas weiter: Ist die Freizeit noch Freizeit, wenn man sich die jeweilige, als notwendig erachtete Vorbereitung anschaut bzw. die Reise selbst – z. B. Trekking in Nepal – eigentlich mehr aus physischer Anstrengung besteht als aus Entspannung des Körpers?

Al Imfeld: Medizinisch kann Regeneration schon dann eintreten, wenn der Körper den üblichen Trott ändert oder eine andere Arbeit verrichtet. Wir müßten uns also fragen, welche Regeneration wir wollen bzw. warum wir keine Philosophie der Freizeit entwickelt haben? Wir sind einfach abgefahren auf die vermarktete Freizeit. Diese monetarisierte Form der Entspannung habe ich schon am Anfang erwähnt. Das Auf und Ab zwischen Geld verdienen und wieder ausgeben kann auch eine Art der Entspannung sein. Ein Mensch, der keine Zyklen mehr hat, sucht vielleicht so insgeheim nach neuen Rhythmen.

Fritz Berger: Hat denn der Tourist die Möglichkeit dieser Zyklen überhaupt? Er findet doch hier wie dort Streß vor.

Al Imfeld: Das behaupte ich auch. Er wird hergelockt und mit den unterschwelligen Sehnsüchten versorgt. Das Tourismusgeschäft von heute verspricht nur, gibt aber das Versprochene eigentlich nicht. Der Tourist bezieht aber die Enttäuschung auf sich und sagt sich: das nächste Mal wird es anders sein.

Tourismus übernimmt die Funktion der Kirche

Fritz Berger: Könnte man sagen, daß der moderne Tourismus die alte Funktion der Kirche übernommen hat, die auch etwas verspricht und nicht geben konnte?

Al Imfeld: Ganz sicher. Als Theologe sehe ich ein riesiges Defizit der Kirchen, die früher, als sie natürlich noch sehr stark in Agrarkulturen verankert waren, jedem einen Sonntag gegeben haben. Dazumal bestand der Sonntag aus einem Hochamt, einer zünftigen Predigt und nachher einem Mittagessen, einem Zusammentreffen nach dem Gottesdienst in der Dorfkneipe oder einem Nachmittagsspaziergang über die Felder. Früher gab es eben nicht die durch die Gewerkschaften erkämpfte Freizeit, früher hat die Kirche die Feste eingebaut. Zur Zeit Luthers hat es neben den Sonntagen im Jahr mindestens 60 Feiertage gegeben; d. h. pro Woche einen weiteren Feiertag, in den die Kultur eingebettet wurde, die heute z. B. das Theater übernommen hat. Früher war es für die Leute ein ebenso großer Genuß Choräle zu hören, wie es heute Jazzkonzerte sind. Mit Vereinen hat man den Leuten hier früher vielleicht bessere entspannende Betätigungen geboten, als das in der monetarisierten – theologisch ausgedrückt, in der säkularisierten – Form heute der Fall ist.

Dieser psychologische Trick des Anbietens, aber nicht Gebens, trägt dann auch dazu bei, daß Abneigungen gegen das Fremde noch wachsen. Den anderen wird die Schuld dafür gegeben, daß ich keinen schönen Urlaub verbringe oder verbracht habe.

»Sanfter Tourismus«

Claus Euler: Kommen wir auf konkrete Lösungsansätze zu sprechen, auf alternative Konzepte. Füllt nicht das seit einigen Jahren diskutierte und z. T. schon praktizierte Konzept des »sanften Tourismus« letztlich auch nur Marktlücken, ist aber gleichzeitig trotzdem als Konzept notwendig, um Veränderungen voranzutreiben?

Al Imfeld: Diese neuen Konzepte sind die Versuche, an denen wir lernen können. Wir können nicht alles auf einmal haben. Wir brauchen sie aber für eine grundlegende Analyse und Aufklärung. Ich glaube, daß wir schon vorwärtsgekommen sind. Aber immer noch werden in der gesamten heutigen Ökologie-Diskussion mit dem Schreck-Argument der Arbeitsplatzvernichtung bei einzuschränkendem Wachstum notwendige Veränderungen blockiert. Das Torschlußpanik-Geschäft »so rasch wie möglich noch so viel wie möglich« ist jedoch immer größerer Kritik ausgesetzt. Ein Arbeitsplatz, der die Natur und den Menschen kaputtmacht, kann kein sinnvoller Arbeitsplatz sein!

Claus Euler: Einen anderen Weg, den Tourismus-Konsumenten zu sensibilisieren und einzubeziehen, beschreitet beispielsweise der Fremdenverkehrsverband Schleswig-Holstein. Er hat in Frankfurt ein »Urlauberparlament« einberufen, bei dem jeder Tourist, der nachweislich einmal im Jahr an der Nordsee Urlaub gemacht hat, als »Parlamentarier« Wünsche und Forderungen zur Umweltpolitik, also zur Erhaltung seines Ferienortes formulieren kann. Ist das eine echte Alternative?

Al Imfeld: Es kann Alibi, aber auch Chance sein für Leute, die sich mit der Problematik neu beschäftigen wollen. Nach bislang meist einseitiger Information ist das sicher eine Möglichkeit, auch mal Kritiker zu hören. Meinungsäußerungsmöglichkeit ist immer gut. Das auf die »3. Welt« übertragbar zu machen, ist dagegen viel schwieriger, weil dort für Großzusammenhänge so wenig Verständnis da ist. Ich habe in den letzten 15 Jahren vor allem Agromultis studiert und habe festgestellt, daß in der »3. Welt« kaum jemand, außer einer kleinen Elite, über deren Tätigkeit Bescheid weiß. An den dortigen Universitäten wird nach unseren Vorbildern gelehrt, damit die Abschlüsse unseren Graden entsprechen.

Claus Euler: Wie schwierig es ist, brauchbare Alternativen zu entwickeln, merkt man auch, wenn man nach den Nutznießern der Tourismusbranche fragt. Oft sind es gerade die ungebildeten Leute, die ihre Verdienstquelle ganz auf den Tourismus ausrichten. Je mehr jemand also vom Tourismus abhängig ist, desto weniger steht er/sie unserer Kritik zustimmend gegenüber. Wenden wir uns damit nicht gerade gegen jene, denen wir eigentlich helfen wollen?

Al Imfeld: Das stimmt nur zum Teil, denn diejenigen, die in eine entsprechende Ausbildung investiert haben, wollen mit ihrem Abschlußzeugnis dann auch in der Branche arbeiten. Auf der anderen Seite braucht es aber heute für jede einfache Arbeit bereits den Nachweis eines Zertifikates, um eine Anstellung zu finden. Es ist ein immer stärker zunehmendes Phänomen hier wie dort, daß Leute ausgebildet werden, aber keinen Arbeitsplatz finden. In Nigeria gibt es mittlerweile so viele Universitätsabgänger, daß man ein Abschlußzeugnis vorweisen muß, um einen Job als städtischer Busfahrer zu bekommen. Gebildet oder ungebildet ist also z. T. völlig irrelevant. Sicherheit um einen Verdienst ist oftmals also viel vordergründiger als alles andere, und der Tourismus stellt eine Art Brücke zu unserem Wohlstand her.

Die Bauern bei uns haben nach dem 2. Weltkrieg den Tourismus am meisten unterstützt, nicht nur weil sie diesen Zuverdienst gebraucht haben, sondern weil er ihnen insgesamt als eine Brücke zum Anschluß an Wohlfahrt vorkam. Der Skitourismus hat in die Lücke ihrer freien Zeit gepaßt, aber auch etwas von einer anderen Welt träumen lassen.

Werner Thut: Ist bei dieser zweischneidigen Situation nicht entsprechend pragmatisches und prozeßorientiertes Handeln gefordert?

Al Imfeld: Absolut richtig. Es geht nicht um ein Entweder-oder bzw. darum, sofort etwas Besseres zu haben, sondern um ein permanentes Ringen. Kompromisse müssen erkämpft werden, und zwar auch von den Betroffenen selbst. Da muß, glaube ich, auch die Ökologiebewegung noch lernen. Die Landwirtschaft war z. B. immer mit einem Eingriff in die Natur verbunden, einer Art »kleiner Grausamkeit«, etwa beim Schlachten. Der restlos umweltorientierte Naturschützer sieht darin nur noch die Tierquälerei.

So ist auch jede Art von Reisen ein Eingriff oder ein Verletzen von etwas, aber wir müssen nach dieser Verletzung dann auch wieder pflegen. Deshalb müssen wir neue Formen des Respektes finden, so wie früher in den Urgesellschaften die Götter bei der Jagd um Verzeihung gebeten wurden. Wir müssen mehr Überlegung in unser Handeln einbeziehen, auf Relationen achten und fragen: was ist zu verkraften. Es müssen beide Seiten Tribut zollen: Ich kann nicht nur gegen die Multis losgehen, sondern muß auch die Konsumentenhaltung, die diese Multis ermöglicht, kritisieren.

Wir brauchen gleichzeitig eine neue Ökonomie und eine neue Spiritualität, eine neue Denkweise und eine neue Lebensweise. All das auf verschiedenen Ebenen und nicht durch eine einzige Heilslehre!

Claus Euler: Der Pflegebereich ist der vernachlässigte. Sind Forderungen nach Umweltverträglichkeitsprüfungen, einer Umwelttaxe oder einer Tourismus-OPEC alle Teil dieser notwendigen, besseren Pflege?

Al Imfeld: Die Pflege des Ökosystems muß mit der des Sozialsystems einhergehen. Ich darf sie nicht gegeneinander ausspielen. Ich als Bauernsohn wehre mich z.B. gegen die Mystifizierung von Wild- und Naturparks, wo keine Bauern mehr drin sein sollen. Das ist ein neo-koloniales Konzept idealistischer Naturschützer.

Claus Euler: Genau das Konzept soll aber in vielen Regenwaldländern angewendet werden: Regenwald wird nachgebaut, aber die Indianer als Urbewohner dieses Ökosystems, die dessen eigentliche Bewahrer sind, weil sie allein das mannigfaltige Wissen haben, will man aus dem System entfernen bzw. zur Staffage für den Naturschutzpark-Tourismus degradieren.

Werner Thut: Wie kommt man aber zu einem größeren Bewußtsein für die Notwendigkeit von Pflege bzw. Verzicht? Das muß ja der Logik der Politik des business abgetrotzt werden.

Al Imfeld: Ja, deshalb müssen wir auf der einen Seite knallharte Forderungen stellen, auf der anderen Seite aber nicht nur neue Verhandlungstechniken erarbeiten, sondern diese auch spirituell absichern, uns mit anderen Bewegungen vernetzen.

Werner Thut: Wie kommen wir ganz konkret weiter, um die verschiedenen Zusammenhänge transparent zu machen, wie operationalisieren wir sozusagen unsere Einsicht?

Al Imfeld: Etwa 1974 haben wir an dem Strang Alternativtourismus zu ziehen begonnen. Ursprünglich ging das von der kirchlichen Tourismusberatung aus. Die evangelische und die katholische Kirche haben ein Tourismuspfarramt, wo man nichts anderes gemacht hat, als den Leuten zu sagen: wenn ihr dort hingeht, seid ihr praktisch verborgene Missionare. Das war wie eine Art Laienapostolat, also eine sehr naive Form der Aufklärung. Die Hilfswerke sagten damals, Tourismuskritik habe mit ihnen nichts zu tun.

Unterstützung fand diese Art der Kritik dann aus anderen Bereichen, etwa von denen, die die zunehmende Mechanisierung der Landwirtschaft anprangerten. 1974 wurden solche Bauern, die biologisch anbauen wollten, als absolute Vollidioten angesehen. Die erste Professur für biologischen Landbau ist in Europa erst 1978 eingerichtet worden.

Hinzu kam dann die Umweltbewegung und hat neue Argumente gegeben. Mittlerweile schämen wir uns, den diskriminierenden Begriff »3. Welt« überhaupt noch zu benutzen. Wie sind wir von der entwicklungspolitischen Kritik zu einer New Age-Bewegung gekommen? Es gibt sehr viele Bewegungen heute, die sich mittlerweile schon untereinander die Mitglieder streitig machen.

Ich kann mich also, obwohl dies nötig wäre, nicht überall engagieren. Auch hier muß es eine Arbeitsteilung geben, ohne daß wir dabei zu einem Spezialistentum kommen dürfen, das wir ja als vernetzt Denkende auch bekämpfen.

Wir brauchen eine ganz andere Art von Erziehung: ein Ja zu Pluralismus und Toleranz in dieser Gesellschaft.

Claus Euler: Du hast Dich auch sehr stark mit der UNCTAD beschäftigt. Ich frage mich, ob es da eine Diskussion über Möglichkeiten gibt, einen fairen Rahmen zwischen Tourismusanbietern und den Verbrauchern zu schaffen, in dem umwelterhaltende Vereinbarungen ihren Platz haben, wie das auch für andere Handelsbeziehungen gilt.

Al Imfeld: Der Tourismus ist natürlich bei der Forderung nach einer neuen Weltwirtschaftsordnung eine der Kategorisierungen von Beidseitigkeit.

Aber auch hier gibt es Konkurrenzdenken innerhalb der großen Organisationen: Die UNEP sagt, der Tourismus falle in ihren Bearbeitungsbereich, weil er Umweltfaktoren beinhalte; die FAO dagegen beansprucht den Bereich für sich, weil er mit Land und Landwirtschaft zusammenhänge. Die UNESCO wiederum hat eine Unterorganisation gebildet, die sich ebenfalls mit dem Thema Tourismus beschäftigt, wo es um den Erhalt von »tourismuswürdigen Objekten« in der Denkmalpflege geht (Beispiel: Angkor Vat). Es braucht also auch in diesen großen Organisationen eine neue Generation von Technokraten, die vernetzter denken.

Tourismus löst die Verschuldungs- und Naturschutzproblematik nicht

Claus Euler: Wie beurteilst Du das Konzept »Verschuldung zu Naturschutz«, bei dem in einheimischer Währung freigesetztes Geld u. a. in Naturschutzpark-Tourismus reinvestiert wird.

Al Imfeld: Ich finde es sehr gefährlich, etwas Positives mit einem sehr stark negativ belasteten Begriff wie Verschuldung zu verknüpfen, um zu sagen: über eure Verschuldung heilen wir euch eure Natur. Dieses Konzept kann in der lokalen Bevölkerung nicht tragen, weil die Überschuldung ja aufgezwungen wurde. Das Selbstbestimmungsrecht ist damit erneut außer Kraft gesetzt.

Wir von außen meinen, daß nun dieses Konzept für Südamerika gut sei, ohne dabei die Stimmung der dortigen Bevölkerungen und deren Erwartungen ernst zu nehmen.

Ich habe dieses WWF-Konzept als eine gute Art momentanen Brainstormings bezeichnet, das zur Diskussion beiträgt, habe aber vor dessen Durchführung außerordentlich gewarnt.

Grundsätzlich nochmal: Wir müssen handeln, dürfen aber nicht vergessen, in dieses rasch notwendige Handeln auch Reflexion einzubauen.

Werner Thut: Die Reflexion und den Glauben an Aufklärung mit Aktionen verbinden...

Al Imfeld: Diese Aktionen sollten hier beginnen (Beispiel Alpentourismus), denn strukturell spielt sich hier das gleiche ab: Zersetzung, Zerstörung, koloniale Züge spiegeln sich in Zentrum-Peripherie-Beziehungen. Jeder sollte den anderen von seinem Standpunkt aus herausfordern. Meine Forderung ist deshalb: es muß viel mehr übergreifende Gruppen geben mit gemeinsamen Aktionen zu einem Thema, das sie verbindet. Ein gutes Beispiel ist da die »Erklärung von Bern« und deren Aktion »Jute statt Plastik«; da waren mehrere Bereiche berücksichtigt. So etwas muß es auch für den Bereich Tourismus geben.

Al, wir danken Dir für dieses Gespräch.

Uwe Kievelitz

Ethno-Tourismus: Ursachen, Formen und Wirkungen interkultureller Kurzkontakte

> »Die ersten Touristen waren wir im Land der Iban gewiß nicht, auch nicht in diesem Langhaus, mochte das Ziel unserer Tour auch eine beschwerliche Halbtagesreise von der nächsten Straße entfernt liegen. Aber solch einen zeremoniellen Empfang, so versicherte uns glaubhaft unsere Reiseleiterin Mara, habe sie hier noch nie erlebt: Die Stammesoberen in farbenprächtige Tücher gewandet, der Eingang zum Langhaus mit Palmblättern und Orchideen geschmückt. Eines der wie Wildsäue aussehenden Hausschweine lag zur Opferung bereit, ein junger Mann stand mit selbstgebrautem Reiswein und unwirtlich schmutzigem Glas zum Empfang bereit, und zwischen alledem wimmelten die Kinder und Tiere des wie ein Dorf lebenden Stammeshauses herum. ... Das halbe Dutzend Whisky-Flaschen, das wir als Gastgeschenk mitgebracht hatten, war flugs geschluckt.... Die Flohbisse, die sich zu Hause als Attraktionen entpuppten, waren auch ohne solche zivilisatorische Wertsteigerung ein gerne entrichtetes Entgelt für eine Tour in eine noch halbwegs intakte Wildnis.« (Viedebantt 1979)

Was aus dieser Stilblüte deutlich wird, ist eine besondere Art touristischen Konsums: nämlich des Genusses der Exotik an einem der wenigen verbliebenen kartographischen Randpunkte der Zivilisation, einem Gegenpol der »modernen Gesellschaft«, bei Vertretern einer fremden Kultur. Diese besondere Art des Tourismus soll im folgenden genauer betrachtet werden.

Unter *Ethnotourismus* versteht man jede spezielle Form der freizeitbezogenen Ortsveränderung über einen begrenzten Zeitraum hinweg, deren Ziel der Aufenthalt bei einer fremden ethnischen Gruppe, speziell einer politisch und ökonomisch marginalen – oft tribalen – Gruppe ist. Ethnotourismus beschreibt also den Teil des Tourismus, der zielgerichtet die Reise zu »fremden, ursprünglichen Kulturen« im klassischen völkerkundlichen Verständnis propagiert. Im wesentlichen unterscheidet sich die Reise zu solchen Regionen und Bevölkerungsgruppen von anderen touristischen Zielen durch zwei Merkmale:

- sie führt im allgemeinen in sogenannte Rückzugsräume, also marginale Gebiete wie Regenwälder oder Inseln;
- sie stellt die Fremdheit des Alltagslebens und der Kultur der jeweiligen Bevölkerungsgruppe in den Mittelpunkt des touristischen Anreizes.

Ethnotourismus ist damit eine deutliche Sonderform des Tourismus, die als solche auch speziell auf dem Reisemarkt für bestimmte Zielgruppen von zum Teil darauf spezialisierten Veranstaltern angeboten wird. Um ihn genauer zu analysieren und seine Ursprünge, Formen und Wirkungen zu verstehen, sollte man das Augenmerk auf drei Punkte richten:

1. auf eine *allgemeine Theorie des Tourismus*, in die sich Ethnotourismus als Sonderform einordnen läßt;
2. auf den Aspekt der *»dependenten Ungleichheit«* (Tschohl 1988), der automatisch in der Begegnung zwischen Touristen und Mitgliedern der jeweils besuchten Ethnie verbunden ist: die Kulturen, die in den entsprechenden Reiseprospekten angeboten werden, gehören überwiegend zu marginalen, zahlenmäßig kleinen Gruppen, die ohne politischen und wirtschaftlichen Einfluß in größeren Staatsverbänden leben. Ihnen gegenüber nehmen die Touristen eine dominierende ökonomische Position ein und prägen die Begegnung bereits von den strukturellen Ausgangsvoraussetzungen her einseitig;
3. auf den speziellen Aspekt des *interkulturellen Kurzkontaktes*: Ethnotourismus zielt darauf ab und lebt davon, die Mitglieder zweier Kulturen in einen zumindest kurzen Kontakt zu bringen; das Eingangszitat gibt dafür ein deutliches Beispiel. Das Problem der Kommunikation erhält deshalb in größerem Maße als bei anderen Formen des Tourismus einen hohen Stellenwert.

Zu einer allgemeinen Theorie des Tourismus

Ein Tourist ist eine über ein gewisses Maß an freier Zeit verfügende Person, die sich freiwillig einem zeitlich begrenzten Ortswechsel unterzieht mit dem Ziel, neue Erfahrungen in Form einer Veränderung des Lebensstils zu machen. Tourismus als eine Form von Freizeitaktivität strukturiert den persönlichen Lebenszyklus und schafft wechselnde Perioden von Arbeit und Erholung.

Tourismus ist vor allem eine Erscheinung unseres Jahrhunderts und des ›westlichen Gesellschaftssystems‹.[1] Zwar hat es schon im Altertum – etwa im Imperium Romanum – Formen eines zeitlich begrenzten Umgebungswechsels gegeben, wie es auch in anderen Kulturen ähnliche Phänomene zu beobachten gab und gibt. Doch Tourismus in der Form der saisonalen, kurzfristigen Wanderung großer Menschenmengen in geographisch andere Gebiete, also Tourismus als soziales Massenphänomen, ist eine deutliche Erscheinung unserer Moderne. Dies wird deutlich, wenn man sich drei Tatsachen vor Augen hält:

1. Grundvoraussetzung für die Durchführung von Massentourismus ist das Vorhandensein von entsprechenden Transportmitteln; diese waren mit großen Kapazitäten und Leistungen erst seit dem Beginn des zwanzigsten Jahrhunderts vorhanden, im engeren Sinne sogar erst nach dem Zweiten Weltkrieg (speziell durch die Verbreitung von Flugzeug und PKW).
2. Tourismus ist erst möglich, wenn Menschen genügend Freizeit zur Verfügung haben: in der Bundesrepublik beispielsweise wurden die Voraussetzungen für Massentourismus erst durch die gesetzliche Verankerung des Urlaubsrechts vor circa dreißig Jahren geschaffen.
3. Grundvoraussetzung für eine Beteiligung am Tourismus ist ein Überschuß an Kapital, der nicht zur Deckung der Grundbedürfnisse benötigt wird.

Der Tourismus ist für seine Existenz also an ein bestimmtes Gesellschaftssystem gebunden. Die Ursachen für das Entstehen von Tourismus in dem heute beobachtbaren Ausmaß sind aber ebenfalls gesellschaftsbedingt.

Kulturelle Kurzkontakte beschränken sich oft auf schnellen Konsum von fremder Kultur
Foto: Asun Garcia

Warum reist man? Um sich zu erholen, um seine Umgebung zu verändern, um eine neue Umwelt zu erleben, um neue Werte zu finden oder alte, verlorengegangene wiederzuentdecken. Aber auch um zu dokumentieren, daß man sich den finanziellen Aufwand einer Reise leisten kann; Reisen – vor allem in außereuropäische Gebiete – wird somit zu einem Statussymbol. Darüber hinaus erhält der Urlaub als Gegenpol und Überwindung des Arbeitsalltags seine Bedeutung: Der moderne Mensch ist vor allem gekennzeichnet durch seine Entfremdung, in der Beziehung zu sich selbst, zu anderen Menschen, zu seiner Umwelt und Natur, zu seiner Arbeit. Die Ursachen hierfür sind im Wesen des modernen Industriekapitalismus zu suchen. Aufgrund fehlender Beziehungen und Identifikationsmöglichkeiten mit der eigenen Arbeit und ihren Produkten werden Möglichkeiten immer wichtiger, die solche Formen der Entfremdung überwinden helfen. Die zeitweise Veränderung der Umwelt und Alltagsgewohnheiten ist einer der wirkungsvollsten Mechanismen, um dies zu erreichen.

Damit sind wesentliche Gründe für den Tourismus genannt. Sein Ziel aber besteht letztlich darin, neue Lebenskraft zu vermitteln, also auch Arbeitskraft zu erhalten oder zu regenerieren. Tourismus ist also nicht nur eine Folgeerscheinung des westlichen Gesellschaftssystems, er hat darüber hinaus auch eine gesellschaftsrelevante Funktion. Wir arbeiten, um zu verreisen. Wir verreisen, um wieder arbeiten zu können.[2]

Zur Gegenstandsbestimmung des Ethnotourismus

Ethnotourismus ist eine Form des zwischenmenschlichen Kontaktes, speziell der interkulturellen Begegnung. Jede Form des zwischenmenschlichen Kontaktes hat Wirkungen, deren positiver oder negativer Grad von den Rahmenbedingungen des Kontaktes abhängt. Im Falle des Ethnotourismus handelt es sich um eine Sonderform auf dem Kontinuum interkultureller Kontakte (siehe Fig. 1). Damit ist Ethnotourismus prinzipiell mit anderen Formen vergleichbar, hat darüber hinaus aber spezielle Merkmale. Hierzu gehören:

- die üblicherweise geringe Zahl von Reisenden, die den Ethnotourismus vom Massentourismus abgrenzen (siehe auch Fig. 1);
- die Konzentration auf Exotik, Abenteuer und (möglichst fremdartige) Kultur, die damit zur Ware wird und den Touristen vorgeführt werden muß. Dies führt zum Phänomen der künstlichen Produktion von Kultur und des künstlichen Verkaufs von Kultur;
- die Intensität der Begegnung, die üblicherweise in kurzer Zeitspanne verhältnismäßig weit in das Innere des Alltagslebens einer fremden ethnischen Gruppe führt – ohne daß in gleichem Maße umgekehrt Einsicht in das Alltagsleben der Kultur des Touristen möglich ist.

Zu all diesen Punkten gibt das Eingangszitat eine deutliche und lebhafte Erläuterung.

Fig. 1: Intensität interkultureller Kontaktformen

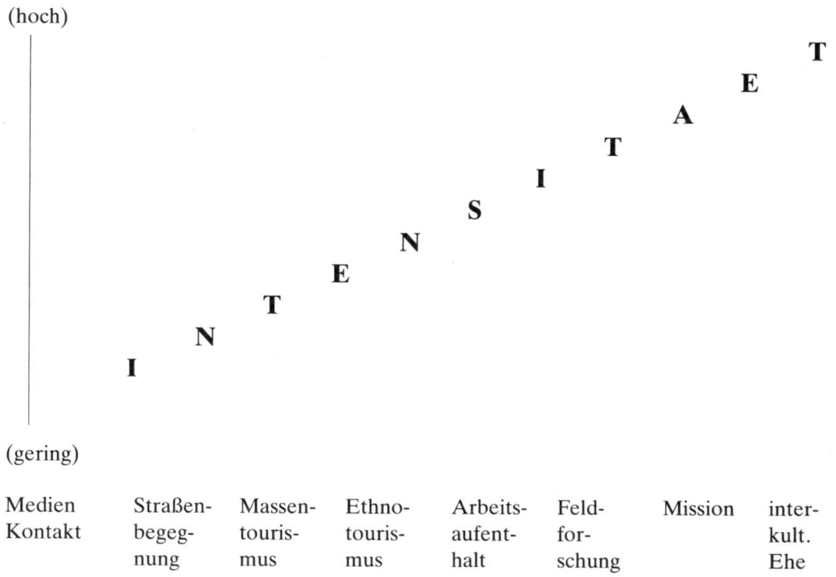

Zwei Aspekte sind dabei besonders zentral: neben der bereits ausgewiesenen Kommunikationsproblematik läßt sich die Frage nach den Ursachenfaktoren – die für den Tourismus insgesamt bereits oben beantwortet wurde – nun genauer als Frage nach den Motivstrukturen stellen. Hier läßt sich folgendes feststellen (vgl. Fig. 2), wenn man – für den positivsten angenommenen Fall – den Willen von Vertretern beider Parteien zur Begegnung grundsätzlich voraussetzt: die Motive sind bei der Begegnung, mit Ausnahme des Faktors ›Neugier‹, weitgehend inkompatibel. Während beim Touristen psycho-soziale und kulturelle Anreize überwiegen, die sich vor allem auf fremde ›Bilder‹ (vgl. Vögele 1987) beziehen, liegen bei der einheimischen Bevölkerung im üblichen Falle ökonomische Beweggründe vor. Die ökonomische Determinierung des Tourismus durch das kapitalistische Gesellschaftssystem tritt in verkehrten Rollen also auf der Ebene individueller Motivstrukturen auf. Unter diesen Umständen stellt sich nunmehr die Frage, wie bei solchen Rahmenbedingungen *Kommunikation* innerhalb der interkulturellen Kurzkontakte des Ethno-Tourismus vonstatten gehen kann.

Fig. 2: Motivstrukturen des Ethnotourismus

A. Reisende

Psychische Motive

- o Wunsch nach intensiver Exotik
- o Wunsch nach intensiven sinnlichen Eindrücken
- o Bildung
- o Herausforderung durch besondere Abenteuer
- o Rollenwechsel

Soziale Motive

- o ›Rousseaukomplex‹: fremde, ›ursprüngliche‹ Gesellschaften erleben
- o Neugier

Kulturelle Motive

- o Ausbruch aus urbanem Lebensstil
- o Kennenlernen fremder Kulturen
- o Statusverbesserung

Ethno-Tourismus = interkultureller Kontakt

B. Einheimische

Ökonomische Motive

- o Arbeitsplatzsuche
- o Ausbruch aus ländlicher Armut
- o höherer Verdienst im Tourismus-Sektor
- o »attraktivere«, nicht-landwirtschaftliche Tätigkeit

Nicht-Ökonomische Motive

- o Neugier

Wichtige Einflußfaktoren sind dabei die folgenden:

- o Zeitfaktor
- o benutzte Sprache
  - verbal
  - nonverbal
- o Rückgriff auf kulturelles Repertoire
- o Selbst-, Fremd- und Situationsbild
- o Botschaft
- o Subjekt-Objekt-Beziehung

Die Kommunikation kann, die spezifischen Rahmenbedingungen vorausgesetzt, selbst bei angenommenem Willen beider Seiten *nicht authentisch* sein. Dies verhindern die Kürze der Zeit, die Verschiedenheit der wahrgenommenen Bilder (Vögele 1987), die weit auseinanderliegenden kulturellen Repertoires sowie die jeweilige Nichtbeherrschung der verbalen und nonverbalen Codes. Sprache und Kultur bilden somit zwei weitgehend unüberwindbare Barrieren zwischen Tourist und Einheimischem. Der Ethno-Tourismus hat aufgrund seiner Zwitterstellung zwischen Massentourismus und Langzeitkontakt mit dem Problem der *›Entindividualisierung‹* zu kämpfen, die vollends die generelle Möglichkeit authentischer Kommunikation (die natürlich in manchen Einzelfällen nach wie vor zustande kommen mag) aufhebt:

> »...as the number of tourists progressively increases, it appears different expectations emerge, more facilities are required to handle them, and the native view of outsiders also changes: tourists cease to be individuals and become stereotypes. When charter tourism appears, I suggest that (even, U.K.) nationality is no longer locally significant, for the only economic base to generate charter tourism is Western society,[3] whose members are fast approaching cultural and economic homogeneity.« (Smith 1978: 11f.)

Wirkungen des Ethno-Tourismus

Genau dieses letzte Phänomen der Entindividualisierung und Stereotypisierung führt zur Frage nach den Problemen und Wirkungen des Ethno-Tourismus. Eine Übersicht vermag auch hier zunächst die allgemeine Problematik zu verdeutlichen (siehe Fig. 3). Kommunikative und interpretative Mißverständnisse führen zunächst, zusammen mit der Kürze der Zeit und der daraus resultierenden Selektivität fremdkultureller Eindrücke sowohl auf Seiten der Reisenden wie der Einheimischen zu falschen Bildern, Stereotypen, Einseitigkeiten. Speziell die bei marginalen ethnischen Gruppen vorkommenden Wandlungsprozesse (samt ihrer politischen und ökonomischen Implikationen) werden kaum wahrgenommen, oder wenn, dann tendenziell auf das touristische Umfeld (Prostitution und andere Formen von Käuflichkeit, also Monetarisierung von Sozialbeziehungen (Elwert 1988), Alkoholismus oder ähnliche Phänomene auf der einen Seite; Kaufkraft und ökonomische Potenz auf der anderen Seite) reduziert. Das Fremdbild erhält, photographisch gesprochen, keine Tiefenschärfe, sondern bleibt umrißhaft oder verschwommen. Diese Tatsache wird dadurch noch verstärkt, daß im touristischen Umfeld auf Seiten der Reisenden wie der einheimischen Bevölkerung Personen aufeinandertreffen, die oft nicht als Repräsentanten ihrer Gesellschaft, sondern eher als Außenseiter betrachtet werden müssen (vgl. die sogenannte Schlüsselinformanten-Problematik in der Ethnologie). Auf der Seite der einheimischen Bevölkerung sind induzierter Normen- und Wertewandel bis hin zu Verhaltensänderungen – zum Beispiel dem kurz erwähnten Phänomen der Käuflichkeit – wahrscheinlich.

Ein weiterer Wirkungsbereich, der bisher noch nicht angesprochen wurde, aber typisch für den Ethno-Tourismus ist, betrifft die gesamte ökologische Dimension der Problematik. Da ethnische Gruppen, die als Ziel der Reiseunternehmen auserkoren werden (z.B. Dayak in Borneo, Papuas in Neuguinea, Andamanen auf den gleichnamigen Inseln vor der indischen Küste) zumeist in *Rückzugsräumen* leben, die (human-) ökologisch besonders zerbrechlich sind – hierzu gehören der tropische Regenwald ebenso wie die Küstenökologie vieler Inseln –, führt die ökonomische Vermarktung dieser Randräume über den Tourismus zu zunehmendem Ressourcendruck. Dieser tendiert dazu, mit der Zeit weiter zu steigen, da der Ethno-Tourismus häufig vom Einzeltourismus über Abenteurergruppen bis hin zum Massentourismus fortschreitet (siehe z.B. die Entwicklung in Ladakh, Zentralhimalaya) und sich somit

Fig. 3: Typen von Wirkungen des Ethnotourismus

A. Reisende:

ökonomische Wirkungen

- o Entstehen/Stärkung einer Tourismusindustrie
- o Entstehen/Stärkung einer Freizeitindustrie
- o Devisenabfluß

Psychische Wirkungen	Soziale Wirkungen	Kulturelle Wirkungen
o Stereotypen o Bilder	o Tourist als Meinungsmacher (Erhärtung oder Aufklärung von Vorurteilen)	o

TOURISMUS

B. Einheimische

Psychische Wirkungen	Soziale Wirkungen	Kulturelle Wirkungen
o Veränderung der Identität o Normen- und Wertewandel o Stereotypen o Bilder	o Abwanderung von (jungen) Arbeitskräften aus ländlichen Regionen o Käuflichkeit o Kriminalität	o Kulturwandel o Veränderungen des interkulturellen Umgangs o »Tourist Art« als neues Einkommen oder Bewahrung handwerklicher Tradition

ökonomische Wirkungen	Ökologische Wirkungen
o Tourismusindustrie o Abhängigkeit von »Monokultur Tourismus« o Folgekosten (Nahrungsmittelimporte, Infrastruktur) o Vergrößerung regionaler Disparitäten o Deviseneinkünfte o punktuelle Kapitalinvestitionen	o Zunahme des Ressourcendrucks o Verschmutzung der Umwelt o »Einfallsschneise« für weitere Umweltbelastung o Störung des Humanökosystems bis hin zum Ethnozid

personell und räumlich ausweitet. Die Belastung des Ökosystems durch steigende Extraktion von Boden und Naturressourcen (z.B. Nahrungsmittel oder Trinkwasser für Touristen) sowie durch steigende Belastung mit schwer abbaubaren Stoffen (Abfälle, Schadstoffe durch Motorisierung) kann in diesen Grenzräumen schnell tolerierbare Obergrenzen überschreiten. In einem weiteren Sinne kann das gesamte Humanökosystem – also der Zusammenhang von Mensch und natürlicher Umwelt –

aus der Balance geraten, aufgrund der bereits oben ausgeführten Wandlungsprozesse im lokalen Gesellschaftssystem.

Handlungsalternativen

Die Tatsache der möglichen (und de facto sehr häufigen) Destruktivität des Ethno-Tourismus als Form interkultureller Kurzkontakte führt zur Frage nach möglichen Handlungsalternativen und Schlußfolgerungen. Die folgende Übersicht versucht, einige dieser Möglichkeiten zu verdeutlichen (vgl. Fig. 4). Es handelt sich um eine Reihe von Alternativen, die von der rein qualitativen Verbesserung der durchgeführten Programme – mit Hilfe der stärkeren kulturellen Dialogschaffung – über die Programmeingrenzung bis hin zur Beratung der betroffenen Gruppen reichen. Je nachdem, welche Ziele von einzelnen Akteuren verfolgt werden und welche Handlungsfähigkeiten einzelne Akteure besitzen, sind die Handlungsmöglichkeiten recht unterschiedlich. Jedoch wird nicht eine einzige dieser Strategien allein zu einer Problemlösung beitragen, sondern alle beteiligten Akteure auf allen verschiedenen Ebenen der Intervention können und müssen tätig werden, um entscheidende Veränderungen der gegenwärtig vorherrschenden Situation – die die Autonomie und nicht selten die Überlebensfähigkeit von Ethnien bedroht – herbeizuführen.

Das Kaufen von Souvenirs als vermeintlicher Ausdruck von Kulturkontakt (Foto: Asun Garcia)

Fig. 4: Handlungsalternativen zur Schadensbegrenzung des Ethnotourismus

Handlungsalternativen	Ziel	Handlungsakteure
Ausgrenzung / Verbot / Nichtdurchführung von Programmen	Schutz der gefährdeten Ethnien und Humanökosysteme (analog Naturschutz)	betroffene Länder; Reiseveranstalter
Ausklammerung bestimmter besonders gefährdeter Regionen	dito	dito
zahlenmäßige Limitierung von Programmen; Verringerung der Teilnehmer; zeitliche Begrenzung der Programme	Verringerung der negativen Wirkungen; geringere Öko-Belastung; Ermöglichung authentischer Kommunikation	Reiseveranstalter; betroffene Länder (siehe z.B. Burma)
Wissenschaftliche Programmbegleitung	Verstärkung interkulturellen Lernens; Verstärkung authentischer Kommunikation (z.B. Sprachkenntnis)	Reiseveranstalter; Ethnologen (Angebot als Reiseleiter)
Enklavenbildung für Ethnotourismus	Schadensminimierung bei Ermöglichung von Reise-Erlebnissen	betroffene Länder; Reiseveranstalter
Beratung betroffener Ethnien	Erzeugung von politischem Druck von innen und Handlungsmöglichkeiten Betroffener	Ethnologen Aktionsgruppen (z.B. INFOE)
Aufklärung der Öffentlichkeit in »Entsende«-Ländern	Verstärkung des verantwortlichen Handelns Reisender; Druck auf Tourismusunternehmen	dito

Anmerkungen

1 Der Ausdruck ist nicht präzise, grenzt aber zumindest in weiten Teilen die zutreffenden Länder ab: Nordamerika und (West-)europa. Hinzu kommen Japan sowie in jüngerer Zeit »newly industrialized countries« (NICs) wie Südkorea.

2 Zu diesem Problemkomplex siehe umfangreicher: Armanski 1979

3 Diese Aussage ist in der zitierten Form nicht mehr haltbar. Besonders in Südostasien nimmt der Tourismus aus ökonomisch starken asiatischen (›Eastern‹) Ländern wie Japan, Taiwan oder Südkorea seit einiger Zeit stark zu.

Literatur

Armanski, G.: Die kostbarsten Tage des Jahres. Massentourismus – Ursachen, Formen, Folgen, Berlin 1979

Elwert, G.: Antwort auf die Fragen des Bundestagsausschusses für wirtschaftliche Zusammenarbeit zur »Armutsbekämpfung durch Selbsthilfe«. In: Deutscher Bundestag – Ausschuß für wirtschaftliche Zusammenarbeit, Material II/178, 1988

Scherrer, C.: Tourismus und selbstbestimmte Entwicklung – ein Widerspruch: das Fallbeispiel Tanzania, Berlin 1988

Smith, V.: Hosts and Guests, Oxford 1978

Tschohl, P.: Dependente Ungleichheit in menschlichen Systemen. In: Künsting, S./Bruck, A./ders. (Hg.), Mit Theorien arbeiten – Untersuchen in der Kulturanthropologie, Münster 1988, S. 195–204

Viedebantt, K.: Wo der Pfeffer wächst... Eine Tagesreise im Einbaum zu den Langhäusern in Sarawak. In: Die Zeit, Nr. 13, 23.3.1979, S. 53

Vögele, H.: Probleme im interkulturellen Umgang: Austausch von Bildern. In: Bliss, F. (Hg.), Ethnologische Beiträge zur Entwicklungspolitik, Bonn 1987, S. 29–39

Rainer Buchwald und Robert Dilger

Wissenschaftlicher Tourismus: Imperialismus im Forscherlook

Einleitung

> »Manche Indios sind so an das Tragen von Lasten gewöhnt, daß sie sich auf dem Heimweg Steine aufladen, wenn sie auf dem Markt alle ihre Waren verkauft haben. Sie brauchen einfach eine physische Belastung, wie der hochzivilisierte Mensch die psychische oder intellektuelle.«[1]

Wer glaubt, dieses Zitat stamme aus den finsteren Jahrhunderten Lateinamerikas, der irrt: Ein Reisehandbuch aus dem Jahre 1968 lädt uns mit solchen aufmunternden Zeilen ein, Land und Leute Mexikos kennenzulernen.

Solche Reiseberichte haben eine unselige Tradition. Sie reihen sich ein in eine Vielzahl von Beschreibungen, die Abenteurer, Forscher und Chronisten in den kolonialen Zeiten vergangener Jahrhunderte über die Länder, die sie bereisten, verfaßt haben. Diskriminierende oder rassistische Äußerungen sind dort allenthalben zu finden und stehen im Zusammenhang mit kolonialistisch – und später imperialistisch – geprägten Ressentiments, Meinungen und Denkstrukturen. Selbstverständlich brachten die ersten »Touristen im Forscherlook« ihr europäisches Sendungsbewußtsein mit in die fremden Länder, forschten mit oft sehr konkreten Verwertungs- und Vermarktungsinteressen – angezogen vom Rausch des Exotischen, getrieben vom Hang zur eigenen und zur nationalen Profilierung.

Was ist davon geblieben, was hat sich verändert in diesem 20. Jahrhundert? Tragen auch heute noch Wissenschaftsreisende zur Ausbeutung der Länder Asiens, Afrikas und Lateinamerikas bei – direkt oder indirekt, bewußt oder unbewußt? Welche Bedingungen umgibt Wissenschaft in den Ländern der sog. Dritten Welt? Kann ein Wissenschaftler aus den westlichen Wissenschaftsnationen ›dort‹ überhaupt Forschung betreiben, und, wenn ja, unter welchen Voraussetzungen, mit welchen Einschränkungen, mit welchem Bewußtsein?

Ist letzteres nicht doch stark bestimmt vom Reiz des Fremden, vom Anders-Sein ferner Gegenden, welche auch den ›bloßen‹ Touristen zum unruhigen Vagabunden, zum Trekker, zum Setter oder zum Aussteiger werden läßt?

So betrachtet erscheinen dem Wissenschaftler wie dem Touristen das ›hier‹ bekannt und langweilig, das ›dort‹ aber attraktiv. Beide halten sich in der Regel nur kurze Zeit im fremden Land auf. Beide haben auch das Ziel, das Gesehene zur Selbstbestätigung zu verwenden, sei es als Diavortrag oder Fachpublikation. Der Wissenschaftler hat aber dem Touristen voraus, daß er ›im Auftrag von...‹ an konkreten Projekten oder Untersuchungen arbeitet und meist dafür bezahlt wird; der Tourist dagegen versucht zu genießen, was er sich im Reiseladen gekauft hat.

Beide wollen entdecken, für sich erobern; wissenschaftliche Schriften wie Reiseprospekte grenzen bewußt einen Teil der Wirklichkeit aus. Wissenschaft breitet sich mit ihrem Drang nach Vereinheitlichung ebenso über den Globus aus wie die »Kultur des Tourismus« und wirkt dabei verdrängend und letztlich zerstörerisch. Wir werden zeigen, wie sehr sich wissenschaftlicher und touristischer Imperialismus strukturell gleich sind.

Wir wollen in den folgenden Ausführungen mit den Berichten von Forschungsreisenden des 19. Jahrhunderts beginnen, die die damals herrschenden Ideen charakterisieren sollen. Kontrastierend dazu analysieren wir wissenschaftliche Biographien der jüngsten Zeit, deren Auswahl gleichzeitig unsere persönliche Betroffenheit gegenüber dem Thema durch eigene Aufenthalte und Tätigkeiten in verschiedenen Ländern Lateinamerikas im Bereich ökologischer und geographischer Fragestellungen reflektiert. Die These von der ›Sprache als Herrschaftsinstrument‹ soll anhand dieser Analyse daraufhin überprüft werden, inwieweit sich die alten Muster von kolonialer Konkurrenz und imperialer Dominanz erhalten haben. Im abschließenden Kapitel stellen wir Forderungen für wissenschaftliches Reisen und Arbeiten in Ländern der »Dritten Welt« auf.

Wir möchten diese Ausführungen aber auch und vor allem zur Diskussion stellen mit dem Ziel, weitere vertiefende Überlegungen in dieser Hinsicht zu initiieren und den Blick dafür zu schärfen, wie sich die weltweiten politischen und ökonomischen Abhängigkeiten auch im real existierenden Wissenschaftsbetrieb vorfinden lassen. In diesem Sinne ist der vorliegende Aufsatz als Diskussionsgrundlage und nicht als Ergebnis einer ausgefeilten wissenschaftlichen Bearbeitung des Themas zu verstehen. Wir erwarten und erbitten daher vertiefende Beiträge ebenso wie kritische Anmerkungen zu den folgenden Ausführungen. Abschließend ist zu bemerken, daß allgemeine Thesen wie Beispiele überwiegend aus den naturwissenschaftlichen wie geographischen Teildisziplinen genommen sind. *Den* ausländischen Wissenschaftler gibt es ebenso wenig wie *den* Wissenschaftsbetrieb in *den* Ländern der »Dritten Welt«. Um im Rahmen dieses Aufsatzes die unserer Meinung nach vorherrschenden Tendenzen aufzuzeigen, waren wir zu einer verallgemeinernden Darstellung gezwungen. Ob das ›who generalize, general lies‹ zutrifft, wird die weitere Beschäftigung mit dem vorliegenden Thema zeigen.

Vor-Läufer

Chronisten, Geometer, Botaniker oder Geographen haben seit den ersten Tagen der europäischen Expansion die Eroberung der Welt begleitet, dokumentiert und kommentiert. Ihre Ansichten waren und sind bis heute auch Zeugnis für die jeweils herrschenden Ideen und Rechtfertigungen dieser Eroberungen. Selbst die scheinbar rein fachwissenschaftlichen Erkenntnisse und Theorien können – vor allem im Licht der in die Vergangenheit gerichteten wissenschaftlichen Analyse betrachtet – ihre Zeitbezüge nicht leugnen. Zu deutlich etwa strahlt aus dem Darwin'schen ›survival of the fittest‹ die Rechtfertigung für das eigene englische Kolonialimperium eben als dem Sieger des Kampfes um den (damaligen) Weltmarkt hervor.

Aus der Vielzahl von Forschern und Wissenschaftsreisenden[2] haben wir beispielhaft für das 19. Jahrhundert als zentraler Epoche des Kolonialismus zwei Vertreter herausgegriffen. Wir waren an ihrem wissenschaftlichen und gesellschaftlichen ›Blick‹ interessiert, an ihrem Vorgehen in fachlicher Hinsicht, an ihren Ansprüchen und ihrem Auftreten in der Fremde wie den Fremden gegenüber und an ihren Vergleichen zu ihrer ›Heimat‹.

Alexander von Humboldt (1769–1859) war 1790 für einige Wochen nach Paris gereist, wo ihn die Ideen der französischen Revolution eindrücklich und zeitlebens prägten. Seine späteren Reisen führten ihn 1799 bis 1804 nach Mittel- und Südamerika sowie zwischen 1807 und 1827 in mehrere europäische Länder und nach Ostasien. Bis zu seinem Tod arbeitete er an seinem Alterswerk »Kosmos. Entwurf einer physischen Weltbeschreibung«.

Die eigene wissenschaftliche Tätigkeit war für Humboldt geprägt davon, daß Wissen und Erkennen »die Freude und Berechtigung der Menschheit« (Kosmos) ist. Seine humanistisch-idealistische Geisteshaltung kommt vor allem im »Kosmos« zum Ausdruck:

> »Wie in jenen höheren Kreisen der Ideen und Gefühle, in dem Studium der Geschichte, der Philosophie und der Wohlredenheit, so ist auch in allen Theilen der Naturwissenschaft der erste und erhabenste Zweck geistiger Thätigkeit ein Innerer, nämlich das Auffinden von Naturgesetzen, die Ergründung ordnungsgemäßiger Glieder in den Gebilden, die Einsicht in den notwendigen Zusammenhang aller Veränderungen im Weltall. Was von diesem Wissen in das industrielle Leben der Völker überströmt und den Gewerbfleiß erhöht, entspringt aus der glücklichen Verkettung menschlicher Dinge, nach der das Wahre, Erhabene und Schöne mit dem Nützlichen, wie absichtslos in ewige Wechselwirkung treten.«

Humboldt »entsprach mit seinem Wirken uneingeschränkt dem progressiv bürgerlichen Bildungsideal, das maßgeblich durch die Aufklärung geprägt war«.[3] Er legte wohl auch den Grundstock zum heute weit verbreiteten Ethos bürgerlicher Wissenschaft, die die Verantwortung auf die reinen Fachprobleme begrenzt und gesellschaftliche Verantwortung nicht mit einbezieht. Humboldt trug auch maßgeblich dazu bei, daß naturwissenschaftliche Erkenntnisse vom (deutschen) Bürgertum zunehmend als Bildungsideal geschätzt wurden.

Humboldts Methode bestand im wesentlichen in der Beobachtung, Messung, Beschreibung und im Vergleich; die Induktion war bei ihm dominierendes Element gegenüber der Deduktion oder spekulativen Annahme. Obwohl seine Haupttätigkeit sich auf die Biologie und physische Geographie erstreckte, bezog er immer geographisch-historische, sozio-ökonomische und kulturell-ethnische Betrachtungen mit ein. Seine eigenen Anschauungen hierzu werden besonders an den häufig sehr detaillierten Schilderungen und Bewertungen der Indianer Südamerikas deutlich. Neben teils deutlich abschätzigen und diskriminierenden Äußerungen über einzelne Ethnien drückt Humboldt unverblümt seine kritische Sicht der Rolle der Europäer aus:

> »Man sträubt sich gegen die Vorstellung, daß wir in diesem gesellschaftlichen Kindheitszustande, in diesem Haufen trübseliger, schweigsamer, teilnahmsloser Indianer das ursprüngliche Wesen unseres Geschlechtes vor uns haben sollten.«
> »In Amerika wie in Afrika hat die Habsucht der Europäer gleiches Unheil gestiftet; sie hat die Eingeborenen gereizt, sich zu bekriegen, um Gefangene zu bekommen. Überall führt der Verkehr zwischen Völkern auf sehr verschiede-

nen Bildungsstufen zum Mißbrauch der physischen Gewalt und der geistigen Überlegenheit.«

Offenbar geht Humboldt von einer allgemeinen geistigen Überlegenheit der weißen (= zivilisierten) Völker aus, die aber seiner Meinung nach nicht zur Unterdrückung berechtigt. Erst in seinem Alterswerk schlägt er kritischere wie gleichwohl idealistische Töne an:

»Indem wir die Einheit des Menschengeschlechts behaupten, widerstreben wir auch jeder unerfreulichen Annahme von niederen und höheren Menschenrassen.«
»Zweifelsohne ist die Sklaverei das größte aller Übel, welche jemals die Menschheit betroffen.«

Die eingehende Beschäftigung Humboldts mit den sozialen Ungerechtigkeiten, die die Ablösung der verschiedenen Länder Lateinamerikas von Spanien begleiteten, bewog Simon Bolivar zu der Feststellung, er, Humboldt, habe für Amerika mehr bewirkt als alle seine Eroberer. Man sollte aber einschränkend hinzufügen: für das kreolische Bürgertum in seinem Befreiungskampf gegen die spanische Kolonialherrschaft.[4]

Thomas Belt (1832–1878) war ein Wissenschaftsreisender, der sich zunächst mit Botanik und Schmetterlingen Englands beschäftigte. Nach der Entdeckung von Goldvorkommen in Australien begann er seine Karriere als Bergbauingenieur mit der Erforschung der dortigen Erzadern und einer Publikation seiner dortigen Ergebnisse. In dieser Funktion wurde er von Bergbauunternehmen nach Asien, Nord- und Mittelamerika zur Betreuung von Erzminen geschickt. Seine Beobachtungen und Vergleiche blieben jedoch nicht auf geologische Bereiche beschränkt. Aus Nicaragua liegt ein Werk vor, das sich ausnehmend mit botanischen und zoologischen Fragen beschäftigt. »The naturalist in Nicaragua«, 1874 veröffentlicht, war seinerzeit neben den Arbeiten von Darwin das umfangreichste Werk vergleichender Naturkunde, das in englischer Sprache erschienen war.

Hier sollen jedoch nicht die auch heute noch lesenswerten naturkundlichen Beschreibungen, sondern die politischen und gesellschaftlichen Äußerungen Belts als Engländer im ehemals spanischen Kolonialreich skizziert werden. Sie sind vor allem auch deswegen so aufschlußreich, weil sie im Text nahtlos ineinander übergehen.[5]

Außerdem war die Rassenfrage auch für Belt ein zentraler Betrachtungspunkt.

»Es scheint einen grundlegenden Mangel in den lateinischen Rassen in Bezug auf das, was wir (sic!) als wahre politische Ökonomie betrachten, zu geben. Der Wille der Mehrheit ist nicht das Gesetz des Landes, sondern der Wille dessen, der die stärksten Waffen hat.« (S. 344)

Dieser Satz geht unmittelbar über in eine detaillierte Beschreibung der landschaftlichen Schönheiten der Umgebung der Stadt Granada am Ufer des Nicaragua-Sees.

Eingebettet in die Beschreibung seiner Wirkstätte im Minenbezirk von Santo Domingo in Nicaragua finden sich folgende Äußerungen:

»Beide, Schwarze und Indianer, sind entschieden schwächer als die Weißen in Bezug auf den Intellekt; aber sie unterscheiden sich nicht so sehr vom Europäer als sie sich voneinander unterscheiden. Der Schwarze wird für eine kurze Weile hart arbeiten..., aber er ist von Natur aus faul. Der Indianer ist seiner Natur nach fleißig, und arbeitet gut und ausdauernd für sich selbst. Wenn er aber genötigt wird, für andere zu arbeiten, verliert er seinen Mut, vergeht er vor Gram und stirbt. Der Schwarze ist geschwätzig, lebhaft, eitel und sinnlich; der Indianer ist wortkarg, gleichmütig, würdevoll und gemäßigt... die Indianer arbeiten gut und fleißig in den Minen; aber der Schwarze fügt sich von selbst weder in diesem noch irgend einem anderen niedergelassenen Gewerbe ein bis er als Sklave dazu gezwungen ist, einer Bedingung, unter der er glücklich und unbekümmert ist.« (S. 63–64)

So gesehen ist es für Belt nur eine Frage der Zeit, bis das fruchtbare Land Nicaraguas für ausländische Siedler, diesmal aber der richtigen Rasse, entdeckt wird, wobei er aber davor warnt, daß sich dort nur »einzelne Familien« niederlassen:

»Die Konsequenz ist, daß fast alle Siedler der europäischen und nordamerikanischen Arbeiterklassen in dieselben faulen Gewohnheiten wie die Nicaraguaner verfallen«, da das »leichte Leben, welches das tropische Klima erlaubt« keinen guten Einfluß auf den »Geist des Wetteifers und des Fortschritts« habe. (S. 386–387)

Belts Vision ist deswegen global und umfassend:

»Es gibt nur eine Art der Kolonisation, die erfolgreich ist, und diese besteht im schrittweisen Vorangehen des Volkes der Vereinigten Staaten nach Süden... Eisenbahnen werden einen vorteilhaften und kontinuierlichen Austausch mit dem aufstrebenden Norden erhalten, und der Faule und Sinnliche wird dem Wettstreit mit dem Kräftigen und Tüchtigen nicht Stand halten können.« (S. 387)

Das Zentrum der Welt war für Belt aber

»die angelsächsische Rasse, die Rasse, deren Söhne über den Globus verteilt zu ihr aufsehen mit liebender Verbeugung als der Mutter der Nationen, dem Kolonisten der Welt, dem Vorkämpfer für Freiheit, Fortschritt und Moral.« (S. 388)

Wo gibt es reinere Naturwissenschaft?

Ist eine Gegenüberstellung möglich? Humboldt erscheint als Vertreter des noch durch ›seine‹ Revolution aufgeklärten Bürgertums, von humanistischen Idealen beseelt, mit den Gedanken der Gleichheit, Brüderlichkeit und Freiheit in der Welt – vergleichend – herumreisend. Belt, im Auftrag englischer und nordamerikanischer Minengesellschaften auf Reisen bzw. zur zeitweiligen Arbeit im tropischen Mittelamerika angestellt, scheint dagegen bereits ein Vertreter jener ›Experten‹ zu sein, die, am expandierenden Weltmarkt teilhabend, nur noch die Konkurrenz gesellschaftlicher, politischer, ökonomischer und natürlicher Verhältnisse wahrnehmen und die, mit dem Sendungsbewußtsein kapitalistischer Überlegenheit behaftet, die Welt erklären.

Moderner Aus-Druck

Unsere Hypothese in bezug auf das vorliegende Thema war, daß die Sprache der Wissenschaftstouristen unbewußtes Machtmittel zur Absicherung überkommener Herrschaftsverhältnisse in der Welt ist. Ausgehend von der Tatsache, daß Wissenschaft sehr viel mit der Produktion bedruckten Papiers als Beweis intellektueller wie ökonomischer Macht zu tun hat, kann gefolgert werden, daß die Macht über die Produktionsmittel dann auch wissenschaftliche Erkenntnisse aufblühen und verkümmern läßt. Dadurch, daß die Ergebnisse der Untersuchungen meist erst im Heimatland des Wissenschaftlers ausgearbeitet und in dessen Heimatsprache oder bestenfalls in Englisch publiziert werden, gelangen sie, wenn überhaupt, in doppelt veränderter Form in das Land, wo sie gewonnen wurden, zurück: inhaltlich, indem sie durch die Brille des Ausländers gesehen und interpretiert wurden, und sprachlich, indem die eigene Sprache höchstens in einer Zusammenfassung von wenigen Sätzen erscheint. So sind die Ergebnisse für Einheimische nicht mehr verfügbar oder erreichen nur die Elite des Landes; Ausbeute und Ausbeutung sind so hier auf das engste verknüpft. Diese Verhältnisse müßten sich auch in den wissenschaftlichen Bibliographien als Kommunikationsmittel für die Verbreitung einmal gewonnener Erkenntnisse wiederfinden lassen.

Beispielhaft seien die *Ecological Abstracts* herausgegriffen. Ausgewertet wurden die Jahre 1978 und 1987. Für ausgewählte Länder Lateinamerikas ergibt sich folgende Übersicht:

Tabelle 1: Ecological Abstracts

Land	p	s	d	e	f	r	Summe
Bolivien	-	-	-	1	-	-	1
Brasilien	2	-	-	26	1	1	30
Nicaragua	-	-	-	2	-	-	2
Peru	-	-	2	26	2	-	30
Summe	2	-	2	55	3	1	63

p: portug.; s: span.; d: deutsch; e: engl.; f: franz.; r: russ.

Die Ecological Abstracts werden gemeinsam in den USA und Großbritannien herausgegeben. Von daher dürfte der Überhang an englischer Literatur begründet sein. Es sticht hervor, daß nur 3 % der zitierten Arbeiten in spanischer Sprache sind.

Insgesamt werteten die hinter den Ecological Abstracts stehenden Literaturdienste 1987 727 Zeitschriften aus; nur ca. 8 davon waren lateinamerikanische. Da nur zum Teil der Erscheinungsort angegeben war, ließ sich diese Zahl nicht genau bestimmen. Es ist jedoch klar ersichtlich, daß bereits die Auswahl der Zeitschriften für die Bibliographie sehr einseitig ist.

Anhand der geographischen Bibliographien *Handbook of Latin American Studies (HLAS)* aus den USA und der *Bibliographie International Geographique (BIG)* aus

Frankreich, soll verdeutlicht werden, wie sich die bereits bekannten Muster geographischer Weltanschauung erhalten haben. Diese Bibliographien wurden ausgewählt, weil sie zu den wichtigsten für geographische Publikationen gehören. Bei HLAS wurden die Jahre 1979 bis 1985 und bei BIG 1984 bis 1988 miteinander verglichen. Ausgewählt wurde das Stichwort ›Amazonien‹. Es ergab sich folgendes Bild:

Tabelle 2: Amazonien. Vergleich der Bibliographien

Stichwort	HLAS			BIG		
	p	x	S	p	x	S
Ökologie/Urwald/Abholzung	13	21	34	3	6	9
Staudämme	3	5	8	-	3	3
Straßen	1	8	9	-	1	1
Ökonomie allg./Demographie	14	6	20	1	9	10
Landnutzung allg./Entwicklung	20	22	42	-	4	4
Summe	51	62	113	4	23	27
x in % von (p+x)			56			85

p: Port.; x: andere Sprachen, nicht span.
HLAS: Handb. of Lat. Am Studies; BIG: Bibl. Int. Geogr.

Schwerpunkte ausländischen Interesses sind zum einen der Regenwald und die damit verbundenen wissenschaftlichen Erforschungen (Biologie, Ökologie) bzw. die Frage der Abholzung; zum anderen die Landnutzung und die Entwicklungstendenzen im Amazonasbecken. Anteilmäßig besonders auffällig ist, daß bei Straßen wie Staudämmen die ausländischen Arbeiten stark überwiegen; entweder gibt es keine oder kaum brasilianische Veröffentlichungen, oder aber sie werden als »befangen« nicht bibliographiert, man vertraut also eher den ausländischen Berichterstattern. Hierzu würden auch die in letzter Zeit wiederholt vorgetragenen Äußerungen gegen ausländische Wissenschaftler passen, wie sie erst kürzlich auf der Konferenz der Außenminister der Amazonas-Anrainerstaaten in Quito laut wurden (vgl. Südd. Zeit. vom 9.3.1989 und Welt am Sonntag vom 26.3.1989).

Auf unsere Themenstellung bezogen lassen sich erste Folgerungen treffen: In den internationalen Bibliographien werden überwiegend ›ausländische‹ Publikationen ausgewertet. Außerdem sind in den einzelnen Wissenschaftsgebieten durchgehend hohe Anteile ausländischer Arbeiten festzustellen. Bestimmte Themen werden fast ausschließlich in der jeweils nicht landesüblichen Verkehrssprache publiziert. Die Dominanz englischsprachiger Arbeiten nimmt zu; möglicherweise vollzieht sich in Lateinamerika derzeit eine Vereinheitlichung der Wissenschaftssprache in Richtung Englisch. Die Bibliographien können so einerseits ein Gradmesser für das Interesse des internationalen Wissenschaftsbetriebes an bestimmten Ländern und bestimmten Themen darstellen, andererseits lassen sich daraus auch Rückschlüsse auf die Reisetätigkeit und nachfolgende ›Sammeltätigkeit‹ der Wissenschaftler selbst ziehen.

Wissenschaftliche Ausbeute der Jary-Expedition (aus Schulz-Kampfhenkel, 1953)

Wissenschaftlicher Imperialismus – Das Beispiel Amazonien

Wissenschaftlicher Imperialismus ist als Begriff von *Budowski* bereits 1974 geprägt worden.

> Er »begründet sich in der Mehrzahl der Fälle durch die Tatsache, daß ein Land, das die Ressourcen besitzt, nicht die Mittel hat, sie – wissenschaftlich (Anm. d. Verf.) – zu nutzen oder gebührend zu erhalten und nur geringen Nutzen bei ihrer Ausbeutung erhält.«[6]

Am Beispiel des Amazonas-Tieflandes wollen wir exemplarisch aufzeigen, welchen Beitrag reisende Wissenschaftler zur Erschließung, Erforschung und ›Verwertung‹ einer bis zum 18. Jahrhundert ›jungfräulichen‹ Region beitrugen und heute – wohl mehr denn je – beitragen.[7]

Vor Beginn des 19. Jahrhunderts an wurde der Amazonas-Regenwald vor allem durch deutsche Forschungsreisende aufgesucht. Was trieb sie in die gleichermaßen unerträglichen und unzugänglichen wie faszinierenden Gebiete? Zunächst war es vor allem die Bewunderung einer exotischen, schönen Welt, zugleich aber der Hang, massenhaft Material zu sammeln, zu ordnen und zu beschreiben. Daraus entstand eine analytisch-taxonomische Arbeit, die bis heute einen wesentlichen Teil der Tropenforschung ausmacht – einheitliche Betrachtungsweisen fehlen fast gänzlich. Humboldt sah bereits die Gefahren einer ausschließlich reduktionistischen taxonomischen Sichtweise, doch stand er mit seiner Mahnung, Tier- und Pflanzenwelt als ›lebendige Ganzheit‹ zu begreifen, angesichts der Spezialisierung der Tropenwissenschaften, kaum Gehör. Seine holistische Betrachtung ist – mit wenigen Ausnahmen – verlorengegangen.

Später folgte eine Phase der »rationalen, kartographisch-wissenschaftlichen Entzauberung«[7] der Tropen: Es wurde versucht, die weißen Flecken auf den Amazonas-Landkarten zu verkleinern. Dabei stand die tropische Entdeckungs- und Eroberungsgeschichte immer unter dem Zwang, sich wissenschaftlich zu legitimieren.[8]

> »Ihrer humanistischen Berufung getreu haben sich die Wissenschaften niemals von den mit dem materiellen, sozialen und intellektuellen Fortschritt Brasiliens verbundenen Problemen entfernt und sind heute an allen großen Pionieranstrengungen zur Urbarmachung des jungfräulichen Landes und zur Besetzung der zahlreichen unerforschten Regionen … aktiv beteiligt.«[9]

Mit ihren Untersuchungen beteiligten sich die Vertreter der Humanwissenschaften dabei, den »universellen Geltungsanspruch abendländischer Wissenschaft« durchzusetzen, »indem (die Ethnographie) zeigt, daß dieser die geistige Bewältigung und Aneignung primitiver Kulturen, nicht aber der umgekehrte Vorgang möglich ist.«[10] Dieser »geistige Imperialismus in der Tradition der Conquistadoren-Mentalität«[7] wird gegenständlich auf verschiedenen Ebenen: vom Ethnologen ›herkömmlicher Art‹, der Waffen, Schmuck, Totem-Zeichen in den Vitrinen europäischer Museen ablagert, über Abenteuerreisende, die ihren Lebensunterhalt durch Bücher und Dia-Vorträge über die Fremde(n) verdienen,[11] bis hin zu den Alternativ-Touristen oder Ethnologie-Studenten, die ihrem Publikum in Dia-Abenden ausgefallene Totentänze oder wilde Indianer – häufig auf ›pseudowissenschaftliche‹ Weise – ins heimische Wohnzimmer herbeizaubern.

Nicht anders bei den Naturwissenschaften. Lange Zeit war der Mythos von der immensen Fruchtbarkeit und beinahe unbegrenzten Tragfähigkeit tropischer Böden vorherrschend. Nach Meinung des Geographen *Penck* sollten die Regenwälder am Amazonas 900 Millionen Menschen ernähren können, bei einer Dichte von 200 Einwohnern pro Quadratkilometer. »Weil (die) Eingeborenen nicht gelernt haben, den Tropenboden in richtiger Weise zu nutzen und weil ihnen keine höhere Kultur gebracht wurde«, falle der weißen Rasse die »Führerrolle« bei der ökonomischen Entwicklung der feuchten Tropen zu.[12] Andere Forscher erhöhten die vermeintliche

»Der Forscher und der einheimische Informant« aus: Baldus (1954)

Tragfähigkeit tropischer Böden noch deutlich! Erst sehr spät setzte sich dann die neue Erkenntnis von der – aufgrund klimatischer und bodenchemischer Gegebenheiten – geringen Fruchtbarkeit durch, die im Postulat von der »ökologischen Benachteiligung der Tropen«[13] gipfelte. Dadurch stellte sich die Frage nach der Eroberung und Nutzung Amazoniens in neuer Form: Lassen sich tropische Ökosysteme mit Kriterien einer ›westlich‹ geprägten Entwicklungsideologie nutzen? Die Frage nach einer angepaßten Form der Nutzung bzw. nach der Notwendigkeit einer Nutzung überhaupt wurde so völlig in den Hintergrund gedrängt. Entwicklung tut not, Einsatz und Veränderung ist selbst für kritische Ökologen unverzichtbar, Stillstand oder Sich-Selbst-Überlassen ist keine diskutierbare Alternative.

Es gibt zahlreiche Beispiele von Wissenschaft in den Tropen, die von Forschern aus Europa, den USA oder Japan durchgeführt wird, und die die Belange z. B. Brasiliens – mit teils katastrophalen Auswirkungen (Staudämme) – sehr direkt betrifft. An dieser Stelle seien nur die Sammlung wertvollen Genmaterials von Wildpflanzen erwähnt, die Züchtung und Vereinheitlichung von Saatgut in multinationalen Unternehmen und die Rückführung des genetisch verarmten Materials in die Herkunftsländer.

Wo der Regenwald noch steht, kann auch die angewandte Ökologie die Tropenwaldzerstörung nicht stoppen. Im Gegenteil: Der überwiegende Teil der Tropenwissenschaftler beteiligt sich an der »Inwertsetzung«[7] der dortigen Ökosysteme und wird damit – beabsichtigt oder nicht – integraler Teil der vorherrschenden Entwicklungs- und Fortschrittsideologie. Unter diesem Gesichtspunkt sind auch die jüngsten Bestrebungen in den Ländern der Peripherie zu betrachten, Schulden durch die Ausweisung von großflächigen Naturschutzgebieten oder Nationalparks zu ›bezahlen‹ (sog. »Debt-for-nature-swaps«). Wodurch werden ausländische Wissenschaftsorganisationen legitimiert, zu bestimmen, welche Gebiete eines fremden Landes als Schutzflächen zu determinieren sind?[14] Wer kontrolliert die internationalen Spendenkonzerne wie z. B. den WWF oder *Conservation International*,[15] fachwissenschaftlich wie auf ihre Verbindungen hin zu ihren potenten Spendern in Politik und Wirtschaft? Bei seinem Versuch, die ›letzten‹ Winkel zu entdecken, bietet dieser Einsatz von Wissenschaftlern dem internationalen Kapital die Möglichkeit, über die Ablösung von Schuldscheinen gewissermaßen durch die Hintertüre in die Ökosysteme selbst vorzudringen. Anders formuliert: Durch die Definierung von Regenwaldgebieten als nutzbare Flächen zur Schuldentilgung erfahren die dort sich befindenden Ökosysteme insgesamt ihre ökonomische Bewertung; nicht mehr nur die einzelnen Rohstoffe wie Bäume, Erze oder Wasserenergie sind nun direkt in Geld meßbar, sondern das Ökosystem an sich.

Forderungen

Die folgenden Forderungen erscheinen uns als Grundvoraussetzungen für das Aufbrechen des tradierten Selbstverständnisses von Forschung, der zitierten Sachzwänge und ihrer Auswirkungen im Wissenschaftsbetrieb.

1. Wissenschaft, so unsere zentrale Forderung, muß als Dienstleistung begriffen werden, die sich nicht am Interesse internationaler Institutionen oder Organisationen, sondern an der Nachfrage durch einheimische Träger orientiert. Inhalte der

Untersuchungen bzw. Zielsetzung wissenschaftler Forschungen müssen von Institutionen, Gruppen, Gemeinden, Ethnien des jeweils betroffenen Landes formuliert werden. Ein Rückgriff auf ausländische Wissenschaftler ist als Ausnahme anzusehen; einheimische Bevölkerung und Fachkräfte müssen Träger der Forschungen sein.

2. Die Dienstleistungsfunktion verbietet auch das Fortbestehen der tradierten Hierarchiemodelle. Der ausländische Forschende soll der Counterpart sein, der einheimische besitzt Weisungsfunktion. Wissenschaftler, die Forschungsreisen zur eigenen Profilierung und Karriere betreiben, haben in Ländern der »Dritten Welt« nichts verloren.
3. Darüber hinaus müssen sich Wissenschaftler, die auf Forschungsreisen gehen, der politischen, ökonomischen, sozialen und psychologischen Folgen der kolonialen Vergangenheit und imperialistischen Gegenwart in der Welt bewußt sein. Heutige Strukturen sind in dieser Abhängigkeit zu begreifen, scheinbar objektive Erklärungsansätze in ihrer Beschränktheit und ihrer Funktion als Rechtfertigung bestehender Abhängigkeiten zu erkennen. Wissenschaftler, die im Bewußtsein der ökonomischen und sozialen Überlegenheit ihres Herkunftslandes und mit einer durch ihre soziale Stellung bedingten Arroganz auf Forschungsreisen auftreten, verhindern den Austausch. Sie tragen nicht zum Abbau der Abhängigkeiten bei, sie verstärken sie im Gegenteil.
4. Der Abbau der wissenschaftlichen Abhängigkeit von Ländern der »Dritten Welt« kann nur im Aufbau ihrer eigenen, eigenbestimmten und den jeweiligen spezifischen Erfordernissen angepaßten, wissenschaftlichen Infrastruktur liegen. Hierbei sind zwar die in unserem Wissenschaftsverständnis unbedingt nötigen Bibliotheken, Sammlungen, Fachzeitschriften, Laboratorien, Geräte etc. sowie der Zugang zu den internationalen Zentren des Wissenschaftsbetriebs eine notwendige Voraussetzung. Es muß jedoch betont werden, daß ›dort‹ auch andere Formen von Wissenserwerb und -weitergabe existieren, die nicht unseren Vorstellungen von Wissenschaft entsprechen und daher unserem Wissenschaftsverständnis nicht oder kaum zugänglich sind: mythische Vorstellung, orale Tradition, Schamanentum, langandauernde Naturbeobachtung und nichtexperimentelles Naturwissen, tradierte Verhaltensweisen etc. In vielen Regionen stellen sie in Teilen oder gänzlich den eigentlichen Grundstock für das Verständnis dortiger Lebensbedingungen dar; die dortigen Träger dieses Wissens sind die in diesem Sinne eigentlich wissenschaftlich Tätigen.
5. Wie oben ausgeführt, kommt der Sprache eine zentrale Bedeutung zu, beim Aufenthalt selbst, wie bei seiner anschließenden Dokumentation. Vor allem die Publikation der Ergebnisse muß bereits vor Verlassen des Landes fertiggestellt sein, Ergebnisse dürfen nicht ›mitgenommen‹ werden, das Publikationsrecht liegt immer beim einheimischen Auftraggeber. Publikationen dürfen nur gemeinsam verfaßt und nicht in einer Sprache geschrieben sein, die die auftraggebende Instanz nicht spricht oder versteht. Hierbei sind vor allem regional bedeutende nichteuropäische Sprachen zu erwähnen.
6. Wissenschaftliche Kurzzeitforschung ist als inadäquat abzulehnen. Sie bringt in der Regel Ländern der »Dritten Welt« keinen Nutzen, sondern schadet ihnen sogar zum Teil, da die Ergebnisse solcher Art von Forschung kaum fundiert sind. Wissenschaftliche Touristen, die nur wenige Wochen bis Monate im Ausland arbeiten, sind in der Regel nicht in der Lage, sich intensiv mit den sozialen, politischen und ökonomischen Verhältnissen des jeweiligen Landes wie mit dem Gegenstand ihrer Forschungen und dessen Umfeld auseinanderzusetzen. Vor

allem in den sozialwissenschaftlichen Disziplinen besteht dadurch die große Gefahr, daß der Forschende aufgrund nur begrenzter Einsichten Klischees produziert, die seine subjektiven Eindrücke widerspiegeln, wie dies in den Reisebeschreibungen regelmäßig der Fall war und ist.

7. Wissenschaftliche ›Fingerübungen‹ wie etwa Diplomarbeiten oder Dissertationen erscheinen durch ihre Orientierung auf das Ziel des akademischen Abschlusses als besonders problematisch, vor allem vom Standpunkt der Forderung nach einer Dienstleistung für den einheimischen Auftraggeber. Grundsätzlich besteht die Gefahr, daß der Forschungsgegenstand zum reinen Objekt des ausländischen Forschers für *seine* Zielsetzungen wird.[16]
8. Durch die meist bessere finanzielle und technische Ausstattung ausländischer Wissenschaftler besteht die Gefahr, daß vorhandene Abhängigkeiten – der Technik wie des Bewußtseins – nicht abgebaut, sondern eher noch verstärkt werden. Die Bedingungen der jeweiligen Länder (Arbeitsrhythmus, -zeit, -methoden, technische Ausstattung, Lebensverhältnisse etc.) geben deswegen den Rahmen vor, den auch ein ausländischer Forscher zu respektieren hat.[17]

Uns ist bewußt, daß es in den Ländern der »Dritten Welt« auch Beispiele von im Vergleich zu den dargelegten Punkten eigenständigen wissenschaftlichen Arbeitens gibt, mit und ohne ausländische Beteiligung. Da ihr Wirkungsbereich meist sehr begrenzt ist und ihre Tätigkeit – wie vorstehend geschildert – international keine Beachtung findet, sind solche Beispiele nur schwer auffindbar. Im Sinne der uns eher vertrauten traditionellen Art von Wissenschaft sei das Instituto de Ecologìa in La Paz, Bolivien, erwähnt. Hier besteht eine Zusammenarbeit zwischen bolivianischen und bundesdeutschen Biologen und Agrarwissenschaftlern, die auf Initiative des Ökologen Prof. Ellenberg, Göttingen, zustande kam. Schwerpunkte sind grundlegende und angewandte Forschung, Aufbau von biologischen Sammlungen von Pflanzen- und Tierarten des Landes und der Versuch, ökologische Erkenntnisse in der schulischen und universitären Ausbildung sowie der landwirtschaftlichen Produktion zu verankern. Publikationen werden in einer eigenen, ausschließlich spanischsprachigen Zeitschrift angefertigt.

Eine ganz vom Prinzip der Dienstleistung her definierte Tätigkeit streben Wissenschaftler an, die sich wie etwa Prof. Clarita Müller-Plantenberg mit Amazonien beschäftigen. Die Leitidee hierbei ist, daß wissenschaftliches Tun die Autonomie garantieren muß, daß der Wissenschaftler sich nicht als Techniker der Wissenschaftsmaschinerie aufspielen darf: er soll Dienste anbieten, nicht Lösungen. Als grundlegendes Problem bleibt jedoch gerade im Falle Amazoniens bestehen, daß die dortigen Ethnien traditionell voneinander abgegrenzt existieren, jedwede Aktion von außen daher aufgesetzt ist und sich das bisherige kollektive Wissen durch die Schnelligkeit, mit der die Veränderungen eingebracht werden, beginnt aufzulösen.[18]

In Madagaskar werden ausländische Forscher bei ihren Unternehmungen von einheimischen Wissenschaftlern begleitet; auch die Publikation der Ergebnisse findet gemeinsam statt. Hier scheinen einige Forderungen bereits umgesetzt zu sein; die Kontrolle ist wirksam, da die Genehmigung von Forschungen eine vorangehende einheimische Betreuung erfordert.

Anfänge im Sinne unserer Forderungen sind also durchaus zu entdecken; ihre Verbreitung könnte auch das Selbstbewußtsein der Länder der Peripherie in dieser Hinsicht stärken.

Nachwort

›Weltoffenheit‹ – besitzen sie diejenigen, die ausziehen, ›dort‹ zu finden, was sie ›hier‹ nicht sehen können; die dort sich den Spiegel vorhalten, um das Hier noch besser zu finden; die also, um der *Bestätigung* willen, immer im Bezug zum Hier nach dort gehen? Oder etwa diejenigen, die dort aufnehmen, was von hier kommt, damit umzugehen lernen, damit letztlich beginnen ihre Situation zu *verändern*?

Kleines Lehrstück zum Thema ›Humanismus‹

Die bundesdeutsche Humboldt-Gesellschaft für »Wissenschaft, Kunst und Bildung e. V.« feiert dieses Jahr ihren 25. Geburtstag. Dazu hat, wie es sich gehört, ein Festakt stattgefunden und ist eine Broschüre erschienen. Hier feiert der Humanismus Triumphfe. Bundespräsident Richard von Weizsäcker beschwört in seinem Grusswort das Erbe der Gebrüder Humboldt und ihre »unbedingte Hingabe an die Werte von Humanität und Menschenwürde«, denen sich auch die Gesellschaft verschrieben habe. Das finden auch Lothar Späth, der Ministerpräsident des Landes Baden-Württemberg, und der Mannheimer Oberbürgermeister und der Präsident der Humboldt-Gesellschaft und viele andere mehr. In der Jubiläumsbroschüre findet sich dann, neben zahlreichen weiteren Texten, ein kurzer »Lebensrückblick« des Forschungsreisenden Professor Heinrich Harrer. Auch Harrer spricht von der Aufgabe eines neuen Bewusstseins, dessen Massstäbe Humanität und gegenseitiges Vertrauen seien. Sein Text ist, sei's von Harrer selbst, sei's von der Redaktion, illustriert durch das Bild. Es zeigt Harrer laut Bildlegende »auf einer seiner zahlreichen Expeditionen«. So also hat man sich Humanismus vorzustellen: weiss, männlich, berrschend und obszön.
aus: Tagesanzeiger vom 9. 6. 1987)

Anmerkungen

1 Helfritz, 1968, S. 122
2 Ob und inwiefern sich die wenigen Frauen im damaligen Wissenschaftsbetrieb von den Ansichten ihrer Berufskollegen unterschieden, haben wir an dieser Stelle nicht untersucht.
3 Guntau, 1985
4 Mariategui, 1986, S. 162–165
5 Die folgenden Zitate sind von uns aus dem englischen Original übersetzt.
6 Budowski, 1975/75. Für die weiteren Ausführungen verweisen wir auf den Originalartikel. Im Kapitel »Forderungen« haben wir seine Gedanken wieder aufgenommen.
7 Vgl. hierzu die Ausführungen von P. Stüben, in: Ökozid Bd. 1 und 2: »Strangers in Paradise«.
8 Welche Motive wirklich hinter solchen Fahrten standen (auch im 20. Jahrhundert), zeigt das Vorwort zum Expeditionsbericht von *Schulz-Kampfhenkel* (1953): »So standen viele Feinde... gegen den Menschensprengsel, der sich anmaßte, den Rätseln der Urwaldhölle des Jary, ihres Tier- und Menschenlebens, nachzuspüren. Über das Erlebnis... dieser 17 harten, herrlichen Wildnismonate, der Arbeit, Kämpfe und Abenteuer, soll nun dies Buch... berichten.« Diese Expedition stand unter anderem unter dem Protektorat des Kaiser-Wilhelm-Institutes (jetzt: Max-Planck-Institut) für Biologie!
9 Dokument von mehr als 80 brasilianischen Ethnologen, Anthropologen, Historikern und Soziologen (1971); cit. in: Dostal, W., 1975
10 Vgl. Stagü, J., 1980. Vgl. dazu auch die Erklärung von Barbados (1971, cit. in: Dostal, W. (1975)
11 Als Beispiel sei der Freiburger ›Explorer‹ Leosch Schimanek zitiert: »Weit weg von den Häfen und Touristikzentren sind Land und Leute noch ursprünglich, unverfälscht. Da ist noch etwas von der alten Kultur der Melanesier lebendig geblieben.« (Flugblatt 1988)
12 Siehe Penck, A., 1941
13 Vgl. Weischet, W., 1980
14 Vgl. hierzu Häberle, K.-H., 1988
15 siehe hierzu das Interview von Claus Euler mit Ulisses Rozas Campos in Ökozid 4, S. 233–239
16 Ein Forschungsaufenthalt, der die aufgezeigten Gefahren vermeiden will, scheint uns nur dann möglich zu sein, wenn der Diplomand/Promovierende über genügend Erfahrung und Wissen über Forschungsgegenstand, Region und Bewohner verfügt und darüber hinaus im besonderen die Punkte 1, 2 und 5 beachtet bzw. diese die Grundlage seiner Tätigkeit darstellen.
17 Der sich oft ergebende Sachzwang zum Import von Methoden und technischer Ausstattung erscheint uns mehr als problematisch, da er Wissenschaftlichkeit auf ganz bestimmte Verhaltensweisen reduziert. Im Rahmen des vorliegenden Themas können wir jedoch mögliche Auswege nicht darstellen.
18 Ab'Saber, A., 1987

Literaturverzeichnis

Ab'Saber, A., 1987: Aspectos geomorphológicos de Carajás, Universidade de São Paulo, 232 S.
Baldus, H., 1954: Bibliografia crítica da etnología Brasileira, Völkerkundliche Abh. 3, São Paulo
Belt, Th., 1888: The Naturalist in Nicaragua, Univ. of Chicago Press, 403 S.
Bibliographie Internationale Geographique, 1954–1958 und 1984–1988
Biermann, K.-R., 1987: Zur Einführung. In: Alexander von Humboldt: Aus meinem Leben. Autobiographische Bekenntnisse, München, S. 7–23

Budowski, G., 1974/1985: Imperialismo Scientifico, Unasylva (FAO), 27 (107, S. 24–30
Dostal, W., 1975 (Hg.): Die Situation der Indos in Südamerika, Bd. 3, Wuppertal, 588 S.
Ecological Abstracts, 1978 und 1987
Ellenberg, H., 1975a: Vegetationsstufen in perhumiden bis perariden Bereichen der tropischen Anden, Phytocoenologia, 2 (3/4), S. 368–387
Ellenberg, H., 1975b: Ökologische Grundlagen für die Entwicklungshilfe in Bergregionen, Alpeninstitut, 3, S. 23–31
Ellenberg, H., 1979: Man's influence on tropical mountain ecosystems in South America, J. ecol., 67, S. 401–416
Ellenberg, H., 1981: Desarrollar sin destruir, Inst. de Ecologìa, La Paz, Cochabamba
Emons, K.-H., 1985: Alexander von Humboldt zum 125. Todestag. Leben und Wirken. In: Bergakademie Freiberg (Hg.): Alexander von Humboldt (1769–1859), Freiberger Forschungshefte D 171, Leipzig, S. 8–14
Fernandez Retamar, R., 1988: Kaliban – Kannibale. Essays zur Kultur Lateinamerikas, München, 287 S.
Guntau, M., 1985: Zum Bild der Natur bei Alexander von Humboldt. In: Bergakademie Freiberg (Hg.): Alexander von Humboldt (1769–185), Freiberger Forschungshefte D 171, Leipzig, S. 31–39
Handbook of Latin American Studies, 1935–1938, 1979–1985
Häberle, K.-H., 1988: Verwahrung der Natur – die Natur verwahrt sich. In: Umweltzeitung, Zeitschrift des VFLU, Nr. 4, S. 12–15
Helfritz, H., 1968: Mexiko – Land der drei Kulturen, Berlin, 262 S.
Humboldt, A. v., 1845–1862: Kosmos – Versuch einer physischen Weltbeschreibung, 5. Bd., Stuttgart und Tübingen
Mariategui, J. C., 1986: Revolution und peruanische Wirklichkeit, Ausgewählte politische Schriften, Hg. v. E. v. Oertzen, Frankfurt/M., 169 S.
Penck, A., 1941: Die Tragfähigkeit der Erde. In: Dietzel, K. H. et al. (Hg.): Lebensraumfragen europäischer Völker, Bd. 1, Leipzig, S. 27
Schulz-Kampfhenkel, 1953: Rätsel der Urwaldhölle, Berlin, 153 S.
Stagl, J., 1980: Szientistische, hermeneutische und phänomenologische Grundlagen der Ethnologie. In: Schmied-Kowarzik, W. und Stagl, J. (Hg.): Grundfragen der Ethnologie, Berlin, S. 24
Weischet, W., 1980: Die ökologische Benachteiligung der Tropen, Stuttgart, 127 S.

Plakative Bekundung des Bürgerwillens: Pro und Contra »Centre Parcs«
(Foto: Günter Ermlich)

II. »Zerstörung ohne Wende?«

Günter Ermlich

Es wandelt niemand ungestraft unter Palmen ...[1] – Center Parcs holt die Tropen in die Lüneburger Heide

»Für die Benutzung der technisch ›möblierten‹ Landschaft kann man einen Eintrittspreis verlangen, nicht jedoch für den Genuß der untechnisierten Natur- oder Kulturlandschaft.«[2]

Tropenparadiese unter Plexiglas

Wem geht das schlechte Wetter in unseren Breitengraden nicht gelegentlich auf den Wecker? Wer verspürt nicht Gelüste, Wärme in der Ferne zu suchen? Wer flucht nicht, wenn das Klima uns mal wieder einen dicken Strich durch die Ferienrechnung macht? »Die kostbarsten Wochen des Jahres« – wegen Regen buchstäblich ins Wasser gefallen? Früher konnte man – kleiner Trost – wenigstens noch eine Regenversicherung abschließen.

> »Wetterbericht bei Center Parcs? Sonne, Sonne, Sonne! Denn im Subtropischen Schwimm-Paradies scheint wirklich immer die Urlaubssonne. Tropische Temperaturen, exotische Pflanzen, warmes Wetter.«[3]

Der Aphorismus von Karl Valentin »Alle reden vom Wetter, aber keiner tut was dagegen« ist für die Strategen der holländischen Ferien- und Freizeitfirma »Center Parcs« bereits Schnee von gestern. Als erste haben sie die touristische Marktlücke erkannt und mit Hochdruck an einem Freizeitkonzept für die neue Urlaubsillusion gebastelt: Tropenparadiese unter Plexiglas. Zwölf dieser modernen Ferienstätten gibt es bereits; jetzt soll die neue Urlaubsillusion im staatlich anerkannten Luftkurort Bispingen Wirklichkeit werden. Hier, im Herzen der Lüneburger Heide, nahe der Autobahn Hamburg–Hannover, investiert »Center Parcs« 175 Millionen Mark, um auf dem Naherholungsgebiet »Luhfuhren« am südlichen Ortsrand Bispingens ein rund 82 Hektar großes Freizeit-Gehege zu errichten. Eine Anlage mit Bungalows und Hotel, einer Kirche, einem 20 Hektar großen künstlichen See mit diversen Wasserläufen und im Zentrum ein 20000 Quadratmeter großes, überdachtes »Parc Plaza« mit allen touristischen Facilities: Supermarkt und Souvenirladen, Restaurants und Diskothek, Bank und Boutique, Kindergarten und Glücksspielräume, Squash-

Modellhafte Ansicht des Bispinger Centre Parcs *Foto: G. Ermlich*

Courts und Bowling-Bahnen. Als Krönung gilt ein subtropisches Schwimmparadies mit 29 Grad konstanter Lufttemperatur. Mit dem Urwaldgrün der Palmen, den Brandungswellen des Bades, mit Schnellbräuner und Daiquiri-Drink wird »die Illusion eines Tropenurlaubes perfekt – unabhängig von Wetterlage und Jahreszeit kann man subtropisches Klima genießen«.[4]

Als das »Kontingent in den Niederlanden erschöpft«[5] war, wollte die expansionsfreudige Rotterdamer Firma »Center Parcs« in Deutschland investieren. Bispingen galt als idealer Standort, »um die Ballungsräume Hamburg, Bremen, Hannover und Berlin als Einzugsgebiete zu erschließen«,[6] aber auch als Pilotprojekt, um einen Fuß in den deutschen Markt zu bekommen. Eine Handvoll weiterer »Center Parcs« sollte in den nächsten Jahren folgen.

Das obskure Objekt der Begierde

Subtropische Urlaubsillusion à la »Center Parcs« statt Heideromantik auf den Spuren von Hermann Löns? Bei dieser Vorstellung gingen die Bispinger Bürger auf die Palme. Seit die Freizeitpark-Ansiedlung auf einer Bürgerversammlung im Mai 1987 von den Gemeindevertretern und der Betreiberfirma öffentlich gemacht wird, ist die

Welt in Bispingen nicht mehr heil, zerfällt die Bevölkerung in zwei verfeindete Lager: in Gegner und Befürworter des »obskuren Objekts der Begierde«. Selbst quer durch die Familien verläuft die Front: Während Bürgermeister Peter-Otto Meyer (CDU) pro ist, fährt Sohn Johann-Peter, Landwirt, die »Center Parcs – nein danke«-Plakette auf dem Heck seines Autos spazieren.

Vor allem betroffene Anlieger und lokale Natur- und Umweltschützer gründen eine Bürgerinitiative, weil sie die Zerstörung einer Fläche befürchten, die »von der Naturschutzbehörde als wertvolles zu schützendes Landschaftsgebiet erfaßt«[7] wurde. Joachim Peeck, Ex-Berufsoffizier und CDU-Mitglied, ist einer der drei Sprecher der Bürgerinitiative Bispingen gegen den Ferienpark. Ihm treibt es die Zornesröte ins Gesicht, wenn er von seiner Freizeitbeschäftigung Nummer eins, der Verhinderung der Ferienanlage, spricht: »Es ist wieder mal der Kampf von Leuten, die Geld verdienen und Arbeitsplätze schaffen wollen und uns, die wir Angst haben, daß unsere natürlichen Ressourcen zerstört werden.«

Damit nicht genug; der Bispinger Ferienpark ist keine Eintagsfliege. Daneben sind in der Lüneburger Heide zwei weitere Bade- und Freizeitanlagen, verbunden mit riesigen Bungalowdörfern, in Planung: der »Inparc« in Stadensen bei Uelzen für 4500 und die Erweiterung des »Heideparks Soltau« für 3000 Gäste. In 15 bis 60 Kilometern Luftlinie sollen fast zeitgleich drei touristische Großprojekte für mehr als 11000 Urlauber mit einem Gesamtinvestitionsvolumen von rund 500 Millionen Mark in den Heidesand gesetzt werden. »Von kapitalkräftigen Leuten wird die Heide jetzt mit all diesen Projekten systematisch aufgerollt und ausverkauft. Ein Horrorszenario: Die Natur wird vergewaltigt.« (BI-Sprecher Peeck) Das »Plastik-Ferienparadies« ist für ihn ein Fremdkörper: »Wenn hier Palmen wachsen, Papageien krächzen und Flamingos schnattern, dann ist das eine absolute Stillosigkeit für unsere Landschaft.« Unbestritten scheint, daß die Ferienanlage eine künstliche Insel, ein touristisches Alchemie-Produkt in der Heideumgebung sein wird. Die in 80 Jahren organisch gewachsene kleingewerbliche Struktur des Bispinger Fremdenverkehrs erhält durch die auf ca. 80 Hektar dimensionierte Neuansiedlung ein verändertes Gesicht.

Deutsche Urlaubsexperten und Freizeitforscher haben herausgefunden, daß Sonne beziehungsweise die Illusion von Sonne ein lebenswichtiger Angebotsfaktor für die Tourismusindustrie der Zukunft sei, gar eine überlebenswichtige Frage für viele Fremdenverkehrsgemeinden.

> »Sonnenschein ist zu einem Konsumartikel geworden und nicht mehr an die Urlaubsreise in den Süden gebunden. Der Urlauber der 90er Jahre wünscht sich klimatisierte Urlaubslandschaften.«[8]

Ergo müsse der Süden nach Deutschland kommen, so die freizeitwissenschaftliche Quintessenz:

> »Mit einem Wellenschwimmbad ist es nicht mehr getan. Im Fremdenverkehrsmarkt der 90er Jahre haben nur Ferienorte mit Angeboten für Allwetterurlaub eine Überlebens-, vielleicht sogar Wachstumschance.«[9]

So könne die Talfahrt des Binnentourismus gestoppt werden.

Die soziologisch verorteten, modernen Freizeitmenschen reisen bzw. reißen den industriellen Ballungszentren aus, um in den massierten Ferienzentren aufzutanken. »Sie benötigen dringend ein zeitweiliges Wegtauchen von den Belastungen der täglichen Arbeits-, Wohn- und Freizeitsituation, um hinterher weitermachen zu kön-

Das subtropische Schwimmparadies: Clou der wetterunabhängigen Urlaubsutopie *Foto: Centre Parcs*

nen.«[10] Flucht aus dem Alltag und Flüchtigkeit des Tourismus sind zwei Seiten derselben Medaille. Unsere Gesellschaft stellt uns »die Freizeitindustrie gewissermaßen als Freund und Helfer zur Verfügung. Wenn dem Menschen der Tapetenwechsel, das Abschalten gelingt, entwickelt er das Bedürfnis, nach der Flüchtigkeit des Tourismus wieder in die wohltuende Stabilität des Alltags zurückzukehren«.[11] Wenn das Hauptmotiv, das hinter der touristischen Mobilität des Ferntourismus steckt, der Drang des Ausbrechens ist, um andere Umwelten zu erfahren, dann bieten unsere hiesigen Ferien-Kunstlandschaften die Chance des portionierten Ausbruchs.

Symptomatisch für die moderne Ferienlandschaft ist die geballte Erlebnisofferte: »Erlebnis-Urlaub«, »Erlebnis-Gastronomie«, »Erlebnis-Hotel«.

> »Für die Fremdenverkehrsplaner ist die Haupttriebkraft der zukünftigen touristischen Entwicklung der Erlebnishunger einer großen Zahl der bundesrepublikanischen Bevölkerung, der durch Erlebniswelten, vom Super-Golfplatz bis zu den von Bundesumweltminister Töpfer so genannten ›Traumlandschaften aus Glas und Beton‹, befriedigt werden müsse.«

Die Menge will im »Erlebnis« baden.

Klimatische Urlaubslandschaften, subtropische Badeparadiese, Freizeit- und Spaßbäder: Der Natur wird ein Schnippchen geschlagen; Regenschauern, wolkenverhangene Himmel, schneidende Winde: Fehlanzeige. Wo die Natur Quentchen für

Quentchen durch Menschenhand systematisch verbraucht und verschandelt, zersiedelt und zerstört wird, da erlebt sie unter der Glaskuppel ihre artifizielle Renaissance. Die ausgebeutete Natur wird auf kunstvoll-künstliche Weise von Designerhand wiederaufbereitet. Wo die Attraktivität einer Ferienlandschaft wie der Nordsee durch angeschwemmte tote Robben, riesige Ölteppiche und wuchernde Algen ein negatives Image bekommen hat und die Urlauber in Scharen wegbleiben, da soll im Nordseebad Tossens – keine 300 Meter hinter dem Deich – ein Tropenpark mit garantiert intakter Flora und Fauna gebaut werden. Der Kollaps von Natur und Umwelt soll so durch das neue Urlaubs- und Freizeit-Produktdesign kompensiert werden. Die Rezeptur der »schönen, neuen Ferienwelt«: second-hand Natur, immer nach dem gleichen Strickmuster, nach Strich und Faden am Reißbrett entworfen.

Die holländische Firma »Center Parcs« hat es fast schon geschafft, ihren Firmennamen als Gattungsbegriff für das neue Urlaubsprodukt »wetterunabhängige Freizeitparks« zu etablieren. »Center Parcs« sind auf den Begriff gebracht worden. Ihre Betriebs-Philosophie des »alles unter einem Dach« hat den saisongebundenen Ferienbetrieb überholt und das Terrain für den Typus des saisonunabhängigen Freizeitunternehmens geebnet. Schon heute trägt das winterfeste all-year-round-Konzept von »Center Parcs« für den Allwetterurlauber reife wirtschaftliche Früchte: Ihre zwölf Bungalowanlagen, darunter allein acht in Holland, der Rest in Belgien, Frankreich und Großbritannien, haben 1987 340 Millionen Mark Umsatz und 35 Millionen Mark Nettogewinn beschert. Zwischen 1983 und 1987 verdoppelte sich der Jahresumsatz.

Der staatlich anerkannte Luftkurort Bispingen blickt auf eine 800jährige Geschichte zurück. Seit 1982 steigen die Gäste- und Übernachtungszahlen kontinuierlich an. Über 25 Millionen Mark brachten die Urlaubsgäste 1988 in die Bispinger Gemeindekasse. Gut 2000 »Fremdenbetten« und 303000 Übernachtungen sind für die Gesamtgemeinde mit neun Ortschaften kein Pappenstiel. Damit liegt Bispingen auf Rang zwei in der Fremdenverkehrsstatistik des Regierungsbezirks Lüneburg. Doch mit dem neuen Ferienpark wird die Gemeinde in großen Sprüngen auf eine touristische Monokultur zugaloppieren. Ein Rechenexempel: Wenn zweimal pro Woche, immer montags und freitags, 3600 Kurzurlauber die Bungalow-Betten wechseln, macht das bei einer von »Center Parcs« prognostizierten Belegungsquote von 98 Prozent fast 370000 Gäste oder 1,3 Millionen Übernachtungen per anno. Nicht zu vergessen die vier bis fünf Millionen Tagesbesucher, die jährlich den zur Gemeinde Bispingen zählenden Naturschutzpark Lüneburger Heide bevölkern und sichtbare touristische Trittschäden hinterlassen.

Schon der Heide-Propagandist Hermann Löns hatte vor rund 80 Jahren die Touristen-Invasion von einigen Hunderttausend in das »wunderschöne Land« als menschliche Naturkatastrophe umschrieben: »Es regnet Menschen, es hagelt Volk.« Scharfsinnig erkannte der Dichter, daß im Zielkonflikt zwischen Erholungsfunktion und Natur- und Landschaftsschutz »die Naturverhunzung Auto im Hundertachtzigkilometertempo«[12] fahre. »Der Naturschutz kraucht knickebeinig hintendrein, die Naturverhunzung arbeitet ›en gros‹, der Naturschutz ›en detail‹.«[13]

Natur im Würgegriff

Zu Beginn dieses Jahrhunderts bereits versuchten Hamburger Kaufleute, die Heide als Spekulationsobjekt in den wirtschaftlichen Würgegriff zu bekommen. Als sie Wochenendhäuser am Wilseder Berg kaufen wollten, machte der »Heidepastor« Bode dagegen mobil, propagierte den Naturschutzgedanken und kaufte mit dem »Verein Naturschutzpark« kurzerhand das Terrain auf. So entstand hier 1921 auf 200000 Quadratkilometer der erste deutsche Naturschutzpark. »In der Lüneburger Heide, dort wo's am schönsten ist – in der Nähe von Bispingen«[14] wollen die »Center Parcs«-Manager ihr erstes Produkt in der BRD geostrategisch plazieren. Die Tropen-Investoren betreiben in ihren Prospekten Werbung mit einem Landschaftsraum, obwohl naturraumtypische Gegebenheiten faktisch in ihrem konfektionierten Einheitspaket überhaupt nicht vorkommen. Denn genau die gleichen Ferienanlagen werden in völlig unterschiedliche Landschaftstypen hineinverpflanzt. Historische Traditionen und naturräumliche Qualitäten einer Landschaft sind gleichgültig. Die Naturlandschaft verkommt angesichts der Kunstlandschaft zur Kulisse. Noch 1987 zielte die Fremdenverkehrswerbung des Landkreises Soltau-Fallingbostel, zu dem Bispingen gehört, darauf ab, »bewußt kein Ferienzentrum üblicher Art zu sein und eine Urlaubslandschaft für Individualisten zu bieten«.[15]

»Wir wollen den Sektor des Fremdenverkehrs durch die Gewerbeansiedlung ›Cen-

Teilansicht des Centre Parc Geländes vor Baubeginn *Foto: G. Ermlich*

ter Parcs‹ stärken«, verteidigt der Bispinger Verwaltungschef Klaus Doppke das umstrittene Bauvorhaben: »Die Leute haben mehr Freizeit und mehr Geld. Die Flüsse und Meere sind verschandelt. Deshalb kommt dieser Trend nach sauberen, wetterunabhängigen Ferienparadiesen auf.« Klipp und klar weist Doppke jegliche Bedenken einer touristischen Übererschließung vom Amtstisch: »Jeder Gemeindedirektor, der hier nicht zugreifen würde, ist fehl am Platz.«

Arbeitsplatzbeschaffung als Rattenfängerargument: die ökologische Gegenrechnung

Die Pluspunkte, die sich Bispingen erhofft, sind rein wirtschaftlicher Natur: ca. 400 saisonunabhängige Arbeitsplätze, eine halbe Million Mark an Steuereinnahmen, die allgemeine Verbesserung der Wirtschaftsstruktur, positive Auswirkungen auf das einheimische Dienstleistungsgewerbe, den Handel und das Handwerk, Gebührensenkungen bei Wasserversorgung und Abfallbeseitigung. Das einäugige Schielen auf ein quantitatives Wachstum, das fremdenverkehrswirtschaftliche Eckdaten wie Gästezahlen, Übernachtungsziffern, Belegungsquoten, Zuwachsraten zum einzigen Erfolgsmaßstab der lokalen touristischen Entwicklung macht, ist für die Ferienpark-Gegner antiquiert. Vor allem das Arbeitsplatz-Argument: »Zuerst war von 200 bis 300, dann von 380 und gar 540 Arbeitsplätzen die Rede, während heute 420 Dauerarbeitsplätze garantiert werden.« BI-Sprecher Peeck hält diese Zahlenakrobatik für leichtfertig und unseriös. Außerdem offenbart es ein anachronistisches Politikverständnis, denn: »Heute kann man doch nicht mehr mit dem Argument der Arbeitsplatzbeschaffung die Argumente der Ökologie erschlagen.« Außerdem: das benötigte Ferienpark-Personal wird im Bispinger Einzugskreis kaum zu rekrutieren sein. Woher Schwimmeister und Barkeeper, Chefeinkäufer und Köche hernehmen?

Die Mitglieder der Bürgerinitiative stellen die ökologische Gegenrechnung des Großprojektes für die Gemeinde auf: Landschaftsverbrauch eines bisher intakten Naherholungsgebietes, Umweltzerstörung durch Bebauung und Bodenverdichtung, Absinken des Grundwassers durch Anlage eines künstlichen Sees, größere Luftverschmutzung durch die Auspuffgase der Gästeautos und Schadstoffemissionen der offenen Bungalow-Kamine, Lärmbelästigung und Verkehrsprobleme durch vermehrtes Autoaufkommen. Ökologische Schützenhilfe bekommen die Ferienpark-Gegner unverhofft von einer Seite, die sonst selbst regelmäßig Zielscheibe von Natur- und Umweltschützern ist: dem Militär. Denn das Ferienpark-Gelände liegt in einem Truppenübungsgebiet des »Soltau-Lüneburg-Abkommens«, eines Gebiets, das die höchste militärische Belastung für die Wohnbevölkerung in der gesamten Bundesrepublik aufweist: Tiefflieger donnern über die Baumwipfel, britische Panzer bringen die Fensterscheiben zum Klirren, Schießübungen auf den benachbarten Außenfeuerstellungen 12/13 sind an der Tagesordnung. An einer Seite wird der Ferienpark von der südlichen Panzerumgehungsstraße »Seebohm-Ring« flankiert, an einer zweiten Front werden die Panzer, auf Tuchfühlung zum »Center Parcs«-Schutzwall, auch künftig ihre Ketten beim Üben für den Ernstfall in den Heidesand graben. Deshalb hat die Wehrbereichsverwaltung II der Bundeswehr dem Bauvorhaben »wegen der unvermeidlichen Lärmbelästigungen« für die Feriengäste widersprochen; die britische Armee kam aufgrund eines Lärmgutachtens zu dem Ergebnis, es sei »ökologischer Unsinn, solch eine Ferienanlage in einem militärisch so stark benutzten Gebiet zu bauen. Ein Konflikt zwischen Betreibern und Militär sei vorprogrammiert.«[16]

Allen ökologischen Unkenrufen der besorgten Bürger und betroffenen Anlieger zum Trotz fielen im Mai 1988 im Bispinger Gemeinderat die politischen Würfel zugunsten des Ferienpark-Projektes. Der Konsens der Kommunalpolitiker (12 CDU- und 5 SPD-Ratsherren), »die große Koalition der Unvernunft« (Peeck), war überwältigend: 16 Ja-Stimmen, eine Gegenstimme. Die Bürgerinitiative wurmt es noch heute, mit welcher Arroganz der Macht im Vorfeld der Entscheidungsfindung in den Gremien- und Ausschußsitzungen »unsere Bedenken gegen den Center Parc von den Ratsherren vom Tisch gefegt worden sind«. BI-Sprecher Peeck führt zwei Beispiele für das »erbärmliche Niveau der Diskussion« im Gemeinderat an: Auf das Argument der BI, das Wasser im künstlich angelegten, 10 Hektar großen See müsse durch bestes Heidewasser periodisch erneuert werden, weil es sonst zu stinken beginne, konterte ein Ratsmitglied: »Mein Sohn hat auch einen Teich mit 1,5 Kubikmetern zuhause im Garten. Der fängt auch nicht zu stinken an.« Bei den Beratungen im Verkehrs- und Bauausschuß, wie das vermehrte Autoaufkommen gelöst werden könne, zeigte sich das ganze Dilemma einer fehlenden integrierten Fremdenverkehrsplanung:

> »Die einen sagten: ›Ja, die Verkehrsführung muß durch den Ort gehen, wir wollen ja an den Leuten verdienen‹; die anderen meinten, ›nein, durch Bispingen nicht, da ist ja sowieso schon zu viel Verkehr‹.«

Gerhard Ritter, betroffener Anrainer des »Center Parcs«-Geländes, sieht die Crux in der völligen Überforderung der politischen Lokalmatadoren:

> »Bisher debattierte der Gemeinderat kommunale Angelegenheiten, ob zum Beispiel der Ortsteil X an die Kanalisation angeschlossen oder die Straße Y verbreitert werden soll. Plötzlich kommt von außen ein 175-Millionen-Mark-Projekt; Sachverständige hantieren mit ihrem Fachchinesisch von 75 Dezibel. Da sind die Ratsherren, alles einfache Leute wie Tischler, Gastwirte, aber keine Akademiker, mit ihrem Latein am Ende.«

Als die Holländer mit dem Investitionsstachel lockten, da »fühlten sich die Ratsherren wie die Herrscher aller Reußen« (Gerhard Ritter). Wie im Märchen vom Sterntaler hat sich für sie der Himmel aufgetan, und die Millionen Gulden fielen auf den Heideboden. Einziger Ratsherr, der gegen den Ferienpark votierte, war Hans Mehner. Aufgrund des frustrierenden Politikerlebnisses ist er aus der SPD ausgetreten, arbeitet jetzt verstärkt in der Bürgerinitiative mit. »Meine Ex-Fraktionsgenossen haben die Umweltbedenken überhaupt nicht bedacht. Die waren Feuer und Flamme für die Anlage, weil ihnen die Hose näher saß als das Hemd.« Was Wunder: ein SPD-Ratsherr ist Gastwirt, ein anderer Handwerksmeister.

1700 Unterschriften sammelten die erbosten Heidjer gegen das touristische Mammutunternehmen. Im Kernort Bispingen bedeutete das eine Mehrheit von 58,2 Prozent der wahlberechtigten Bürger gegen »Center Parcs«; in der Gesamtgemeinde waren immerhin noch 46 Prozent dagegen. 270 »Anregungen und Bedenken« brachten die Bispinger während der Auslegung der Baupläne vor. Die von der BI geforderte Umweltverträglichkeitsprüfung (UVP) wurde von der Verwaltung abgeschmettert, »da sieben Gutachten und die Einschaltung von 56 Trägern öffentlicher Belange die UVP ersetzen« würden (der ehemalige Gemeindedirektor Schenk).

Im Juli 1988 begann mit dem ersten Spatenstich die »Überwindung der Widrigkeiten der Natur durch bauliche Maßnahmen«, wie BI-Sprecher Peeck in schönstem Amtsdeutsch die »Center Parcs«-Philosophie charakterisiert. Die Chronik der laufenden Ereignisse ist von komplizierten verwaltungsmäßigen Haken und juristischen Ösen geprägt. Gegner des Projektes, zwei Anliegergruppen und die Jagdgenossenschaft, erwirkten vor dem Kadi einen vorläufigen Baustopp. Das Oberverwaltungsgericht Lüneburg teilte per Beschluß mit, daß der Landkreis Soltau-Fallingbostel rechtswidrig scheibchenweise insgesamt acht Teilbaugenehmigungen erteilt hatte. Seit Oktober 1988 liegt das Projekt auf Eis, steht am südlichen Ortsrand von Bispingen eine Geisterstadt. Werte von ca. 15 Millionen Mark sind auf dem Grundstück bereits materialisiert worden. Abgeholzte Bäume, ausgehobene Baugruben, planierte Areale, halbfertige Bungalows. Kann die normative Kraft des Faktischen überhaupt außer Kraft gesetzt, der sichtbare Sachzwang zum Weiterbauen übergangen werden? Vorsorglich ist die Betreiberfirma selbst juristisch aktiv geworden und klagt gegen die Bezirksregierung Lüneburg, ob seinerzeit die Teilbaugenehmigungen rechtswidrig erteilt worden sind. »Center Parcs« will sich mit einem rechtskräftigen Urteil munitionieren, um bei einem finalen Baustopp wenigstens Regreßansprüche für das bereits in den Heidesand gesetzte Geld stellen zu können.

Zur Zeit befindet sich das Bispinger Projekt in der Phase der Umplanung, wobei vor allem die Kriterien, die vom Oberverwaltungsgericht Lüneburg zum Baustopp geführt haben, begutachtet werden sollen. Sachverständigen-Expertisen – Lärm-, Jagd-, Verkehrsgutachten – werden in Auftrag gegeben, Planungsgrenzen neu festge-

Halbfertige Bungalow-Ruinen: Zeugen des Baustopps *Foto: G. Ermlich*

legt, eine komprimiertere Bebauung vorgesehen. Daneben hat die Gemeinde die Aufstellung eines Landschaftsplanes sowie die Anfertigung einer Umweltverträglichkeitsstudie analog der EG-Richtlinien durch Ingenieursbüros angefordert. »Die ökologische Wirkungsanalyse, die alle Einflußfaktoren gegen- und untereinander abwägt, erstreckt sich über die gesamte Vegetationszeit«, versichert Gemeindedirektor Doppke. Der größte Unsicherheitsfaktor bei der modifizierten Planaufstellung aber bleibt. »Wir wollen keinen Wirtschaftsfaktor verlieren, dessen Zukunft mit dem Argument der Militärbelastung belastet wird«, sieht der Verwaltungschef den Zielkonflikt zwischen Manövergebiet und Freizeitpark weiter schwelen. Die Bürgerinitiative, »die vorzüglich organisiert ist und mir manch harte Nuß zu knacken aufgibt« (Doppke), will ihren grundsätzlichen Widerstand gegen das touristische Großprojekt fortsetzen, obwohl die UVP als eine ihrer zentralen Forderungen durch eine analoge Studie erfüllt werden soll. »Die Legitimation einer BI hört dort auf, wo die Entscheidungsbefugnis des Gemeinderates als gewählte Vertretungskörperschaft anfängt«, ist Doppkes Credo. Er gehört zur Spezies »Nase vorn«-Gemeindeverwalter, denn mit Bispingen will er die Nase vorn haben im Rennen um die Ansiedlung von potenten Freizeitpark-Betreibern, einen Konkurrenzvorteil ergattern: »Die schießen doch wie Pilze aus dem Boden, und jeder will auf's Trittbrett aufspringen.«

> »Erfolgreiche Investitionsobjekte wie die Center Parcs erwecken denn auch die Begehrlichkeit mancher Gemeindeväter, die eine solche Freizeit-Attraktivität in ihrer unmittelbaren Nähe haben möchten, um damit die gesamte Region aufzuwerten und ebenfalls an Gästen zu verdienen.«[17]

Prof. Michel Meyer vom Referat Fremdenverkehr im niedersächsischen Wirtschaftsministerium bestätigt den wachsenden Trend zu gigantischen Freizeitparks, wobei »bis zu 60 in Nordeuropa in Planung sind«. Allein in Niedersachsen werden zur Zeit fünf Anlagen unterschiedlicher Größenordnung konzipiert. Als Reaktion unter anderem auf den Bispinger »Fall« und der Planung weiterer Vorhaben großtouristischen Zuschnitts gab das niedersächsische Innenministerium als oberste Landesplanungsbehörde den Erlaß »Raumplanerische Beurteilung von touristischen Großprojekten« heraus. In diesem sogenannten »Heideerlaß« sollen ausdrücklich im Raumordnungsprogramm »die Auswirkungen des betreffenden Vorhabens auf die Umwelt (Umweltverträglichkeit)«[18] geprüft und beurteilt werden.

Für Dr. Scharpf vom BUND (Bund für Umwelt und Naturschutz) ist der eigentliche »Knackpunkt« bei der Ansiedlung einer touristischen Großeinrichtung weniger die ökologische Komponente, sondern »der massive Verlust von politischer Autonomie der Gemeinde. Da stoßen Profis, Riesen-Planungsstäbe im Investmentbereich auf eine Laienspieltruppe, die häufig überfordert ist zu merken, wo die Fallstricke eingebaut sind«. Außerdem hätte in vielen Fremdenverkehrsgemeinden die kommunale Administration qua Sachkompetenz die politische Zielsetzungsfunktion von den Kommunalparlamenten als den eigentlichen politischen Entscheidungsträgern übernommen. Bevor die Kommunalpolitiker Wind von einem Großprojekt bekommen, »hat die Administration mit dem Investor das Projekt schon relativ wasserdicht gemacht und argumentiert dann mit dem berühmten Sachzwang« (Dr. Scharpf). Um diese Kumpanei zu durchbrechen, müsse die Fremdenverkehrspolitik auf Gemeindeebene politisiert werden, indem sich eine Gegenmacht von Bürgerinitiativen, Natur- und Umweltschutzorganisationen bilde. Überall dort, wo landschaftsverbrauchende und -zerstörende touristische Mammutprojekte gekippt worden sind, war die Ökologiebewegung daran »schuld«. Die zweite massive Gegenbewegung gegen die offizielle Fremdenverkehrsplanung und -politik sieht Dr. Scharf in der sogenannten Regionalismusbewegung. Sie geht von der Überlegung aus, daß eine neue Qualität der Ausbeutung der Peripherie durch die städtischen Agglomerationen stattfindet: das Kapital kommt aus den Agglomerationen und fließt auch wieder in diese zurück. In einer Zeit, in der die Umweltbelastung und -zerstörung auf allen Gebieten in Siebenmeilenstiefeln fortschreitet, ist eine verstärkte ökologische Orientierung auch der »weißen Industrie« Tourismus zur Sicherung ihrer eigenen Grundlagen unverzichtbar.

Brauchen wir den »Freizeitmenschen in Batterie- oder freier Bodenhaltung«?

Die alte Gretchenfrage, Ghetto oder nicht Ghetto, die schon bei den Clubdörfern entbrannte, stellt sich bei den modernen Freizeitparks in neuem Gewand. Welches »Modell« ist naturschonender und umweltverträglicher: Freizeit-Massenquartiere mit Batteriehaltung oder Freizeitmenschen in freier Bodenhaltung?

> »Solange die grundsätzlichen Bedingungen des Ferienmachens unverändert bleiben und sich das Reisen weiterhin in Form periodischer Massenauszüge abspielt, ist der Aufbau künstlicher Urlaubswelten in Form von großen Ferienzentren sowohl notwendig als auch wünschbar«,[19]

argumentiert der Tourismuskritiker Jost Krippendorf. Ein kulturkritisches Naserümpfen über die kasernierte Ferienform sei unangebracht, da es genug Urlauber mit diesen Bedürfnissen gebe und diese sich keinesfalls ghettoisiert fühlen würden. Konzentrierter Landschaftsverbrauch bei gleichzeitiger Schonung des übrigen Landschaftsraumes ist die Maxime des Bispinger Gemeindedirektors Klaus Doppke. Eine weitere Flächenausdehnung durch touristische Nutzungsansprüche wie Zweitwohnungen, Wochenendhäuser und Campingplätze will er künftig verhindern. Der Ferienpark als Ghetto? Nein, meint der Verwaltungschef und »verrät« seine wahre Intention: »Wir wollen, daß die Kurzurlauber über den Zaun der Anlage gucken ›Was ist los in Bispingen?‹ Wir vom Verkehrsverein wollen die Zaungäste zu uns herüberlocken, damit sie später bei uns Urlaub machen.« Sic!

Die kürzlich gegründete Arbeitsgemeinschaft »Sanfter Tourismus in der Lüneburger Heide«, einem Zusammenschluß von Natur- und Umweltschutzorganisationen, fordert »eine konsequente Ökologisierung des Tourismus«.[20] Sie setzt auf einen umwelt- und sozialverträglichen Tourismus durch Erhaltung und Förderung kleinteiliger Organisationsformen. Hingegen werden touristische Großbetriebe und -projekte abgelehnt; da sie »vornehmlich durch auswärtige Investoren finanziert werden, wird die Naturlandschaft wie ein Konsumartikel verbraucht, wodurch die langfristige Existenzgrundlage der kleineren Fremdenverkehrsbetriebe gefährdet wird«.[21]

Kasernieren wir drinnen viele Feriengäste, damit draußen der Naturschutz seine Flächenansprüche besser realisieren kann. Mit dieser »Sicht von Kultur« kann sich Dr. Scharpf vom BUND nicht anfreunden. Außerdem würden die Naturschutzstrategien ja nicht nur eine räumliche Steuerung bedeuten, sondern auch das sogenannte Kooperationsprinzip beinhalten.

»Die Menschen müssen sich für Umweltschutzbelange engagieren, damit unsere natürlichen Ressourcen gesichert werden. Wie kann das Prinzip aber funktionieren, wenn wir die Menschen immer mehr von ihrer natürlichen Umwelt abnabeln und sie in Kunstumwelten reinsetzen?«

Die Möglichkeit der Produktion von Kunstlandschaften läßt den Einsatz für den Erhalt von Naturlandschaften sinken. Wenn diese Erlebnislandschaften unbedingt in unserer Gesellschaft gebraucht werden, dann sollte man sie als städtische Infrastrukturen »in städtischen Randbereichen ansiedeln, aber nicht mitten in die Landschaft reinsetzen« (Dr. Scharpf). Ob diese Option aber zu vermarkten ist? Dr. Harfst vom Institut für Landschaftspflege der Technischen Universität Hannover ist skeptisch, denn »ob der Aktivurlauber mal eben mit der Straßenbahn an den Stadtrand fährt, um sich dann für drei oder vier Tage in der Badelandschaft unter Glas aufzuhalten?« Außerdem widerspricht es diametral dem herrschenden Marketingkonzept zum Beispiel von »Center Parcs«: Jeder Park »liegt landschaftlich wunderschön – fernab von Hektik und Lärm«.[22]

Das Leben ist eine einzige Simulation, hat der französische Philosoph Jean Baudrillard erkannt. Wir leben im Zeitalter der technischen Rekonstruierbarkeit von Natur und Umwelt. Doch wie lange wollen wir noch mit »Erlebnis-Parkplätzen« und »Erlebnis-Autoschlangen« leben? Wann erreichen wir moderne Freizeitmenschen angesichts der inflationären »Erlebnis«-Angebote das Limit unserer psychischen »Erlebniskapazitäten«? »Daß wir statt nach ›Erlebnissen‹ wieder nach ›Erfahrungen‹ suchen – jenen Erfahrungen, die das Reisen ursprünglich ermöglicht hat?»[23]

Rat und Gemeinde von Bispingen wußten schon Ende 1986 von dem »Center Parcs«-Vorhaben; »die Bürgerinitiative vermutet, sogar schon vor der Kommunalwahl 1986« (BI-Sprecher Peeck). 1991 sind in Niedersachsen wieder Gemeindewahlen. Der Bispinger Gemeinderat hat die soziale Verträglichkeit des »Center Parcs«-Projekts nicht in seine Planungen einbezogen, hat den Mehrheitswillen der Bevölkerung in selbstherrlicher obrigkeitsstaatlicher Attitüde ignoriert. Gerhard Ritter, betroffener »Center Parcs«-Anrainer, sieht für den jetzigen Gemeinderat schwarz; die Ratsherren der etablierten Parteien würden mit einer Denkzettelpolitik der Stimmbürger »belohnt«. »Vermutlich stellt sich eine ›Rathauspartei‹, eine unabhängige Gruppe von Bürgern, zur Kandidatur.« (Ritter)

Bispingen ist in der Bundesrepublik für viele Fremdenverkehrsgemeinden zum Appetitanreger in Sachen Ferienparks geworden, die Bispinger Bürgerinitiative zum Appetitzügler dieser touristischen Entwicklung. »Wir sind etwas stolz darauf, daß wir das ›Center Parcs‹-Projekt zum Stehen gebracht haben. Das hat sich überall herumgesprochen. Deshalb bekommen wir häufig Anfragen von besorgten Bürgern und Initiativen aus anderen Gemeinden.« (BI-Sprecher Peeck) Bispingen als Lehrstück: Gegen den Willen der Bevölkerung lassen sich zukünftig touristische Großprojekte nicht mehr so ohne weiteres durchboxen. Ob in Schleswig-Holstein oder Niederbayern oder an jedem x-beliebigen Ort werden sich die Großinvestoren mit aufmüpfigen, umweltengagierten Bürgergruppen herumplagen müssen: Auch eine Facette des vielbeschworenen »Tourismus mit Einsicht«. Wie heißt es schon in Goethes »Wahlverwandtschaften«: »Es wandelt niemand ungestraft unter Palmen.«[24]

Anmerkungen

Alle Zitate im Text, die nicht ausdrücklich in die Anmerkungen aufgenommen worden sind, beruhen auf handschriftlichen Aufzeichnungen und Tonbandprotokollen von Interviews, die der Autor mit Befragten zwischen September 1988 und März 1989 durchgeführt hat.

1 Goethe, J. W.: Die Wahlverwandtschaften, II, 7 (Aus Ottiliens Tagebuch).
2 Weiss, H., zit. nach Bölsche, Jochen (Hrsg.): Die deutsche Landschaft stirbt, Hamburg 1985, S. 41 f.
3 »Center Parcs«: Ferienkatalog 87/88, S. 10
4 »Center Parcs«: Presseinfo, S. 5
5 ebd., S. 3
6 ebd.
7 Informationen der Bürgerinitiative Bispingen zur Ferienanlage »Center Parcs«, Hektographiertes Positionspapier, S. 1
8 Opaschowski, H. W., zit. nach: Frankfurter Rundschau vom 2. 8. 1986
9 Opaschowski, H. W., zit. nach: Frankfurter Allgemeine Zeitung vom 26. 2. 1987
10 Krippendorf, J.: Die Ferienmenschen, Zürich und Schwäbisch Hall 1984, S. 16
11 ebd., S. 17
12 Löns, H., zit. nach: Bölsche, J. (Hrsg.): Die deutsche Landschaft stirbt, Hamburg 1985, S. 158
13 Löns, H., zit. nach: ebd.
14 »Center Parcs«: Ferienkatalog 87/88, S. 2
15 Freizeitmagazin '87 für den Landkreis Soltau-Fallingbostel, S. 4
16 zit. nach: Der Tagesspiegel vom 16. 10. 1988
17 Die Zeit; Nr. 7 vom 10. 2. 1989
18 Runderlaß des Ministers des Innern vom 16. 2. 1989, in: Niedersächsisches Mitteilungsblatt N5. 91989, S. 220
19 Krippendorf, J.: Die Ferienmenschen, Zürich und Schwäbisch Hall 1984, S. 202
20 Arbeitsgemeinschaft »Sanfter Tourismus in der Lüneburger Heide»: Grundsatzerklärung, S. 2
21 ebd.
22 »Center Parcs«: Ferienkatalog 87/88, S. 68
23 Frankfurter Allgemeine Zeitung vom 30. 3. 1989
24 Goethe, J. W.: Die Wahlverwandtschaften, II, 7 (Aus Ottiliens Tagebuche).

Manfred Spöttl

Die Blumen des Bösen: Tatort Alpen

> »Der Hubschrauber kommt wieder angedüst und setzt den zweiten Teil unserer Gruppe auf dem 3400 Meter hohen Château Blanc ab. 1900 Höhenmeter Gleiten im stiebenden Pulverschnee stehen uns nun bevor. Danilo, unser Skiführer, stößt einen Jauchzer aus und schwingt sich locker in die Tiefe. Wir tun's ihm gleich. Die Fahrt durch die unberührte Schneelandschaft wird zum minutenlangen Rausch. Nun erfahre ich die sogenannte Tiefschneedroge am eigenen Leib, an der eigenen Seele. Und es ist ein ungemein befreiendes und beglückendes Gefühl, mit eleganter Leichtigkeit durch diese gewaltige und schier unendliche Naturwelt zu kurven, in rhythmischen Schwüngen, nur den eigenen Atem hörend.«

So unschuldig und beglückt beichtet und kommuniziert in einem schweizerischen Wochenblatt ein Skifahrer. Der weiße Schnee und sein Autismus haben den Zeitgenossen nicht der Sinne, wohl aber der Vernunft beraubt. Er schwimmt und wedelt im Glück! Der »eigene Leib«, die »eigene Seele« randvoll mit Drogengift. Schnee von gestern?! Die Kolonialherren früherer Zeiten müssen von ähnlichen Räuschen beflügelt worden sein, als sie die exotische Mitwelt schändeten und dabei dem Unberührten, dem selbstgebrauten Zauber sowie ihrer platten Wollust erlagen.

Daß ich mich Faser für Faser selbst vernichte, indem ich als Teil des größeren Ganzen der Mitwelt Wunden schlage – mein Atem raunt es mir nicht zu, der Desperado in mir kann es nicht denken und mein kaputtindustrialisiertes Ich vermag es nicht zu erfühlen. Denn in mir ist nichts als beglückende Wut und Lust zum Erodieren. Es rauscht, brodelt, nagt und schrillt zwar in mir. Aber da ist keine Stimme. Es artikuliert sich kein innerer Alarm, der vor den verheerenden Folgen warnte.

Doch klagen wir nicht an! Machen wir uns nichts vor! Wir wissen es ohnehin, was wir für eine Gesellschaft sind: Danilos begeisterter und berauschter Tiefschnee-Adpet ist in uns allen! Wir alle sind von den guten Geistern verlassen. Sonst könnten wir unserem Raumschiff Erde nicht Loch um Loch und Leck um Leck ins empfindliche Gehäuse schlagen. Wir tun's mit »eleganter Leichtigkeit«: holzfällend und brandschatzend im Regenwald, giftspritzend im Wattenmeer und eben auch schwingend und nach Ausblick lechzend im Alpenraum, der zur größten Spielwiese der Welt und zum Feld einer beispiellosen Industrie- und Materialschlacht verkommen ist. Noch blühen im feingesponnenen Netzwerk der Berge Edelweiß und Enzian, immer häufiger aber sind es die Blumen des Bösen, die da leuchten und als Nekro-Indikatoren in die Augen stechen. Auch fährt auf so leisen Flächen und Skikanten wie im wildromantischen Bergkessel Valgrisenche im Aostatal unser Irresein nicht immer einher, nachdem der Hubschrauber der Heliskiing-Freunde verschwunden ist.

Könnten Sie im Takt und Maß des in und über ihnen tobenden ABC-Krieges, des lärmenden Baubooms, des Schneekanonendonners, der lauten Schickimicki-Nächte, der infernalischen Autobergrennen (z. B. Oberjoch), des Seilbahn-Singsangs und der motorisierten Truppenbewegungen leuchten, die Alpen leuchteten vor Immun-

Skigebieterschließung am Neunerköpfl im Jannheimertal. Eine Gratregion im Bergwaldgebiet wurde autobahnähnlich flachplaniert im erosionsanfälligen Liasfledenmergel des Jura. Der Bergwald liegt im Koma durch Immissionsschäden. Wie nötig ist eine UVP vor jeder Erschließungsmaßnahme in den Alpen! Foto: Andreas Morlock

schwäche violett. Das schauerliche Krankheitsbild, das sich von Nizza bis Kärnten durchgefressen hat und trotz des bereits Dreißigjährigen Krieges immer wüstere Dimension annimmt:

- Tausende von tonnenschweren Kettenfahrzeugen und Planierraupen, die den Schnee sowie Bergkuppen platt machen und das Leben darunter erdrücken;
- 50 Millionen touristische Autosoldaten Jahr für Jahr, 20 Millionen allein im Winter;
- zwei Milliarden skifahrende Gipfelstürmer, die sich auf Schneegipfel hieven lassen;

- 15000 Aufstiegshilfen, die Unmengen Energie und Landschaft verschlingen;
- 40000 Skipisten, die aneinandergereiht dreimal um den Bauch der Erde reichten;
- die Hälfte dieser Ski-Heertrassen, Gleitstraßen und Amüsierparcours wurde künstlich planiert und nicht selten ins hochsensible System der Alpen gesprengt.

Und der Raubbau im Dachgarten Europas geht trotz aller Warnungen, Appelle, Alpenschutzkonferenzen, Sonntagsreden, Hochwasser, Murenabgängen und todbringenden Lawinen weiter. Daß dem Freibeutertum und der Werbung keine Grenzen gesetzt sind, dokumentieren nun auch die Mountain-Bike-Fahrer und Gleitschirmflieger. Mit dem klobigen Fahrrad übern Klettersteig hinauf zum hochalpinen Pfad oder am Leicht-Segel, über paradiesische Refugien schwebend, hinunter zum »Fummelbunker«, zum »Schlemmer-Sepp« oder auch mal direkt in den Orkus, das gehört zum Repertoire der Lust und Freiheit unserer Tage.

Und jetzt hat der erfindungsreiche Terror in den Alpen auch noch eine chemisch-biologische Variante entdeckt: Tiefgefrorene Bakterien (Pseudomonas syringae) mit dem verniedlichenden Namen »snowmax« sollen Frau Holle ersetzen, machen Kunstschnee, wenn der kalendarische Winter versagt. Die Übererschließung und Überrüstung in den Alpen prägt sich Landschaft und Natur u. a. so ein:

- Als zerstörte Humusschichten und kaputte Vegetationsdecken, die in zehntausend Jahren gewachsen waren;
- als plane Hochgebirgssavannen und Gipfel-Fabrik-Gelände;
- als stummer Frühling ohne Schmetterling auf aufgerissenen und erodierten Hängen;
- als Sonnenöl auf Gletscherfirn gleich millimeterdick;
- als entarteter Kunstschnee, der wie Mehlstaub auf den Pisten liegt;
- als gewalzte Eispanzer, unter denen die Flora verschimmelt;
- als Schneefestiger-Reste (Diamonphosphat, Kalkammonsalpeter, Nitramoncal) im Hüttentee (Schneelecken verboten!);
- als immer breitere Einfallstraßen und Autobahnen für die Blechlawinen;
- als Rolladensiedlungen und versiegelte Landschaft;
- als Dorfbach, der nach Kloake riecht;
- als wabernde Kurort-Gifte, die die Konzentrationen der Münchner oder Zürcher City übertreffen;
- als Hochspannungs-Drahtverhau und Strommasten-Salat;
- als Sturzbach im Betonkorsett.

Doch das ist nur ein Teil der materiellen Seite der Verwüstung. Wo Almmatten erodieren und Schutzwälder krepieren, erodieren auch Psyche und Kultur. Der Seppl-Barock in der alpinen Architektur, Dorfkirchen, die Raketenabschußrampen gleichen, und Bonanza im Trachtenlook beim schuhplattelnden Heimatabend sind sinnfällige Symptome der sozialen Krankheit zum Tode.

Doch unterschlagen wir das Allerschlimmste nicht: Über dem touristischen Schlachtfeld der Alpen, die uns zu erschlagen und zu ersäufen drohen, schwebt das Damoklesschwert »Bergwaldsterben«, das längst ein Ökosystemsterben ist. Wenn die lokal- und ferngemachten Gifte, wenn die Nuklide und Photooxidantien noch größere Löcher in die Schutzwälder, Latschenfelder und die Strauchheide fressen, werden die Alpen immer häufiger ihr Wasser, die Muren und die Schneelawinen nicht mehr halten können. Noch in Passau oder Köln werden wir in ihrem Schlammwasser ersticken. Die Zeitbombe tickt immer lauter. Ein schieres Wunder, daß die meisten

Bergwaldsterben – Herbst 1988 in ca. 2000 m Höhe im Nationalpark der Schweiz überm Ofenpaß. (Kein Holz darf entnommen werden!) Da wird klar, es ist nicht 5 vor 12, sondern Punkt 12. Die Verjüngung in der subalpinen Stufe funktioniert nicht mehr. Prämisse: Die Luftschadstoffe müssen international an den Quellen auf ein Minimum reduziert werden! Foto: Karl Partsch

Warner nur bellen und nicht beißen. Aber vielleicht ist das alles nicht wahr, und die Wirklichkeit ist so, wie der Fremdenverkehrs-Prospekt sie vorstellt und verspricht.

Auf Hochglanz »schwelgen sie im Schnee«, umgeben von reiner Luft, die »Bauerndörfer«, die längst zu industrialisierten Feriendepots verkommen sind. »Sonnig, mächtig und prächtig« verkaufen sich nicht nur Zürs und Lech am Arlberg, Seeleitn in Kärnten, Wolkenstein im Grödnertal, Canazei in Italien, Pontresina im Engadin, Crans Montana im Wallis oder Oberstdorf im Allgäu. Man lockt mit »Traumregionen« und »Superhängen«, mit »sagenhaft weiten Strecken ohne jeden Baum«, mit »Pisten-Paradiesen« und Loipen durch »unberührte Natur«. Mal ruft der Berg mit 90 Kilometern »ungetrübtem Skispaß« (Méribel), mal mit 165 Kilometern (Grindel-

Gletscherskifahren am Kaunertal-Sommerskigebiet. Einer von den 36 Gletschern. Tonnenweise wird Salz zur Verfestigung des Schnees gestreut. Die Summe der Belastungen (Schmierfette, Skiwachse, Sonnenöl, Fäkalien, Haushaltschemikalien u. a.) vernichten die Trinkwasserressourcen der Zukunft. *Foto: Karl Partsch*

wald); mit »Tiefschnee- und Firnabfahrten«, mit »sportiver Atmosphäre« und »internationalem Flair«. Unsere PR-Poeten erbrechen ihre verbale und die Wirklichkeit vergewaltigende Anmache auch so:

- »Lifte und Pisten auf Tuchfühlung«;
- »Romantik und Rasse in vielen Variationen«;
- »bis ins späte Frühjahr ein schillernder In-Treff der Ski-Enthusiasten«.

Sind die Nächte auch frostig, »frustig sind sie nie«. Denn dem »Après Menü« folgt der »Après Ski«. Und das wie! Originalton: »Das Spiel ohne Grenzen hat 1001 Facetten: Cliquen-Treff und Romantik im Duett, Kerzenschein und Fackellauf; Rhythm & Flirt, small talk und big Bar, Kino, Disc, Wildfütterung im Mondenschein.«

Die Qualität dieser semantischen Panik-Partitur des Werbeprospekts entspricht dem ökologischen Zustand der Bergwelt. Insofern ist die Alpenwerbung ein getreuer Spiegel der real existierenden Verhältnisse, die auch immer mehr Menschenopfer fordern werden. Doch darauf kann der Berg, der ja noch nicht zur Erkenntnis gekommen ist, keine Rücksicht nehmen. »Good morning, sunshine!« Der Berg teilt sich auf seine Weise mit. Wie, das hat Erich Kästner weitblickend so ins Versmaß gegossen:

Maskenball im Hochgebirge

Eines schönen Abends wurden alle / Gäste des Hotels verrückt, und sie / rannten schlagerbrüllend aus der Halle / in die Dunkelheit und fuhren Ski.
Und sie sausten über weiße Hänge. / Und der Vollmond wurde förmlich fahl. / Und er zog sich staunend in die Länge. / So etwas sah er zum erstenmal.
Manche Frauen trugen nichts als Flitter. / Andre Frauen waren in Trikots. / Ein Fabrikdirektor kam als Ritter. / Und der Helm war ihm zwei Kopf zu groß.
Sieben Rehe starben auf der Stelle. / Diese armen Tiere traf der Schlag. / Möglich, daß es an der Jazzkapelle – / denn auch die war mitgefahren – lag.
Die Umgebung glich gefrornen Betten. / Auf die Abendkleider fiel der Reif. / Zähne klapperten wie Kastagnetten. / Frau von Cottas Brüste wurden steif.
Das Gebirge machte böse Miene. / Das Gebirge wollte seine Ruh./ Und mit einer mittleren Lawine / deckte es die blöde Bande zu.
Dieser Vorgang ist ganz leicht erklärlich. / Der Natur riß einfach die Geduld. / Andre Gründe gibt es hierfür schwerlich. / Den Verkehrsverein trifft keine Schuld.
Man begrub die kalten Herrn und Damen. / Und auch etwas Gutes war dabei: / Für die Gäste, die am Mittwoch kamen, / wurden endlich ein paar Zimmer frei.

Sind die Alpen, sind wir noch zu retten? Was ist im Angesicht des alpinen Ökozids zu tun? Reparieren und Prophylaxe muß die Devise heißen! Wir brauchen echte Umweltverträglichkeitsprüfungen, und das sofort. Was uns und unserer Mitwelt zuträglich ist, dürfen nicht länger nur flinke Profiteure bestimmen, die den Gewinn in die eigene Tasche wirtschaften, die horrenden Schadenssummen aber sozialisieren. Wir brauchen Schutz- und Ruhezonen! Planierungen in der alpinen Hochregion dürfen nicht länger stattfinden, weitere Gletscher nicht erschlossen werden. Skifahren unter einem Meter Lockerschnee muß verboten werden. Aber das ist leichter gesagt, als bewerkstelligt, solange das Recht der freien Entfaltung des Individuums Dreh- und Angelpunkt allen Rechts ist.

Der bundesdeutsche SPD-Rechtspolitiker Volker Kröning, der den Umweltschutz als Verfassungsgebot fordert, äußerte sich in einem denkwürdigen Interview (DER SPIEGEL, Nr. 14, 3. April 1989, S. 46f) so:

> »Das Menschenbild des Grundgesetzes muß neu bestimmt werden. Zur Würde des Lebewesens Mensch gehört es auch, die ihn umgebende Mitwelt als Frucht einer Millionen Jahre währenden Evolution zu respektieren. Es muß anerkannt werden, daß jede Spezies ein Ergebnis der Evolution ist und deshalb gleiche Lebensrechte hat.«

Auf seine spezifische Art hakte da das Hamburger Nachrichtenmagazin im Interview nach:

> »Das klingt ja fast, als sollten Grottenolm und Grashüpfer mit dem Menschen auf eine Stufe gestellt werden.«

Darauf König:

> »Jede Spezies hat gleiche Lebensrechte, ein grundsätzlicher Vorrang der Lebensrechte des Menschen kann nicht behauptet werden. Dies bedeutet, daß die Entfaltung des Menschen immer auch die Entfaltungsmöglichkeit der Mitwelt zu bedenken hat. Dem Menschen ist jedenfalls ein Haltezeichen dort zu setzen, wo sein Tun – oder Unterlassen – etwa das Absterben ganzer Arten herbeiführt. Wir müssen erkennen, daß der Mensch als höchstes Lebewesen nicht mehr nur Mittelpunkt der Natur ist, sondern auch Hauptgefahr für die Natur. Den Zwang, sich kollektiv vernünftig zu verhalten, kann in unserer Kultur nur das staatlich sanktionierte Recht ausüben.«

Nur das Recht?

Erschlossen, gerodet, durch den Menschen verändert werden die Alpen, die heute zu zwei Dritteln pflegebedürftiges Kulturland sind, seit dem Mittelalter. Aber eine so gigantische Fauna- und Floravernichtung wie in unseren Tagen gab es noch zu keiner Zeit. Wir reden und schreiben so dahin: Die Alpen sind Lebensraum für Mensch und Tier, die Bannwälder Schutz für Dörfer, sieben Millionen Einwohner, für Straßen und Eisenbahnlinien, Erholungsraum und Wirtschaftsraum, letzte Zuflucht für aussterbende Arten. Mißt man unseren phrasen- und pharisäerhaften Anspruch an den kurzsichtigen Vermarktungstaten, erweisen wir uns als blinde Barbaren. Wir haben keine zweite Welt im Kofferraum und dennoch machen wir Blumenwiesen zu schneller Münze und zur Familienabfahrt. Wir zerschneiden in Jahrtausenden gewachsene Lebensräume mit Seilbahnen, Energietrassen, Straßen, Parkplätzen, entwässern die kostbarsten Moore, damit der Golfball rollt (z. B. Sonnenalp-Golfplatz bei Sonthofen im Oberallgäu), wir funktionieren Dorfbäche in leblose Abflußrinnen um und jagen das Wild in die falschen Reviere, wo es in Panik (und Heuschrecken gleich) die Baumbabys auffrißt. Wir sprengen Eis- und Felsnasen aus den Gletschern, die Mitteleuropas wichtigstes Trinkwasserreservoir sind. Wir füllen Karsthöhlen im Wasserschutzgebiet mit stinkenden Fäkalien aus unseren Abortgruben (z. B. Kleinwalsertal) und hören nicht, daß die Bombe auch noch Jahrzehnte danach tickt. In unserer anthropozentrischen Wut, uns die Erde untertan zu machen, sind wir blind für die galoppierende Apokalypse. Wir ignorieren, daß nicht nur Bienen und Hummeln, Bergmolch und Grasfrosch, Steinbrech und Alpen-Anemone zum Sterben verurteilt sind.

Wer in das wunderbar feingesponnene Netz des Großökosystems Alpen so gewalttätig eingreift, wer die schönsten Blumenberge Europas (z. B. das Fellhorn bei Oberstdorf) in montane Wüsten verwandelt, Hang-Hoch-Moore für immer zerstört, Türkenbund, Orchideen, Alpenrosen, Aurikel, Bergkiefer, gelben Fingerhut und purpurnen Enzian bei Nacht und Nebel oder auch mit behördlicher Genehmigung einfach ausradiert, wer da so mörderisch in unser aller Leben eingreift, muß aufgeklärt werden, daß die Vernichtung als Kettenreaktion abläuft. Die toten Robben der Nordsee haben es uns vor Augen geführt. Wann flimmern uns die Kadaver der Murmeltiere via Televisions ins Haus?

Der Industrialisierung der Alpen folgen Blut und Tränen. Das ist wie bei der Weltraumfahrt. Schon kleinste Fehler verursachen die größten Katastrophen. Aber vielleicht sollte man, weil Ökologie kein Schulfach ist, zum besseren Verständnis und als Lernhilfe die Satire bemühen: Auch ein Kuhfladen ist ein komplexes Öko-System,

Müllkippe über der Breitach (Fluß) im Kleinwalsertal (A), ein Beispiel für viele in den Alpen Foto: Karl Partsch

das sich unter Mitwirkung vieler in Nichts auflöst. Erst fallen die Stechlinge, Larven, Milben und Regenwürmer über den Dung her. Und was die nicht schaffen, wird von Staren und Krähen zerhackt und von Mistkäfern vergraben. Was für eine Spezies sind wir? Doch eine, die mit Würde begabt ist! Also handeln wir auch so!

Einige wenige tun es in der Tat. Allen voran der wohl populärste Alpen- und Umweltschützer Karl Partsch (67), der sogenannte Alpenindianer. Der Wahlallgäuer, der im Ruhrpott und im Riesengebirge aufgewachsen ist, versucht im Verein mit freiwilligen Helfern und Experten seit Jahren, das »Laufen« der übererschlossenen Berge und das Sterben im Bergwald zu bremsen. Dabei ist die vielzitierte Partsch-Methode nicht die Erfindung des Ofterschwanger Biologen. Denn schon einmal hatte ein mit feinen Antennen ausgestatteter Mann der Natur die Methode abgeschaut. Es war der Grazer Forstingenieur Josef Stiny. Im Jahre 1908 veröffentlichte Stiny eine Monographie mit dem Titel »Die Berasung und Bebuschung des Ödlandes im Gebirge als wichtige Ergänzung getroffener technischer Maßnahmen und für sich betrachtet«. Wie Partsch und die »Arbeitsgemeinschaft deutscher Junggärtner« (AdJ), deren Mentor der Alpenindianer seit neun Jahren ist, setzte Stiny vor mehr als 80 Jahren auf standortgerechte Wiederbegrünung abgerutschter, d. h. erodierender und erodierter Flächen. Der Grazer empfahl damals: »Sämereien von Gräsern und Kräutern bestellt man entweder bei einer durchaus vertrauenswürdigen Samenhandlung oder sammelt sie noch besser durch eigenes Personal in der Nähe der Kulturfläche auf einem Standort von möglichst gleicher Beschaffenheit.«

Dieses Konzept hat Partsch im Verein mit seinen Helfern, wozu auch samensammelnde SeniorInnen gehören, weiterentwickelt. Modellversuche sind am Walmendinger Horn (1990 m) im Kleinwalsertal, in Hinterstein (Oberallgäu), am Fürschießer (2270 m) bei Oberstdorf in Angriff genommen. Angeregt durch die deutschen Junggärtner, autochthones Pflanzengut in Flachland-Gärtnereien heranzuziehen, beschloß auch die Arbeitsgemeinschaft der österreichischen Junggärtner, ähnliche Versuche durchzuführen. Das österreichische Experiment ist auf Flächen rund um die Rudolfshütte konzentriert. Ziel der standortgerechten Hochlagenbegrünung ist es, durch gezielte Anpflanzung von ausgewählten alpinen Pflanzen (z. B. Alpenrispengras, Zarter Windhalm, Alpen-Hainsimse, Alpen-Gänsekresse, Gemsen-Schwingel, Alpen-Lieschgras u. a.) große Erosionsflächen, sogenannte Blaiken, wieder zu begrünen, um so den Bodenabtrag zu stoppen. Weil direkte Aussaaten vor Ort keinen Erfolg brachten, wurden bisher zigtausende von Pflanzen im Tal vorkultiviert. Die Anzucht erfolgt vorwiegend in Torftöpfen. Die Pflanzen müssen bis Juni pflanzfertig sein. Ihnen stehen dann zum Anwachsen in der Hochregion noch knapp zwei Monate zur Verfügung.

Problematisch, weil manche Risiken bergend, ist vor allem der mühsame Pflanzentransport auf den Berg. Während 1985 die Topfballen in den Obststeigen noch auf Kraxen zum Fürschießer getragen werden mußten, helfen seit 1986 grüne Heinzelmännchen in Uniform: eine Bundeswehr-Einheit aus Landsberg am Lech flog auch heuer wieder im Bergfrühling die tonnenschwere Last auf die Versuchsflächen, wo die vorkultivierten Pflanzenkinder mit Handspaten und von flinken Fingern tief und fest in die angestammte Erde zurückgebracht werden. Das amerikanische Hubschrauber-Modell der Bundeswehr, das den Bergpflanzern seit drei Jahren die größte Mühsal abnimmt, hat sich übrigens schon einmal »ausgezeichnet«: beim Entlauben der Wälder während des Vietnamkrieges. Das Beispiel lehrt: Hubschrauber sind in den Alpen nicht nur zum Heliskiing, sondern auch zum Renaturieren und Pflanzen der Hoffnung gut!

Literatur

Arbeitsgemeinschaft Tourismus mit Einsicht (Hrsg.): Tourismus mit Einsicht, Starnberg 1988

Bosselmann, K.: Der Mensch als Maß und die Rechte der Natur. In: Stüben, P. E. (Hrsg.): Die neuen »Wilden«. Umweltschützer unterstützen Stammesvölker – Theorie und Praxis der Ethno-Ökologie (Ökozid 4), Gießen 1988

CIPRA-info: Mitteilungen der CIPRA, Nr. 11/April 1987; Nr. 13/Januar 1988; Nr. 14/April 1988; Nr. 15/Sept. 1988

Luhmann, N.: Ökologische Kommunikation. Kann die moderne Gesellschaft sich auf ökologische Gefährdungen einstellen? Opladen 1986

Krippendorf, J.: Möglichkeiten und Grenzen freizeitorientierter Umweltvorsorge in den Alpen. Vortrag gehalten an der Expertentagung der Hanns Seidel-Stiftung e. V. zum Thema »Möglichkeiten und Grenzen einer Politik der Umweltvorsorge im alpinen Raum«, 24.–27.4.1988 in Wildbad Kreuth, BRD

Krippendorf, J./Zimmer, P. und Glauber, H. (Hrsg.): Für einen anderen Tourismus. Probleme – Perspektiven – Ratschläge, Frankfurt/M. 1988

Spöttl, M.: Tatort Alpen. Karl Partsch – der sanfte Rebell, Göttingen 1988 (1. und 2. Auflage)

Frank Kressing

Ölympiatourismus in Calgary '88: Winterspiele gegen die Interessen der Indianer – Eine Nachbetrachtung –

Die letztjährigen Olympischen Winterspiele im kanadischen Calgary sorgten in mehrfacher Hinsicht für Aufregung: gab es doch einen Skandal um die Vergabe von Eintrittskarten, von denen für die besonders begehrten Veranstaltungen fast die Hälfte an Prominente, Honoratioren und die Mitglieder der sogenannten »Olympischen Familie« zu Vorzugspreisen vergeben worden waren. Tier- und Naturschützer protestierten gegen die großflächigen Abholzungen auf dem 70 km westlich von Calgary in den Vorbergen der Rocky Mountains gelegene Mount Allan, der eine der wenigen im nordamerikanischen Felsengebirge noch vorkommenden Herden von Dickhornschafen beherbergt. Und nicht zuletzt zeigte die indianische Bevölkerung der Provinz Alberta massiven Unmut, denn sie fühlten sich bei den »Winterspielen des weißen Mannes« gleich in mehrfacher Hinsicht übergangen.

Mount Allan als Wintersportgebiet nicht geeignet

Je näher die Olympiade rückte, desto deutlicher stellte sich heraus, daß Mt. Allan überhaupt nicht als Wintersportgebiet geeignet war. Schuld daran ist der Chinnook, ein föhnartiger Fallwind, der bevorzugt im Spätwinter aus westlicher Richtung über die Rocky Mountains weht und die Schneevorkommen zum Abschmelzen bringt. Doch für die Wahl des Mt. Allan zum Austragungsort der Winterspiele war ausschlaggebend gewesen, daß sich das Terrain um einen nahegelegenen Golfplatz im Besitz des ehemaligen Premierministers von Alberta, Peter Loughead, befand, und daß auf seinem Grundstück zu höchst profitablen Bedingungen Hotelbauten und Presseunterkünfte errichtet werden konnten. Der hinter den Kulissen der konservativen Partei Albertas immer noch sehr aktive Ex-Premier setzte über den undurchdringlichen Filz der Öl- und Rinderbarone der Provinz seine privaten Geschäftsinteressen bei den Olympischen Winterspielen massiv durch.

Massive Geschäftsinteressen der führenden Wirtschaftsfunktionäre der Provinz Alberta waren es auch, die zur Verbitterung der Blood Indianer im Süden der Provinz führten. Noch im letzten Jahrhundert beherrschten die Blood in einer Föderation mit den nahe verwandten Blackfoot, den Piegan sowie den Sarcee den südlichen Teil der heutigen kanadischen Plains. Sie verfügten über das größte Indianerreservat Albertas und bauten in einem im indianischen Amerika einzigartigen Experiment eine stammeseigene, kooperativ geführte Fertighaus-Baufirma, die »Kanai Industries« auf.

Die Hoffnungen der Blood, für die Olympischen Winterspiele die Presseunterkünfte erstellen zu können, erfüllten sich trotz entsprechender Regierungszusagen nicht. Stattdessen wurde der Kontrakt an die in Calgary beheimatete Baugesellschaft »Atco« vergeben.

Protest der Ureinwohner

Doch der massivste Protest gegen die Olympischen Winterspiele kam von einer kleinen Ureinwohnergruppe im Norden Amerikas, die 800 km vom Austragungsort der Winterspiele entfernt lebt. Seit undenklichen Zeiten hatten die Lubicon-Cree in der subarktischen Nadelwaldregion östlich des Peace River von der Jagd auf Elche und Pelztiere gelebt. Ihr Siedlungsgebiet war so entlegen, daß sie von einer königlich-britischen Kommission, die im Jahre 1899 in diesem Teil Kanadas Verträge über die Zuerkennung von Landrechten mit den Ureinwohnern verhandelte, schlichtweg »vergessen« wurden. Dementsprechend begrenzt waren bis vor 15 Jahren, als die erste Allwetterstraße in dieses Gebiet gebaut wurde, die Außenkontakte dieser Indianergruppe. Die kanadische Bundesregierung in Ottawa beschloß zwar 1939 die Einrichtung eines Reservats für die Lubicon-Cree, doch die rechtsgültige Vermessung blieb wegen des Zweiten Weltkrieges aus. Als 1977 die ersten Ölgesellschaften im Bereich des Lubicon-Sees fündig wurden, standen die Cree der Ausbeutung von Bodenschätzen auf ihrem Land ohne jeden rechtlichen Schutz gegenüber. Während einerseits mehr als 60 Ölgesellschaften täglich Erdöl und -gas im Wert von 1,5 Mio. $ förderten, wurde den Jägern der Cree das Wild vertrieben und damit die Lebensgrundlage der Eingeborenengemeinschaft vernichtet. Die Ölgesellschaften trieben Schneisen für seismographische Sprengungen in den Wald, errichteten Arbeitersiedlungen und Zufahrtsstraßen und sorgten dafür, daß Waldbrände absichtlich nicht gelöscht wurden, um die Erschließungsarbeiten zu erleichtern. Der Verlust ihrer Ernährungs- und Einkommensgrundlage führte bei den Lubicon-Cree zu Wohlfahrtsabhängigkeit, sozialer Zerrüttung, Alkoholismus, schwindendem Selbstwertgefühl der alten indianischen Trapper und dem Zerbrechen traditioneller Familienstrukturen, kurz: zur unmittelbaren Bedrohung des Überlebens dieser Indianergruppe.

Doch die Cree vom Lubicon-See waren nicht bereit, diesen Angriff auf ihre Existenz widerstandslos hinzunehmen. Sie verklagten die Ölgesellschaften, die Provinz- und die Bundesregierung in Ottawa, forderten die Übertragung von 250 km^2 Reservatsland und eine Entschädigungszahlung zum Aufbau alternativer Wirtschaftsformen, nachdem Jagd und Pelztierfang keine Lebensgrundlage mehr boten. Gleichzeitig betrieben der Lubicon-Häuptling Bernard Ominayak und der Berater des Stammes, Fred Lennarson, eine intensive Öffentlichkeitsarbeit. Sie versicherten sich der Unterstützung von Eingeborenen- und Menschenrechtsorganisationen sowie der Medien, Gewerkschaften und oppositioneller kanadischer Politiker.

Die Klage der Cree gegen Alberta und die Ölgesellschaften wurde mit dem »Argument« abgeschmettert, das Land der Indianer sei »schon lange von Bohrtürmen besiedelt« (Zitat aus der Urteilsbegründung), und die eingeborenen Jäger und Trapper übten seit langer Zeit ihre ursprüngliche Lebensweise nicht mehr aus. Albertas Minister für Eingeborenenfragen, Milt Pahl, sprach sogar davon, daß nur zwölf Lubicon-Cree tatsächlich Mitglieder der Gruppe seien und es sich bei dem restlichen

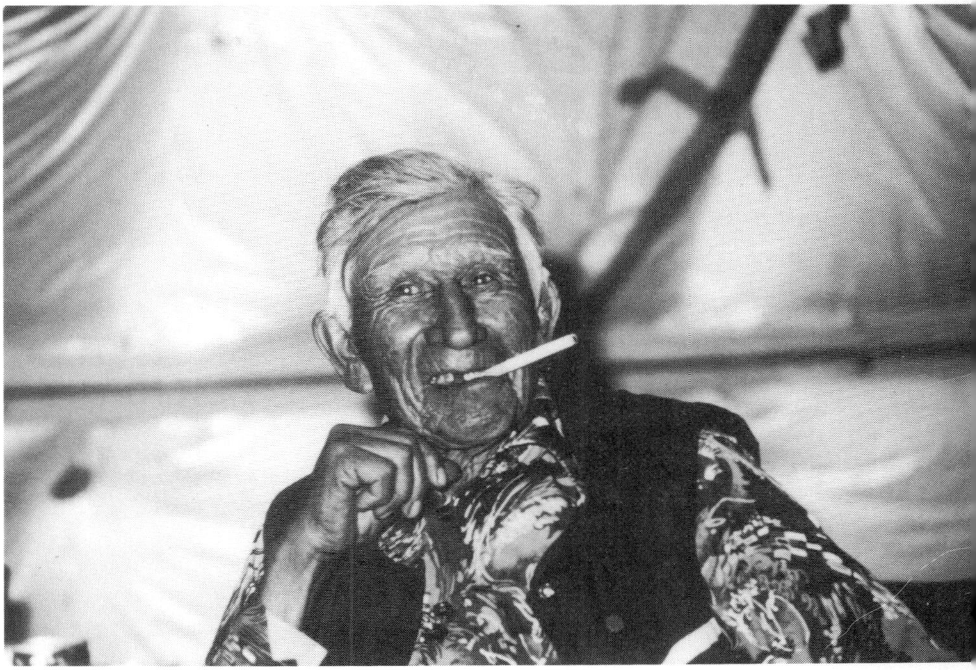

Edward Laboucan – einer der Ältesten der Lubicon Nation und führender Kopf im Kampf um die Landrechte *Foto: F. Kressing*

Der Lubicon-See im Norden Albertas – Heimat einer kleinen Gruppe von Cree-Indianern, denen bis vor kurzem von der kanadischen Regierung jegliche Landrechte vorenthalten wurden.
Foto: F. Kressing

Die Ölgesellschften richteten im Lubicon-Gebiet ungeheure Verwüstungen an. Waldbrände wurden absichtlich nicht gelöscht, um die Erschließungsarbeiten zu erleichtern. Foto: F. Kressing

Stamm (1988 immerhin 476 Personen) lediglich um eine Abspaltung der Cree von Whitefish Lake handele. Sowohl Alberta als auch Ottawa versuchten, den Fall der Lubicon-Cree bis zu dem Zeitpunkt zu verschleppen, an dem sich dieses Problem von selber gelöst haben würde, indem die Lubicon-Cree als soziale Gruppe nicht mehr existierten. Während die beiden Regierungsebenen ihre Hinhaltetaktik anwandten und die Verhandlungen mit den Indianern endlos hinauszögerten, förderten die Ölgesellschaften auf dem Land am Lubicon-See weiter. Die größten dieser Ölgesellschaften waren gleichzeitig die maßgeblichen Sponsoren der Olympischen Winterspiele und des Fackellaufes quer durch Kanada, nämlich Shell und Petro Canada.

Angesichts dieser Situation riefen die Lubicon-Cree zu einem Internationalen Boykott der Olympiade in Calgary auf. Unterstützung erhielten sie dabei von landesweiten indianischen Dachorganisationen in Kanada, etwa der »Assembly of First Nations«, der »Indian Association of Alberta« und dem »Native Council of Canada«, der Vereinigung der Métis und Nicht-Status-Indianer.

Filz im »Texas« Kanadas

Auf den ersten Blick mag es uneinsichtig erscheinen, daß eine Indianergruppe zum Olympiaboykott aufruft, die Hunderte von Meilen vom Austragungsort dieser Spiele

Chief Bernard Ominayak, gewählter Häuptling der Lubicon-Cree *Foto: Lubicon Nation*

entfernt lebt und von den unmittelbaren ökologischen Auswirkungen des Kahlschlags am Mt. Allan überhaupt nicht betroffen ist. Doch die Olympischen Winterspiele von Calgary führen den wirtschaftlichen Filz der Öl- und Rinderbarone im »Texas Kanadas«, wie die erdölreichste Provinz des Landes häufig genannt wird, auf einer viel umfassenderen Ebene zutage und entlarven die Wirtschaftsinteressen, die hinter der Austragung eines Medienspektakels stecken, das Zehntausende von Besuchern aus aller Welt anzog. Darüber hinaus zeigte sich anläßlich der Olympischen Spiele der eklatante Konflikt zwischen der euro-kanadischen Gesellschaft und den Ureinwohnern des Landes. Kanadas Indianer und Inuit sind nach wie vor verbittert über das Scheitern der letzten verfassungsgebenden Konferenz im Mai 1987: Aufgrund indianischer Proteste im Vorfeld der Verabschiedung der neuen kanadischen Verfassung im Jahre 1982 war vereinbart worden, daß eine aus Ureinwohnervertretern und Ministerpräsidenten der Provinzen bestehende »First Ministers-Conference« sich über die Verankerung der sogenannten »Aboriginal Rights« in der Verfassung einigen sollte. Doch der ursprüngliche Plan zur Einrichtung einer dritten, von Indianern, Métis und Inuit getragenen Regierungsebene in Kanada – gleichberechtigt neben der Bundes- und Provinzregierungen – scheiterte am Einspruch der rohstoffreichen Westprovinzen, die den Ureinwohnern nicht die eigenverantwortliche Verfügung über die natürlichen Ressourcen in ihren Territorien übertragen wollten.

Indianische Kultur als Touristen-Spektakel

Die fortbestehende Ignoranz gegenüber den Forderungen der kanadischen Urbevölkerung zeigte sich darin, daß während der Winterolympiade in Calgary den Indianern lediglich im Rahmen eines Touristenspektakels eine Rolle zugedacht war. Ursprünglich war sogar vorgesehen gewesen, während der Eröffnungsfeierlichkeiten einen Planwagenzug weißer Siedler von berittenen indianischen Kriegern überfallen und in Brand stecken zu lassen. Aufgrund von Protesten der weißen und eingeborenen Bevölkerung Albertas wurde dieser geschmacklose Vorschlag schließlich fallengelassen. Doch die publikumsträchtige Vermarktung kanadischer Ureinwohner fand dennoch statt: im Rahmen des »Olympic Arts' Festivals«, der kulturellen Begleitausstellung zur Olympiade, zeigte das renommierte ethnographische Glenbow-Museum in Calgary die Ausstellung »The Spirit sings« – eine Sammlung des Kunsthandwerks der kanadischen Inuit und Indianer aus mehreren Jahrhunderten. Diese Ausstellung zeichnete ein völlig beschönigendes Bild der indianischen Realität heute und ging in keiner Weise auf die aktuelle kanadische Eingeborenenpolitik ein. Die ungenügende Berücksichtigung von Ureinwohnerrechten in Kanadas Verfassung war ebensowenig ein Thema der Ausstellung wie die mehr als 300 Landansprüche kanadischer Eingeborener in allen Teilen des Landes, darunter die Forderung der Lubicon-Cree nach Zuteilung von Reservatsland und Entschädigungszahlungen für den Verlust ihrer traditionellen Wirtschaftsweise.

Glenbow-Direktor Duncan Cameron ersuchte für diese Ausstellung weltweit Museen und Sammlungen um die Überlassung von ethnographisch interessanten Objekten, die während der Kolonialzeit nach Europa gelangt waren. Gegen diese Ausstellung gab es von indianischer Seite aus in mehrfacher Hinsicht Proteste. Ein Resultat davon war, daß der ursprüngliche Titel »Don't forget my World« abgeändert wurde. Die Mohawk von Akwesasne klagten dagegen, daß in der Ausstellung Falsch-

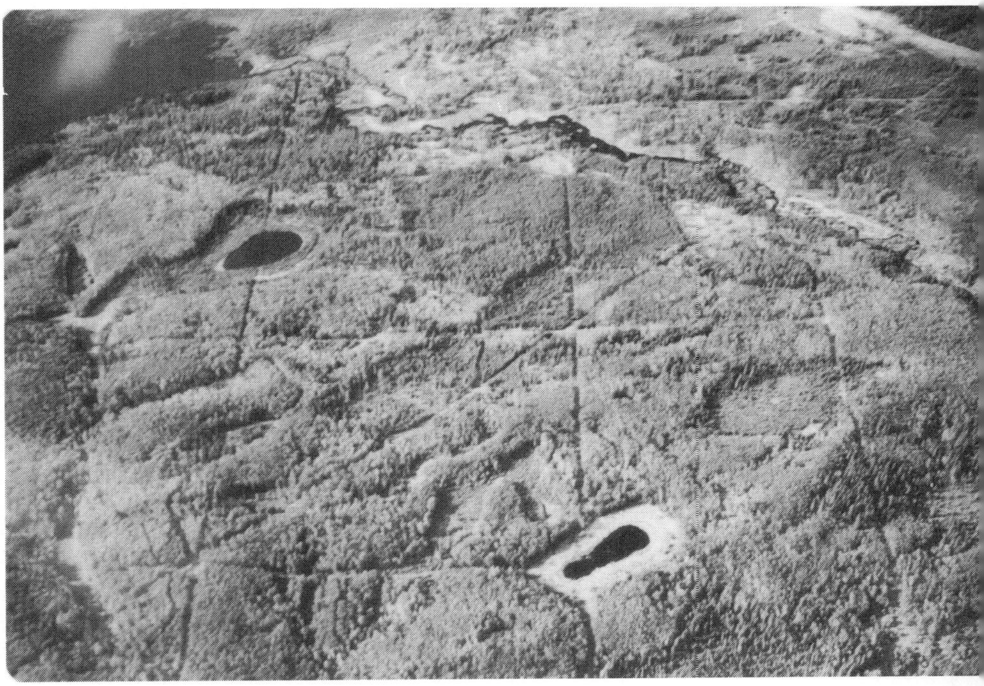

Vom Flugzeug aus sind die Privatstraßen der Ölgesellschaften und die Schneisen für seismographische Sprengungen deutlich zu erkennen. *Foto: F. Kressing*

gesichtsmasken ihrer Krankenheilungsbünde gezeigt wurden. Die Lubicon-Cree informierten mit einer gezielten Aufklärungskampagne die Öffentlichkeit über die Hintergründe dieser Ausstellung und suchten während einer Europareise im Mai 1987 Museumsleitungen auf, um ihren Standpunkt zum »Olympic Arts-Festival« zu verdeutlichen. Sie erreichten, daß wichtige Völkerkunde-Museen wie die in Berlin, Stuttgart, München, Kopenhagen, Frankfurt, Stockholm, sämtliche Museen der Schweiz sowie die von Amsterdam, Rotterdam, New York, Pittsburg und viele andere keine Ausstellungsstücke an das Glenbow-Museum schickten. Gleichzeitig wurde durch diesen Museumsboykott einer breiten internationalen Öffentlichkeit das Ausmaß der Menschenrechtsverletzungen an den Lubicon-Cree bewußt. Im bundesdeutschen Fernsehen wurde etwa in den Sendungen »Auslandsjournal« und »Sportspiegel« auf den Überlebenskampf der Lubicon-Cree hingewiesen, ganzseitige Reportagen erschienen in der Süddeutschen Zeitung, ein längerer Artikel im »Stern«. Das Olympische Komitee in Calgary sah sich genötigt, eigens einen »Native Liason Coordinator« einzustellen, der den indianischen Protest dämpfen und die Mitwirkung der Ureinwohner in der gewünschten Form sicherstellen sollte. Dieser lukrative Posten wurde einem Assiniboine vom Morley-Reservat im Süden Albertas übertragen. Und Calgarys Bürgermeister Ralph Klein scheute sich nicht, mit dem Blackfoot-Indianer Adrian Stimpson eine Europa-Reise zu unternehmen und zusammen mit ihm bei Pressekonferenzen in den Empfangshallen der Hotels von Hamburg, Frankfurt und anderen Metropolen darauf zu verweisen, wie gut die Olympischen Spiele vorbereitet seien, und daß mit den Indianern Albertas ein völlig unbelastetes

Der Autor im Gespräch mit Bernard Ominayak *Foto: F. Kressing*

Einvernehmen herrsche. Adrian Stimpson wurde demgegenüber von Ureinwohnervertretern der Provinz als reine Marionette angesehen, dessen Europareise nichts weiter sei »als ein Urlaubsausflug« – so äußerte sich sogar Andrew Bear Robe, Eingeborenenvertreter in dem von Calgarys Bürgermeister Ralph Klein geschaffenen Festivalkomitee. Stimpson verfügte für diese Reise weder über ein Mandat seines eigenen Blackfoot-Stammes noch irgendeiner anderen Ureinwohnergruppe.

»Share the Shame«

Fast 10000 Läufer trugen Anfang letzten Jahres das Olympische Feuer von der Atlantikküste Neufundlands etappenweise quer durch Kanada bis nach Calgary. Überall auf ihrem Weg begegneten diese Fackelläufer protestierenden Gruppen von Ureinwohnern, Anglokanadiern und anderen ethnischen Gruppen, die dem offiziellen Motto des transkontinentalen Laufes »Share the Flame« angesichts der Situation der Lubicon-Cree den Wahlspruch »Share the Shame« entgegensetzten. Von Eingeborenen wie von engagierten Weißen wurde im ganzen Land auf die Völkermordspolitik der Mulroney-Regierung hingewiesen. In Toronto wurden mit den Cree sympathisierende Demonstranten von Polizeikräften von der Straße vertrieben, andernorts kam es zu Rangeleien mit örtlichen Befürwortern des Fackellaufes. Finanzier der von gro-

Im Oktober 1988 blockierten die Lubicon-Cree ihr Land im Norden Albertas und legten die Ölförderung lahm *Foto: F. Kressing*

ßem Medienecho begleiteten Prestigeveranstaltung war übrigens Petro Canada.

Für die olympischen Winterspiele kennzeichnend war der Unmut über die in den ersten Tagen völlig unzureichenden Schneeverhältnisse, die einen deutschen Sportfunktionär zu der Äußerung veranlaßten: »Ich glaube, die Indianer mögen uns nicht«, und eine allgemeine kritische internationale Berichterstattung, die der Situation der kanadischen Ureinwohner und dem Landrechtskampf der Lubicon-Cree weltweite Aufmerksamkeit eintrug.

Die Zukunft ist ungewiß

Doch unbeeindruckt davon waren sowohl die Provinzregierung von Alberta als auch die kanadische Bundesregierung in Ottawa nicht bereit, den Forderungen der Lubicon-Cree nachzukommen. Nachdem der Stamm seit fast 50 Jahren für die Bereitstellung von Reservatsland gekämpft hatte, zogen sich die Cree im Oktober 1988 aus allen Gerichtsverfahren und Verhandlungen mit Regierungsvertretern zurück und griffen zum letzten ihnen zur Verfügung stehenden Mittel: sie besetzten fünf Tage lang ihr traditionelles Territorium von 10000 km² im Norden Albertas, riefen sich zur unabhängigen Nation aus und brachten mit einer Blockade der Zufahrtspisten die Ölförderung völlig zum Erliegen.

Die Provinzregierung von Alberta ließ die Blockade von schwer bewaffneten Polizeikräften räumen und nahm 26 Personen vorübergehend fest. Dennoch erklärte sich Albertas Premier Don Getty in den wiederaufgenommenen Verhandlungen mit den Lubicon-Cree zur Übertragung von 250 km² Reservatsland und Entschädigungszahlungen zum Aufbau eines wirtschaftlich selbständigen Gemeinwesens bereit. Doch die Verhandlungen mit der kanadischen Bundesregierung, der die alleinige Zuständigkeit für alle Eingeborenenangelegenheit obliegt, scheiterten im Januar 1989. Ottawa weigerte sich, die geforderten 150 Mio. $ Kompensationsgeld zum Aufbau einer Bisonzucht und der Rückverlegung der Gemeinde an die traditionellen Wohnplätze am Lubicon-See zu zahlen. So ist die weitere Zukunft und das Überleben der Lubicon-Cree auch ein Jahr nach den Olympischen Winterspielen von Calgary ungewiß. Doch das Sportspektakel vor den Toren der westkanadischen Metropole zeigte ganz deutlich die übermächtigen Wirtschafts- und Kommerzinteressen auf, die hinter der Gestaltung eines solchen touristischen Ereignisses stehen. Darüber hinaus wurde deutlich, wie rücksichtslos mit den vermeintlich unerschöpflichen natürlichen Ressourcen im zweitgrößten Land der Erde umgegangen wird, und daß Kanadas Ureinwohner immer noch eher für ein touristisches Spektakel vermarktet werden, als daß die ursprünglichen Bewohner des Landes in ihren Forderungen ernst genommen würden. Die Gier der transnationalen Konzerne der westlichen Welt nach den Rohstoffen im weitgehend noch von indianischen Eingeborenen bewohnten kanadischen Norden wird sich nach dem Abschluß des Freihandelsabkommens mit den USA noch steigern. Sie steht der zunehmenden Gier nach Spektakel in nichts nach.

Olympiaden als touristische Großereignisse werden von den Verantwortlichen spätestens seit den Sommerspielen von Los Angeles nicht mehr als »Verlustgeschäft« gesehen. Die Verluste der anderen Seite rechnen sie jedoch nicht auf.

Die »olympische Idee« hat damit nichts mehr zu tun! Calgary ist vorbei, doch der Widerstand der Lubicon-Cree und anderer indianischer Urbewohner geht weiter.

Heidi Thiemann

Reisende Männer – Sextourismus als spezielle Form der ökologischen Zerstörung: Das Beispiel Thailand

Jährlich fliegen zehntausende bundesdeutsche Männer nach Kenia, auf die Philippinen oder nach Thailand, um dort für möglichst wenig Geld den weißen Herren auf Zeit zu spielen, dem Frauen in großer Auswahl zur sexuellen Verfügung stehen. Sie nehmen Frauen – ohne Rücksicht auf die Folgen für sie – so selbstverständlich in Besitz wie die Strände und Hotels. Damit zerstören sie deren traditionelles Umfeld, ihre sozialen Beziehungen und Arbeitsstrukturen, machen sie vom Tourismus abhängig und überlassen sie der sozialen Stigmatisierung als Prostituierte in ihrer Kultur. Oft genug wird durch eine gescheiterte Ehe mit einem Ausländer ihr soziales Gefüge ein zweites Mal zerstört, und sie können nur schwer in ihre Heimat zurückkehren.

Es scheint als ob mit der Entwicklung des Massentourismus der letzten 20 Jahre die sexuelle Ausbeutung von Frauen in den Reisezielländern einhergeht. Leider gibt es bisher kaum Forschungen, in welcher Weise Tourismus Prostitution bedingt; gerade in den betroffenen Ländern wäre dies sehr notwendig, um gezielter dagegen vorgehen zu können. Auch bei uns gibt es noch viele offene Fragen, so ist der Anteil der Sextouristen am Gesamttourismus immer noch unbekannt. Im folgenden geht es um eine Zusammenfassung der bisher bekannten Grundlagen und Auswirkungen von Sextourismus und um neue Tendenzen im internationalen Prostitutionsgeschäft.

Obwohl die Tourismusbranche gezielt Orte und Hotels mit offener oder verdeckter Prostitutionswerbung anbietet, verweigert sie Angaben zur Anzahl der diesbezüglichen Buchungen. Hinzu kommt, daß in den meisten Zielländern der Sextouristen Prostitution gesetzlich verboten ist, weshalb es nur vage Aussagen zur Zahl der Prostituierten und ihrer ausländischen Freier gibt, die auf inoffiziellen Schätzungen beruhen.

In Ländern wie Thailand, die zu 70 % männliche Besucher haben, wird die Zahl der Sextouristen auf 60 % der Gesamttouristen geschätzt.[1]

Auch die tödliche Viruskrankheit Aids hat zumindest in den asiatischen Ländern zu keiner Verringerung des Sextourismus geführt. Stattdessen kann man die Tendenz zu immer jüngeren Mädchen erkennen, die noch keine oder nur sehr wenige sexuelle Kontakte hatten.[2]

Die Männer aus der Bundesrepublik sind eifrig dabei. Im ersten Halbjahr 1986 betrug der männliche Anteil der deutschen Touristen in Thailand 69 %[3] und in einschlägigen Sextourismusorten wie Pattaya gelten sie bei den Prostituierten als beständigste Kunden.[4]

Die Regierungen der betroffenen Länder wissen diesen internationalen Kundenstamm zu schätzen. Der Weltmarkt mit seinen Preisschwankungen bezüglich herkömmlicher Exportgüter aus diesen Ländern, läßt den Tourismus als neue und sichere Entwicklungsstrategie erscheinen. Ein spezielles Angebot für männliche

Touristen soll dabei die Attraktivität des Landes erhöhen. Die Verantwortlichen prangern zwar offiziell in der Presse ihr Image als Sextourismusland an, gleichzeitig fördern oder dulden sie aber inoffiziell die Infrastruktur des Sextourismus. 1980 beispielsweise forderte der stellvertretende Premierminister von Thailand, Boonchu Rajnasthien, die versammelten Provinzgouverneure auf, sexuelle Unterhaltung zur Förderung des Tourismus einzusetzen.[5] Der Erfolg dieser Politik in Thailand läßt sich an den Deviseneinnahmen ablesen, die mittlerweile zum größten Teil durch den Tourismus gewonnen werden.

Auch von kenianischen, philippinischen und koreanischen Regierungsbeamten sind ähnliche Äußerungen bekannt. Eine Ausnahme bildet dabei die neue philippinische Regierung unter Corazon Aquino, die Maßnahmen gegen Frauenhandel und Sextourismus durchführte. Bezeichnenderweise hatten in erster Linie die Frauen die Folgen zu tragen: bei einer Großrazzia im Bordellviertel von Manila (Ermita) wurden Hunderte von Prostituierten verhaftet, nicht aber deren Kunden.

Werbung und Etablierung des Sextourismus

Die Werbung für diese Form des Reisens hat sich in den letzten 15 Jahren verschoben. Während in den 70er Jahren der Markt durch riesige Artikelserien in Boulevardzeitungen erschlossen wurde,[6] die offen rassistische und sexistische Klischees von anschmiegsamen und devoten Asiatinnen aneinanderreihten, ist man mittlerweile durch öffentlichen Protest vergleichsweise vorsichtiger geworden. Aber auch heute noch wird die Erschließung »neuer« Regionen durch den Tourismus, wie Goa in Indien, von Zeitschriftenartikeln gefördert, die die sexuelle Freizügigkeit der Frauen anpreisen.

Allgemein spielen Frauen bei der Werbung der Reiseveranstalter eine zentrale Rolle. Über sie wird die fremde Kultur in der richtigen Mischung aus Anziehung und Exotik vermittelt. Der Tourismus bekommt in den Werbebroschüren die fremde Kultur als kommerzielles Gut präsentiert, so daß es nicht fern liegt, auch die Frauen als Kultur- und Werbeträger, als käuflich anzusehen. Vielfach führt das dazu, daß Prostitution als kulturimmanentes Phänomen angesehen wird und der männliche Tourist zwischen den Frauen wählen kann.[7]

Reiseveranstalter von Sextouren sind durch die massive Presseberichterstattung der letzten 15 Jahre kaum noch auf aggressive Werbung angewiesen. Städte wie Bangkok und Manila sind mittlerweile einschlägig bekannt, außerdem haben auch hier Proteste zu einer subtileren Werbung geführt. Immerhin sah sich der Präsident des Deutschen Reisebüro-Verbandes 1988 genötigt, die Erklärung abzugeben, daß »für den Winter 88/89 Hinweise auf Prostitutionserscheinungen in den preiswerten Hotels so formuliert sein werden, daß sie wirklich nur noch als Warnungen aufgefaßt werden können«.[8]

Große Auswirkungen hat diese Selbstbeschränkung nicht. Immer noch werden Hotels für alleinreisende Herren, in denen »die Benutzung eines Einzelzimmers als Doppelzimmer vor Ort ohne Aufpreis möglich« ist, angeboten.[9] Angeblich können die Reiseveranstalter auf solche Spezialhinweise nicht verzichten und wollen damit Schadensersatzklagen von schockierten Touristen verhindern.[10] Dahinter steht der Anspruch der Tourismuskonzerne, alle Bedürfnisse, unabhängig von Moral und Ethik, gewinnbringend vermarkten zu können.

Protestaktion gegen den Verkauf von Sextouren *Foto: Gernot Huber/Schwarz-Weiß Verlag*

Manche Reiseagenturen haben sich auf diesen frauenverachtenden Reisemarkt spezialisiert. Anfang des Jahres warb eine Agentur in Hanau für eine Philippinenreise mit folgendem Angebot:

> »Schöne Mädchen gibt es überall, auch in den klassischen Urlaubsländern. Nur, wenn Sie nicht der geborene ›Aufreißer‹ sind, bleiben Sie häufig alleine. Fliegen Sie doch an tropische Küsten, dort wo Sie als Europäer heiß begehrt sind, dort wo traumhafte Mädchen in der Überzahl sind. Unsere Reiseleiter garantieren Ihnen, daß Sie keine ›einsamen Nächte‹ erleben, wenn Sie nicht unbedingt wollen!«[11]

Wie sehr sich solche Reisen schon etabliert haben, sieht man an den Reiseführern zu den betreffenden Ländern, die dem »Angebot an Frauen« ganze Kapitel widmen und mit Adressen empfehlen. Davon sind auch seriöse Führer wie der von Allianz-Baedecker nicht ausgeschlossen. In deren letzter Ausgabe zu Bangkok standen nicht nur Hinweise zu Coffeeshops, in denen ein »fester Stamm hübscher und gepflegter junger Damen« zu erwarten sei, sondern es wurden als besonderer Tip taubstumme Mädchen empfohlen, die »im Wunschlesen konkurrenzlos sind«. Diese Textstelle wurde erst auf Druck von Frauenorganisationen in der nächsten Auflage herausgenommen.[12]

Auch die Reiseführer für Rucksacktouristen unterschieden sich bis vor kurzem nur durch besondere Varianten, z. B. im Hinblick auf die begrenzten finanziellen Möglichkeiten, von den herkömmlichen:

> »Es gibt nette und hübsche Mädchen, die nur darauf warten, für ein paar Tage oder Wochen mit Euch zusammen zu sein...
> Mit einem Thaimädchen zu reisen, hat eine Menge Vorteile. Für Euch regelt das sämtliche Sprachprobleme...«.[13]

Die Legitimierung wird gleich mitgeliefert, denn:

> »Neckermanntouristen haben in Sachen Sex leider einiges verdorben... Schon um das dadurch entstandene Bild der Westeuropäer zu korrigieren, schadet es nicht, wenn die Mädchen auch mal Männer kennenlernen, die auch zu Hause mit ihren Frauen offen umgehen.«[14]

Die deutschen Frauen in Frauenhäusern, Selbsthilfegruppen für Opfer von sexuellem Mißbrauch und Vergewaltigung könnten den Thailänderinnen sicherlich einiges über diesen ›offenen Umgang‹ deutscher Männer berichten. Doch auch ohne diese Informationen wissen die Prostituierten anscheinend diese »Offenheit« der Rucksacktouristen nicht zu schätzen; sie halten sie für »schlimmer als die Anderen, weil sie immer nur die Hälfte oder gar nichts bezahlen wollen«, da sie »ja schon das Essen bezahlt« haben.[15]

Doch auch bei diesen Reiseführern setzt sich die oben erwähnte Tendenz fort, daß die Informationen und Hinweise subtiler präsentiert werden.[16] Eine kritische Auseinandersetzung über Sextourismus wird in den meisten Reiseführern also nicht geführt.

Männerwünsche in der Ferne

In Presseberichten wird oft der Versuch gemacht, den Sextouristen als älteren, unattraktiven Mann darzustellen, der aus Frustration eines unerfüllten Sexualitäts- und Zärtlichkeitsbedürfnisses sein Glück bei fremden Frauen sucht. Doch die Wirklichkeit sieht anders aus: in Pattaya, einem der größten Sextourismusorte Thailands, machen die jungen Männer im Alter zwischen 16 und 36 Jahren über drei Viertel der Sextouristen aus. In den Bordellen Bangkoks und Manilas findet man deutsche Männer jeden Alters und aller Schichten, die sich durch nichts Außergewöhnliches auszeichnen.

Sextourismus scheint für deutsche Männer ein Stück Normalität zu sein und setzt die bei uns herrschenden Gewaltverhältnisse zwischen Männern und Frauen an einem anderen Ort fort.

Dabei scheint jedoch der andere Ort eine zentrale Bedeutung zu haben. Die Anonymität, bei uns schon eine wichtige Voraussetzung für das Aufsuchen einer Prostituierten, ist im Ausland problemlos auch in öffentlichen Räumen (wie Straße, Strand und Hotel) gegeben. Die soziale Kontrolle durch Familie und Bekannte fällt weg, »mann« kann die Sau rauslassen, ohne daß mit sozialen Sanktionen zu rechnen ist. Der fremde Ort ermöglicht es, daß Männer öffentlich zum Besten geben, mit wievielen Frauen und wie oft sie intim waren; schüchterne Männer werden plötzlich zu Sexualathleten und andere können Kinder gefahrlos sexuell mißbrauchen.

Doch neben der Anonymität bietet das Urlaubsland auch die Möglichkeit, unterdrückte Wünsche auf die dort lebenden Frauen zu projizieren, ohne daß sie überprüft werden. Durch Sprachbarrieren und fehlende Kenntnis der anderen Kultur, bleibt die fremde Frau eine ideale Projektionsfigur, auch wenn ein längerer Kontakt zustande kommt. Hier treffen zwei Ebenen zusammen: einerseits der Blick des Deutschen auf die Fremden, andererseits das Verhältnis zwischen Mann und Frau.[17]

Mit Vorstellungen von der »wahren Natur der Frau« suchen Männer in der Fremde anpassungsfähige Kindfrauen, die ihnen jeden Wunsch erfüllen sollen und keine Forderungen stellen dürfen. Die Zuordnung der fremden Frau zur »Natur« zeigt sich noch deutlicher in einem anderen Bereich, in dem ausländische Frauen umfassend ausgebeutet werden: der Heiratsvermittlung mit ausländischen Frauen. »Hier finden wir, was uns im alten Europa weitgehend verlorengegangen ist: Lebensfreude, Lachen, Unbekümmertheit, menschliche Wärme und Zuneigung«.[18] Viele Männer benutzen diese Klischees als Rechtfertigung und setzen sie gegen die »verlorene, natürliche Weiblichkeit« deutscher Frauen. »Bei diesen überemanzipierten deutschen Frauen verliert ein Mann ja auch jede Lust«, so ein Sextourist.[19] PSI (Partner Service International) schreibt es noch deutlicher:

> »Denken wir, daß eine Hauptursache von Partnerproblemen im Feminismus und der daraus resultierenden Krise im Selbstverständnis der Frauen liegt... Aber auch diese Krise hat nicht nur negative Seiten. Eine der positiven ist zweifellos, daß sie uns hinsichtlich der Frauenfrage eine Chance zur geographischen Neuorientierung bietet! Wir betrachten es nicht zuletzt als einen Akt männlicher Solidarität, Ihnen zu einer Partnerin zu verhelfen, die aus einem Land stammt, in dem die Frauen noch keine Probleme mit ihrem weiblichen Selbstverständnis haben.«

Die Folgen von männlicher Solidarität haben Frauen in den letzten Jahrhunderten schon zur Genüge fürchten gelernt.

Trotz dieser stark ideologisierten Selbstrechtfertigung bleibt die Frage, ob Sextourismus und Frauenhandel eine Reaktion auf veränderte Beziehungen zwischen Männern und Frauen ist, oder ob sich Männer erstmals diese Form der Ausbeutung von Frauen in dem massenhaften Ausmaß »leisten« können?

Die Verarmung der Trikontländer ermöglicht es heute allen Männern aus den reichen Industrieländern, unabhängig von der Schichtzugehörigkeit, ihre individuellen Wünsche nach umfassender Versorgung durch Frauen und ihrer gleichzeitigen Unterwerfung, durch ausländische, verarmte Frauen erfüllen zu lassen. Ein Privileg, das früher nur Männern der gesellschaftlichen Elite, die abhängige Unterschichtsfrauen ausnutzten, oder in Kriegssituationen den Siegern zustand.

Sextourismus ist damit Ausdruck des aktuellen Frauenbildes von Männern, das bei uns nur zum Teil und verdeckt ausgelebt werden kann. Das liegt sicher nicht an dem »hohen Emanzipationsgrad« deutscher Frauen, sondern setzt sich aus den oben genannten Faktoren zusammen.

Eine weitere Voraussetzung für Sextourismus ist sicherlich auch der Massentourismus, der die Infrastruktur (u.a. billige und schnelle Transportmöglichkeiten und preiswerte Unterbringung) schafft und somit Sextouren für jeden Mann erschwinglich macht.

»Auf dem Rücken der Frauen« – Das Beispiel Thailand

Bei dem Phänomen des Sextourismus wird oft nicht zwischen den speziellen kulturellen und ökonomischen Grundlagen in den betroffenen Ländern unterschieden. Das führt zu einer Vereinheitlichung, die dem Problem nicht angemessen ist und die Entwicklung von Widerstandsstrategien behindert. Am Beispiel von Thailand läßt sich auf der einen Seite die Dynamik der Verarmung aufgrund landwirtschaftlicher Veränderungen, Deviseninteressen der Regierung und der Tourismusentwicklung erkennen; auf der anderen Seite stehen die Zwänge und Motive der Frauen, mit ihrem Körper ihr Überleben und das ihrer Familien zu sichern.

Die Entwicklung des Massen- und Prostitutionstourismus ist in Thailand eng mit der »Rest & Recreation«-Kultur des amerikanischen Militärs aus der Zeit des Vietnamkriegs verbunden. Zwölf Jahre lang (1964–1976) waren bis zu 50000 amerikanische Soldaten in sieben verschiedenen Stützpunkten in ganz Thailand stationiert. Zusätzlich besuchten ca. 70000 GIs das Land, um sich dort in der eigens für sie geschaffenen Infrastruktur von Bars, Bordellen und Massagesalons, die ganze Straßenzüge wie z. B. die Pat Pong in Bangkok, einnahmen, zu vergnügen.

Ausländisches Militär mit ihrer ›Rest & Recreation‹-Kultur wie hier in Olongapo/Philippinnen sind in vielen Ländern die Wegbereiter des Sextourismus
Foto: Axel Krause/Schwarz-Weiß Verlag

Der Abzug der US-Soldaten nach dem Sieg des Vietkong Mitte der 70er Jahre führte nicht zu einem Zusammenbruch der durch sie geschaffenen Prostitutionskultur, sondern wurde zunehmend von der Tourismusindustrie übernommen. Die Prostituierten, die in den Zentren rund um die Stützpunkte gearbeitet hatten, gingen nun in der Mehrzahl nach Bangkok.[20]

Ihnen war es unmöglich, in die dörfliche Gemeinschaft zurückzukehren, weil ihr Lebensstil durch den Kontakt mit den amerikanischen Soldaten und das schnell verdiente Geld tiefgreifend verändert und ihr sozialer Ruf zerstört worden war. Außerdem war für viele Familien das Geld ihrer Töchter, das sie als Prostituierte verdienten, zum Überleben notwendig geworden.

Heute hat sich die Zahl der Prostituierten noch vergrößert. Obwohl Prostitution offiziell verboten ist, arbeiten schätzungsweise 500000 bis 1 Mio. Frauen im Sex-Service Sektor; neuere Studien gehen von 15–25 % der weiblichen Bevölkerung im Alter zwischen 15 bis 30 Jahren aus.[21]

Die Auswirkungen der Massenprostitution zeigen sich in der thailändischen Gesellschaft auf verschiedenen Ebenen. Für den thailändischen Mann gehört der Gang in den Massagesalon und ins Bordell seit dem amerikanischen Einfluß zu den normalen Freizeitbeschäftigungen. Auch auf dem Land ändern sich die sozialen Normen. Obwohl Prostitution in der thailändischen Gesellschaft nie anerkannt war, gibt es heute in Gegenden, die besonders von der Abwanderung der Frauen in die Prostitution betroffen sind, kaum noch eine Stigmatisierung von Prostituierten.[22] Diese Veränderung wäre nichts Schlechtes, wenn mit ihr nicht eine Fehleinschätzung der Arbeit als Prostituierte einherginge. Prostitution gilt als leichte Frauenarbeit, die den Familien viel Geld einbringt. Die besonderen Ausbeutungsverhältnisse, denen viele Prostituierte unterliegen, wie Zwangsprostitution in geschlossenen Bordellen, hohe Abgaben an die Bordellbesitzer und Zuhälter sowie unzureichende medizinische Versorgung, werden von den Dorfbewohnern weder wahrgenommen noch geglaubt. Diese Einstellung verstärkt sich auch dadurch, daß einige Prostituierte nicht nur sichtbar viel Geld haben, was sie durch aufwendige und teure Kleidung demonstrieren, sondern auch Spenden für Schulen und Tempel geben, wenn sie in ihren Ferien in die Heimatdörfer kommen. Die veränderte Bewertung von Prostitution führt mittlerweile in manchen Dörfern dazu, daß die Geburt eines Mädchens, im Hinblick auf ein gutes zukünftiges Familieneinkommen, besonders begrüßt und gefeiert wird.

Der Weg vom Dorf in den Massagesalon

60 bis 80 Prozent der Prostituierten in Bangkok kommen aus den verarmten Provinzen im Norden und Nordosten Thailands. Einige dieser Frauen werden durch falsche Versprechungen von Vermittlerinnen in geschlossene Bordelle gebracht, wo sie unter unmenschlichen Bedingungen ohne Bezahlung arbeiten müssen; die meisten jedoch sind selbständig in die Städte migriert. Ihr Weg in die Prostitution läßt sich nur vor dem Hintergrund ihrer traditionell starken Stellung in der dörflichen Gemeinschaft und der Umstrukturierung der ländlichen Ökonomie differenziert darstellen.

Obwohl man keine allgemeine Aussage zur ländlichen Frauenrolle für ganz Thailand machen kann, fällt die ökonomische Unabhängigkeit und der hohe Arbeitsanteil der Frauen auf. Im Norden des Landes arbeiten die Frauen zusammen mit den Männern in der Landwirtschaft. Außerdem bestellen sie noch eigenes Land, dessen Produkte sie auf dem örtlichen Markt verkaufen und über deren Erlös sie alleine verfügen können. Auch wenn die formale Autorität in der Dorfgemeinschaft durch den Mann repräsentiert wird, hat die Frau, bezüglich familiärer Entscheidungen, weitreichende Kompetenzen. Dies wird u. a. bedingt durch die uxorilokalen Residenzregeln.[23] Das Land erben Töchter und Söhne gleichermaßen, die jüngste Tochter erhält jedoch das Familienhaus.

Die Wichtigkeit religiöser Vorstellungen, wie der Glaube an Ahnengeister, die alle aus der weiblichen Abstammungslinie kommen und Haus und Familie schützen, gibt den Frauen zusätzlich große Bedeutung. Weil die Versorgung der Familie in den Aufgabenbereich der Frau gehört, arbeiten die Töchter auch lange nachdem sie geheiratet haben weiterhin für den elterlichen Haushalt. Man erwartet dies auch von ihnen als Ausdruck der Dankbarkeit und des Respektes gegenüber der Eltern. Diese Form der moralischen Verpflichtung ist entsprechend religiös sanktioniert; Verstöße dagegen sind Sünde und haben in der vom Buddhismus geprägten Vorstellung negative Auswirkungen auf das Karma.

Diese ländlichen Arbeits- und Lebensformen sind jedoch in den letzten 20 Jahren vermehrtem Druck wirtschaftlicher Veränderungen unterworfen. Seit den 60er Jahren wirkt sich der Anschluß Thailands an den Weltmarkt, der zu einer Umstellung der Subsistenzwirtschaft auf die Produktion von Exportnahrungsmitteln führte, auf die Kleinbauern katastrophal aus. Viele verloren ihr Land und wanderten in die Städte ab. Diese Veränderungen treffen Frauen in besonderem Maße, da ihre traditionellen Arbeitsbereiche haus- und familienbezogen waren. Während sich die sozialen und wirtschaftlichen Umwälzungen in kurzer Zeit vollzogen haben, wandeln sich die normativen Vorstellungen hinsichtlich der Aufgaben und des Verhaltens von Frauen wesentlich langsamer. Die Frau ist weiterhin ihrer Familie stark verpflichtet und man erwartet von ihr, daß sie einen Großteil des Familienetats aufbringt. Früher konnte sie ihre Pflichten als Ernährerin auf den eigenen Feldern erfüllen, doch heute sind ihr diese Möglichkeiten durch die veränderten ökonomischen Bedingungen genommen. Sie ist gezwungen, auf den Höfen reicher Bauern zu arbeiten oder das Dorf ganz zu verlassen, um in den Städten Geld zu verdienen.

Seit Mitte der 70er Jahre migrieren aus manchen Landesteilen mehr Frauen als Männer nach Bangkok. Meistens sind es junge, alleinstehende Frauen, die dort Arbeit suchen, um ihre Familien auf dem Land ernähren zu können.

In den Städten stehen ihnen nur die Stellen im Dienstleistungssektor oder in den Fabriken offen, deren Lohn kaum über dem Existenzminimum liegt. Um Geld an die Familien schicken zu können, müssen sie nach lukrativeren Arbeitsmöglichkeiten Ausschau halten. Der auf Fluktuation angewiesene und aufgeblähte Sex-Service Sektor bietet immer freie Arbeitsstellen. Meistens können sie über Kontakte mit Freundinnen oder Verwandten, die schon in den Bordellen oder Massagesalons arbeiten, erste Erfahrungen machen.

Sofern man bei diesem Weg in die Prostitution von einer Entscheidung sprechen kann, wird sie auf der Grundlage folgender Diskrepanz gefällt: einerseits bestehen für die Frauen weiterhin die Normen ihrer traditionellen Rolle und ihre Pflichten als Familienernährerin, andererseits fehlen heutzutage im traditionellen Arbeitsbereich dafür die Möglichkeiten.

Der Weg in die Prostitution erfordert einigen Mut und Selbständigkeit. Die hohe Migrationsrate von Frauen zeigt, daß sie bereit sind, an einen fremden Ort zu gehen, um so ihre Familien zu ernähren. Ohne ein Bewußtsein von Stärke würde dieser Schritt kaum möglich sein. Doch er führt in den meisten Fällen endgültig vom Dorfleben weg, auch wenn viele Frauen von einer Rückkehr träumen. Die Abhängigkeit der

Familien von den Geldsendungen der Töchter läßt diese für Jahre in der Prostitution verbleiben. Wenn eine Frau doch den Ausstieg schafft, ist sie bei vielen als ehemalige Prostituierte verachtet und findet nur schwer einen Ehemann. Das oben genannte Beispiel einer positiven Bewertung von Prostitution zeigt vielleicht eher eine Tendenz und blieb bisher auf bestimmte Gegenden beschränkt.

Die Prostituierten selber empfinden ihre Arbeit oft als Schande und halten sie für unmoralisch. Viele ertragen die Arbeit nur mit starken Drogen und werden so krank und abhängig. Wenn sie über 30 Jahre alt sind, haben sie ohnehin kaum noch Verdienstchancen. Ob sie dann noch von ihren Familien aufgenommen werden, und ob sie sich wieder in das dörfliche Leben eingliedern können, bleibt offen.

Die Arbeit mit Sextouristen

Touristen nutzen das gesamte Spektrum der sexuellen Dienstleistungen in Thailand. Sie gehen in Massagesalons, Bars und Nachtclubs. Man findet sie auch bei Frauen, die zur Prostitution gezwungen werden oder bei ganz jungen Mädchen. Es hat sich eine spezielle Prostitutionskultur für Touristen herausgebildet. In Städten wie Pattaya, deren Infrastruktur vollkommen auf die Bedürfnisse der Touristen ausgerichtet sind, gibt es z. B. deutsches Essen, Sportschau auf Video und Frauen im Dirndl. Dort findet man viele frei arbeitende Prostituierte, die selbständig Kontakt mit den Touristen aufnehmen. Die Arbeit stellt zwar besondere Anforderungen (Sprachkenntnisse und Einfühlungsvermögen) bezüglich der Wünsche von Männern einer anderen Kultur, andererseits bietet sie aber auch ein höheres Einkommen als bei anderen Prostitutionsformen und eine größere Selbständigkeit. Andere Frauen arbeiten festangestellt in Bars und Nachtclubs und müssen vom Freier beim Barbesitzer gegen Geld ausgelöst werden. Die Verständigung läuft über wenige Worte deutsch oder englisch, meist sprechen die Frauen eine Mischung aus mehreren Sprachen, die sie je nach Nationalität des Kunden ausbauen. Da das Angebot an Frauen sehr groß ist, müssen sie sich in jeder Hinsicht an die Männer anpassen, um erfolgreich zu sein.

Typisch für die Prostitution mit Touristen ist der Versuch, das Verhältnis mit dem Mann über eine Nacht hinaus auszudehnen, aus dem Kunden einen »boyfriend« zu machen, der für alle Kosten aufkommt und die Bezahlung in Form von Geschenken macht. Für die Frauen ist es weniger unangenehm über Tage oder Wochen mit nur einem Kunden zusammen zu sein, anstatt sich immer wieder um neue Freier bemühen zu müssen. Diese »open-ended«-Prostitution[24] geht manchmal in eine Liaison über, die für Jahre fortbesteht und zu Geldsendungen über das ganze Jahr führen kann. Da die Frauen meist weder englisch noch deutsch schreiben können, haben sich mittlerweile professionelle Schreiber etabliert, die Liebesbriefe verfassen, in denen geschickt die Geldforderungen untergebracht sind. Einige Frauen schaffen es durch kluges Beziehungsmanagement, zwei bis vier Brieffreundschaften zu koordinieren, ohne daß es ihren Freunden während des jährlichen Urlaubsaufenthaltes mit ihnen auffällt. Manchmal münden diese Beziehungen in eine Heirat, wobei die Frauen sehr unrealistische Vorstellungen vom Leben in der Bundesrepublik haben und damit Reichtum und bequemes Leben verbinden. Die wenigsten wissen, daß das von den Männern leichtfertig ausgegebene Feriengeld über ein Jahr meist sehr mühselig gespart wurde. Die Männer verschweigen auch oft ihren wahren Beruf, so daß sich viele Frauen, statt in dem versprochenen Bungalow, nach der Heirat in einer kleinen

Offene Bars auf der Straße gehören zu den typischen Bildern von Sextourismusorten wie Pattaya/Thailand *Foto: Heidi Thiemann*

2-Zimmer-Wohnung eines tristen Vorstadtviertels wiederfinden. Daraus ergeben sich oft die ersten Eheschwierigkeiten, da für die Frauen mit der Heirat in Deutschland die Versorgung ihrer Familien verbunden war, was von vielen Ehemännern, selbst bei kleinen Geldbeträgen, abgelehnt wird. Wenn sich die Frau zudem von Männerklischees der unterwürfigen Asiatin entfernt, enden diese Ehen vielfach in gewalttätigen Auseinandersetzungen. Die Opfer findet man dann in den Frauenhäusern wieder oder sie kehren zurück in die Bars von Pattaya.

Internationaler Frauenwiderstand

Die Entwicklung des Prostitutionstourismus in Thailand zeigt, daß es nicht allein der Massentourismus ist, der die soziale Umgebung der Frauen verändert und sie letztendlich in die Prostitution treibt. Aber der Sextourismus nutzt die wirtschaftliche Zwangslage der Frauen aus und stützt sich auf Frauen diskriminierende Strukturen im betroffenen Land.[25]

Wenn es zudem noch wie in Thailand eine Tradition bezüglich der Selbständigkeit von Frauen und der Übernahme der Familienversorgung gibt, kann das zusammen mit der Nachfrage der Touristen nach sexuellen Dienstleistungen für die Frauen eine

Falle werden. Ihre ehemals starke Position in der dörflichen Gemeinschaft kehrt sich unter den veränderten Bedingungen gegen sie und macht sie zu den Leidtragenden eines tourismusorientierten Entwicklungsmodells.

Ein wichtiger Wegbereiter für den Sextourismus ist außerdem die Präsenz ausländischer Soldaten, deren sexuelle Bedürfnisse oft zu einer speziellen Männerkultur von sexuellen Dienstleistungen führt, wie man es nicht nur in Thailand, sondern auch auf den Philippinen und in Kenia sieht.

In den letzten Jahren haben sich in vielen Ländern Frauen zusammengeschlossen, die die Opfer des Sextourismus unterstützen und für eine Gesellschaft kämpfen, in der Männer ihre Sexualität und ihre Machtbedürfnisse nicht mehr auf Kosten einer Entwürdigung und Demütigung von Frauen ausleben.

Auch in Thailand machen Frauengruppen auf die gesellschaftlichen und ökonomischen Ursachen der sexuellen Ausbeutung aufmerksam. Als im Januar 1984 fünf junge Frauen in einem Bordell im Touristenort Phuket verbrannten, weil sie in den Zimmern angekettet waren, nahmen dies viele Gruppen zum Anlaß, verstärkt nationale und internationale Kampagnen gegen Prostitution und Frauenhandel zu organisieren. Dazu gehören auch Aufklärungsaktionen in den ländlichen Gebieten, aus denen besonders viele Frauen migrieren.

Die Aktionsgruppen arbeiten meist nicht ausschließlich zu Prostitution, sondern stellen sie in den größeren Zusammenhang von Frauenunterdrückung in einer patriarchalen Gesellschaft. Ebenso organisieren sie Widerstand gegen Vergewaltigung und Gewalt in der Ehe. Neben der Öffentlichkeitsarbeit bieten die Aktionsgruppen Dienstleistungen für betroffene Frauen an, beispielsweise Beratung, juristische Hilfe, finanzielle Unterstützung, Zufluchtstätten und Frauenhäuser.

Mittlerweile gibt es ein dichtes Netz zwischen Thailand und Solidaritätsgruppen in anderen Ländern, aus dem manchmal auch gemeinsame Aktionen entstehen, wie z. B. der Empfang von Touristen am Flughafen von Bangkok.[26]

In der Bundesrepublik haben sich verschiedene Frauen- und Solidaritätsgruppen in der Organisation »AGISRA« (Arbeitsgemeinschaft gegen internationale sexuelle und rassistische Ausbeutung) zusammengeschlossen. Sie unterhalten ein Büro in Frankfurt, in dem für Betroffene Beratungen durchgeführt werden. Täglich kommen Anfragen aus dem ganzen Bundesgebiet, besonders seitdem sich die Länderregierungen mit dem Problem befassen und die Lösung in einer repressiven Politik gegen ausländische Frauen sehen. Statt Frauenhändler effektiver zu verfolgen, werden in letzter Zeit vermehrt ausländische Prostituierte abgeschoben. AGISRA unterstützt betroffene Frauen mit der Perspektive, daß sich Selbsthilfegruppen ausländischer Frauen bilden, die ihre Anliegen in Zukunft selbständig vertreten können. Die Anzahl der ehrenamtlichen und bezahlten Mitarbeiterinnen aus den betroffenen Ländern steigt stetig an, obwohl es für die ausländischen Frauen besonders schwierig ist, sich zu dem Thema politisch zu engagieren. Sie werden in der Öffentlichkeit oft in beleidigender Weise mit den Klischees der angepaßten und unterwürfigen Asiatin konfrontiert. Anderen direkt betroffenen Frauen ist es zum Teil nicht möglich, sich aktiv zu solidarisieren, da sie wirtschaftlich, sozial oder rechtlich vom Ehemann oder Zuhälter abhängig sind.

Um ausländischen Frauen die Mitarbeit zu erleichtern, ist es für eine multikulturelle Organisation besonders wichtig, Inhalt und Form der Arbeit auf ihren (oft unbewußt und ungewollt) rassistischen Gehalt zu überprüfen. Das kann schon anfangen bei Diskussionen, in denen ausländische Frauen durch deutsch geprägte Auseinandersetzungsformen benachteiligt werden.

Neben der Beratung ist die Öffentlichkeitsarbeit und die bundesweite sowie internationale Koordinierung ein anderer wichtiger Bestandteil der Arbeit. Dabei ist das Besondere an der Politik von AGISRA die Verbindung zwischen Ausländerarbeit in der Bundesrepublik und Solidaritätsarbeit im internationalen Bereich. So wurde beispielsweise im Kontext der anstehenden Verschärfung des Ausländergesetzes ein Forderungskatalog entwickelt, in dem Verbesserungsvorschläge in verschiedenen Rechtsbereichen formuliert sind, die für Frauenhandel und Sextourismus von Bedeutung sind. Gleichzeitig wird auch über die soziale Situation in den betroffenen Herkunftsländern informiert und es werden Aktionen durchgeführt. So fanden im November 1988 an fünf großen Flughäfen in der Bundesrepublik Proteste gegen Sextourismus und Frauenhandel statt, während zu gleicher Zeit am Flughafen in Manila eine Frauengruppe demonstrierte.
Bezüglich des Sextourismus fordert AGISRA ein Verbot der Werbung durch Medien und Reiseveranstalter. Man ist sich dabei bewußt darüber, daß die typischen Sextourismusorte auch ohne Werbung bekannt sind. Aber der Ausweitung von Sextourismus in andere Länder könnte zumindest teilweise entgegengewirkt werden. Gerade in den Anfangsjahren der Marktetablierung spielt Werbung eine entscheidende Rolle. Für ein gezieltes Vorgehen gegen Sextourismus fehlen noch wichtige Informationen, etwa über den Umfang direkter Kapitalverbindungen ausländischer bzw. deutscher Investoren mit der lukrativen Infrastruktur oder über die Auswirkungen auf die betroffenen Frauen bezüglich der Veränderungen der Frauenrolle und der Zerstörung ihres traditionellen Umfeldes. Solche Untersuchungen könnten die vor Ort arbeitenden Frauen sicherlich am besten leisten, weshalb AGISRA finanzielle Unterstützung der Frauengruppen fordert. Doch auch die Arbeit in der Bundesrepublik wird bislang nur sehr zögernd von staatlicher Seite finanziell unterstützt, obwohl das Thema nun von den Parteifrauen »entdeckt« worden ist. In Parlamentsdebatten wird von der Regierung nach wie vor die Freiheit des mündigen Bürgers im Urlaubsland beschworen. Mit dieser Argumentation versucht man, sich jeglicher politischer Verantwortung zu entziehen.
Die thailändische Soziologin Hantrakul sieht die Situation dagegen anders und sagt: »Mit eurer Gesellschaft ist doch etwas nicht in Ordnung, wenn ihr eure sexuellen Probleme in die Dritte Welt exportiert.«

Kontaktadresse: AGISRA, Mainzer Landstraße 147, D-6000 Frankfurt/M. 1, Tel.: (069) 7392152

Anmerkungen

1 Truong, Thanh-Dam: Virtue, Order, Health and Money – Towards a Comprehensive Perspective on Female Prostitution in Asia (Institute of Social Studies), Den Haag, 1985, S. 533
2 Frankfurter Rundschau, 6. 5. 1986
3. Nach einer unveröffentlichten Statistik des »Immigration Division Police Department of Thailand«.
4 Junsuriyawong, Vathit: Pattaya – The Study of the Impact of Tourism in Pattaya, Justice and Peace Commission of Thailand, Bangkok 1985, S. 29
5 ZEB (Zentrum für Entwicklungsbezogene Bildung): Tourismus, Prostitution, Entwicklung, Dokumente, Stuttgart 1983, S. 43
6 Vgl. Lipka, Susanne: Das käufliche Glück in Südostasien – Heiratshandel und Sextourismus, Münster 1985
7 Gespräch mit E. Niesner, AGISRA, Frankfurt/Main

8 »Antwort der Bundesregierung auf die Große Anfrage der SPD, Drucksache 11/2210 – zu Menschenhandel mit ausländischen Mädchen und Frauen, sogenannte Heiratsvermittlung und Prostitutionstourismus«, Drucksache 11/3580, 30.11.1988, S. 16

9 Neckermann Reisen-Fernreisen, Sommer 1989, S. 36

10 Röhl, Wolfgang: »Bumsfidel«. In: Stern, Nr. 49 (S. 36–46), Hamburg, 1.12.1988

11 Blitz Tip, 5.1.1989

12 Frankfurter Rundschau, 5.8.1986

13 Wilke, Renate: Alternativer Prostitutionstourismus. In: Gesellschaft für entwicklungspolitische Bildungsarbeit e. V. (Hrsg.): Entwicklungspolitische Korrespondenz (EPK): Sexploitation – Das Geschäft mit den asiatischen Frauen, Hamburg 5/81, S. 11

14 ebd.

15 ebd.

16 Vgl. Albertin, Christina: Richtig Reisen? – Auf den Spuren der Reiseführer durch Thailand. In: Südostasien Informationen: »Tourismus«, Bochum, Dezember 1988

17 vgl. Thiemann, Heidi: Alle Frauen sind Fremde. In: Blätter des IZ3W: »Menschenhandel«, Nr. 148, Freiburg, April 1988

18 Werbebroschüre »Manfred Orlicks Internationale Moderne Partnervermittlung«

19 Latza, Berit: Sextourismus in Südostasien, Frankfurt/M. 1987, S. 195

20 Thiemann, Heidi: Frauenrolle und Prostitution in Thailand, Köln 1988, S. 41

21 Nation/Thailand, 28.2.1988

22 ebd., 18.2.1988

23 betrifft die Heiratswohnfolge: nach der Eheschließung zieht der Mann zur Frau

24 Cohen, Eric: Thai Girls and Farang Men – The Edge of Ambiguity. In: Annals of Tourism Research, Vol. 9, S. 403–428, 1982

25 Ich bin hier nicht auf die patriachalischen Strukturen in der thailändischen Gesellschaft näher eingegangen, da dies den Umfang des Artikels sprengen würde. Vgl. Thiemann, Heidi: Frauenrolle und Prostitution in Thailand, Köln 1988

26 Ein Beispiel für eine internationale Zusammenarbeit ist der Protest der thailändischen Frauen gegen die Ankunft einer Gruppe von norwegischen Touristen mit Plakaten wie »Thailändische Frauen sind keine Ware« und »Stoppt die Sexreisen und den Export von norwegischen Hurenkunden«. Die Frauen waren von einer norwegischen Frauengruppe aufmerksam gemacht worden (Nation/Thailand, 10.3.1988). Die Aktion hatte ein juristisches Nachspiel in Norwegen, denn der Reiseagenturbesitzer verklagte zwei norwegische Frauengruppen auf eine halbe Million DM Schadensersatz wegen Geschäftsschädigung. S. Skrobanek vom »Women's Information Center Bangkok« trat dabei als Zeugin für die Angeklagten auf und beschuldigte vor Gericht den Reiseveranstalter der rassistischen Werbung. Sextourismus wird in seinen Werbebroschüren als Entwicklungshilfe für thailändische Frauen dargestellt, wogegen Skrobanek den Sextourismus als Massenvergewaltigung thailändischer Frauen bezeichnete (Bangkok Post/Thailand, 20.5.1988).

Albertina Almeida

Goa – Tourismus und Prostitution

Rede auf dem Asien-Kongreß der »Internationalen Abolitionisten« (17.–19.11.1988) in New Delhi

Es gibt einen Unterschied zwischen »tourists« und »travellers«. Traveller sind Leute, die ein anderes Land wegen einer Arbeit oder eines Auftrages besuchen. Sie besuchen es, um zu lernen, zu verstehen und ihr Augenmerk auf die Menschen und ihre Kultur zu richten. Sie wollen bestimmte Aspekte, z.B. die Architektur, die Landschaft oder ähnliches studieren. Traveller sind auch Leute, die z.B. auf Pilgerfahrt an einen heiligen Ort gehen. Es sind Menschen, die sich den örtlichen Gegebenheiten

Indien – Goa Januar 1989 *Foto: Axel Krause*
Touristin läßt sich von einen jungen Goaner massieren

Indien – Goa Januar 1989 *Foto: Axel Krause*
Ausstellung der Gruppe Bailancho Saad gegen den Tourismus in Goa, hier in Panjim, im Vordergrund Touristen.

anpassen und einen gewissen Respekt und Achtung gegenüber dem Ort und seinen Mitmenschen mitbringen. Im Gegensatz dazu ist die Freizeitgestaltung eine wesentliche Komponente des Tourismus. Die TouristInnen zeichnen sich dadurch aus, daß sie einen entsprechenden Komfort fordern, daß sie den GastgeberInnen abverlangen, ihnen fern von zuhause ein Zuhause zu bieten. Sie wollen dem Druck ihrer Umwelt entfliehen und versuchen, paradiesische Zustände und Vergnügen an ihrem Zielort zu finden; sie erwarten von den Menschen dort, daß diese sich ihren Launen und Vorlieben fügen und dafür sorgen, daß sie auf ihre Kosten kommen.

In diesem Kontext müssen wir sowohl den Tourismus und die »Entwicklungen« im Tourismusgeschäft verstehen, als auch den Einfluß, den der Tourismus auf die gastgebende Bevölkerung hat. Tourismus ist also ein Geschäft – ein Geschäft, das die Bedürfnisse der TouristInnen befriedigen muß, ja sich ihnen zu unterwerfen hat. Weil vor allem der internationale Tourismus viel Geld einbringt, ist er ein großes Geschäft. 1978 gaben schätzungsweise 270 Mio. TouristInnen weltweit ungefähr 75 Mrd. US $ aus. Im internationalen Handel soll die Tourismusindustrie an zweiter Stelle nach der Automobilindustrie stehen. Weil Tourismus ein so großes Geschäft bedeutet und folglich die Lobby dieser Industrie sehr stark ist, sind die Regierungen weltweit dazu bereit, sich mit allen zur Verfügung stehenden Mitteln den Bedürfnissen der Tourismusindustrie anzupassen und sie zu befriedigen – selbst wenn bei der Argumentation manchmal sogar die Logik auf der Strecke bleibt. Ein plattes Argument der goanischen Regierung lautet z. B. folgendermaßen: Es gibt immer weniger Minen und die übrige Industrie ist instabil; folglich geht es vielen kleinen Betrieben schlecht und deshalb ist der Tourismus (oder – schlicht und ergreifend – das Volk von Goa, seine Gastfreundschaft, seine Kultur und besonders das Leben der Menschen) das angebetete goldene Kalb.

Die Methode jeder Regierung, die sich entschieden hat, das Potential eines Landes für den Tourismus zu nutzen, ist folgende: Ein großer Teil der Steuergelder wird für die Infrastruktur des Tourismus' oder dafür verwendet, deren Industrie mit der Begründung zu subventionieren, daß sich die Investitionen als Devisenbringer auszahlen und für Beschäftigung und Profite sorgen. So wird also das Land der Menschen gewaltsam aufgekauft, um Hotels mit allem Drum und Dran wie swimming pools, verschiedenen Restaurants für die unterschiedlichen Geschmäcker etc. zu bauen. Die Regierung sagt jedoch nicht, daß die Investitionen in die Tourismusindustrie auf Kosten derer in andere Sektoren, etwa der Landwirtschaft, geht; daß diese Investitionen nicht so beschäftigungsintensiv sind wie in einigen anderen Sektoren und daß die eingenommenen Devisen meistens ins Ausland rückinvestiert werden. Viele dieser Hotels gehören nämlich multinationalen Konzernen, mit denen Abmachungen bestehen, daß Dienstleistungen im Bereich des Managements sowie der Werbung von der goanischen Regierung erbracht und bezahlt werden müssen. Die Gewinne fließen also in die Taschen einiger weniger Geschäftsmänner, während die Menschen von ihren traditionellen Stätten vertrieben werden.

So wird der Tourismus zur beherrschenden Industrie und zum einzig erstrebenswerten Ziel. Wenn so viel Geld aus der Staatskasse in den Tourismus gepumpt wird, dabei aber verhältnismäßig wenig Jobs durch die Tourismusindustrie geschaffen und immer mehr Menschen aus ihrem traditionellen Leben gedrängt werden, dann haben sie keine andere Möglichkeit, als ihren Lebensunterhalt damit zu verdienen, daß sie sich für den Tourismus und die TouristInnen verkaufen. Das ist die ökonomische Seite.

Daneben steht – auf der soziokulturellen Ebene – das »Bombardement« auf die gastgebende Bevölkerung. Wenn die Wirtschaft erst einmal manipuliert und auf den

Indien – Goa Januar 1989 *Foto: Axel Krause*
Protest der Gruppe Bailancho Saad auf dem Samstagsmarkt in Mapusa, der sehr stark von Touristen besucht wird.

Tourismus eingestimmt worden ist, wird alles dafür getan, die TouristInnen wie einen neuen Gott zufriedenzustellen. Wenn die Hotels erst einmal gebaut sind, sind die Regierung und die Hoteleigentümer bestrebt, möglichst viele TouristInnen anzulokken, damit die Tourismusbarone ihre riesigen Profite absahnen können.

Wir haben in Goa Strände, Kirchen und Tempel, wo sich die Menschen aufhalten können. Aber es gibt auch Strände, Kirchen und Tempel in anderen Teilen der Welt. Daraus folgt unweigerlich, daß die TouristInnen mit etwas Besonderem gelockt werden müssen. Wie bereits erwähnt, suchen die TouristInnen von heute Freizeit und Vergnügen und sind oft Flüchtende. Also muß die Kultur so verpackt werden, daß sie die Fremden anspricht. Die Kultur muß verführerisch gemacht werden. Dabei werden die Volkstänze und Volkslieder entstellt. Sie müssen immer wieder zur Unterhaltung der TouristInnen vorgetragen werden, wodurch die Bewegungen sehr mechanisch werden. Es gibt keine Tiefe und keine Bedeutung mehr, weder Spontaneität, noch Authentizität der kulturellen Ausdrucksweisen. Sogar die Feste sind also kommerzialisiert; z. B. die »Carnival floats parade« (Karneval-Floß-Parade). Jetzt wird von den Leuten, besonders von den Frauen bei dieser Parade, erwartet, westliche Tänze aufzuführen und sich selbst auf dem Weg durch die Stadt zur Schau zu stellen. Für diese Parade wurde als Touristenattraktion geworben. Von den TouristInnen wird erwartet, daß sie die vorbeimarschierenden Menschen wie Affen im Zoo angaffen; obendrein bekommen sie einen falschen Eindruck von den goanischen Frauen. Ein Erfolg des hartnäckigen Widerstands war, daß die Karneval-Parade in den letzten drei Jahren entweder nicht oder nur in abgeschwächter Form als Stockcar-Rennen abgehalten wurde.

Aber es gibt andere Festivals, die kommerzialisiert werden. Wenn die kulturellen Ausdrucksweisen des Volkes nicht mehr spontan und authentisch, sondern manipuliert, kontrolliert und entstellt werden, verlieren die Menschen langsam ihr kulturelles Rückgrat.

Der Opferstatus auf der ökonomischen Ebene und der Verlust der Würde aufgrund der kulturellen Erniedrigung ergibt wegen des Tourismus' und für den Tourismus einen idealen Nährboden für die Prostitution. Und genau das geschah in so vielen asiatischen »Dritte-Welt-Ländern«; auch in Goa fängt es schon an. In den Hotels, die keine Sterne-Hotels sind, und in den Hütten wohnen Migrantinnen, meist aus dem benachbarten Bundesstaat Karanataka, die als Prostituierte arbeiten. In den Sterne-Hotels gibt es die Callgirl-Prostitution. Es gibt Alben mit Photos von Frauen, und der Tourist muß aus diesen Alben seine Wahl treffen. In den Sterne-Hotels gibt es auch Massagesalons, die nichts anderes sind als Fassade für Prostitutionsbetriebe. Wenn die Massagesalons mit Massagemädchen zwischen 18 und 25 Jahren werben, ist ziemlich offensichtlich, was dahintersteckt. Die Werbung für den Tourismus, die entweder von der Regierung oder von den großen Hoteleigentümern betrieben wird, ist wiederum so entworfen, daß sie auf die Verfügbarkeit von Frauen hinweist. Folglich zeichnet sich der angeworbene Tourist dadurch aus, daß er Frauen will. Und die goldene Regel der Regierung ist, den Touristen niemals zu enttäuschen. Konsequenterweise muß der Tourist mit Frauen versorgt werden. Einige Hotels achten sogar darauf, daß ihre Rezeptionsdamen selbst als Prostituierte arbeiten.

Ich kann Ihnen keine Statistiken über die Ausmaße der Prostitution in den Sterne-Hotels geben, ganz einfach, weil solche Statistiken sehr schwierig zu bekommen sind. Es gibt keine Polizeiberichte, weil die Polizei in den Sterne-Hotels keine Razzien durchführt. Während Frau Margaret Alva in ihrer Einführungsrede auf dieser Konferenz zugab, daß es Prostitution in Goa gibt, die mit dem Tourismus zusammenhängt, bleibt das Tourismusministerium der indischen Regierung dabei, dies zu leugnen. Offensichtlich arbeitet die Bürokratie Hand in Hand mit den Tourismusbaronen. All dies verdeutlicht, daß der Tourismus immer mehr organisiert und institutionalisiert wird. Auf lange Sicht ist es selbstverständlich, daß die patriarchalen und anderen Werte, die Ausbeutung und Unterdrückung fördern, abgeschafft werden müssen und das ganze System völlig verändert werden muß.

Was wir aber sofort tun können, um diesem Ziel näher zu kommen, ist folgendes:

1. Notiz nehmen von der sexistischen Tourismuswerbung, die in Ihren Zeitungen und Magazinen erscheint und dagegen protestieren. Verlangen, daß Plakatwände entfernt werden, auf denen in sexistischer Weise für den Tourismus geworben wird.
2. Ihren Protest im Büro des Tourismusministeriums der indischen Regierung, Ihres jeweiligen Bundesstaates oder Landes melden. Ihren Protest, der sich gegen die Folgen richtet, die der Tourismus für die Menschen in Goa, speziell für die Frauen hat, und besonders Ihren Protest gegen die Goa-Broschüre des Tourismusministeriums kundtun.
3. Die Medien in Ihren jeweiligen Regionen nutzen, um die Verflechtung zwischen Tourismus und Prostitution zu erklären, sowie Protestbriefe an die HerausgeberInnen Ihrer Zeitungen und Magazine schreiben und Artikel verfassen.
4. Eine spezifische Gesetzgebung gegen sexuelle Belästigung am Arbeitsplatz fordern.
5. Uns helfen, eine Lobby zu schaffen, um dieses Problem im Parlament zum Thema zu machen.

6. Uns auf dem laufenden halten: sowohl über jegliche sexistische Werbung in Ihren Regionen, die den Tourismus in Goa fördern, als auch über Ihre Aktionen, um den Kampf zu unterstützen.

Übersetzung: *Gesine Meerwein*

»Sanfte« Touristen wandten sich in einer Petition an die Verantwortlichen:

An den Minister für Tourismus, den Ministerpräsidenten und den Direktor des Tourismus-Büros der Regierung von Goa in Panjim

Sehr geehrte Herren,
Baga macht uns glücklich. Baga macht uns glücklich, weil die St. Anthony's Bar & Restaurant, das Sea Pearl und die anderen goanischen Familien uns Touristen bringen. Wir sind glücklich in Baga, weil wir durch gute, hausgemachte goanische Küche auch etwas über die Kultur von Goa erfahren. Wir sind glücklich, weil die Gastfreundschaft und Wärme Goas mit uns direkt geteilt wird. Was uns aber am glücklichsten macht, ist, daß wir diesen Reichtum in der einfachen Umgebung des natürlichen Lebensstils der Menschen von Baga erleben. Sie sind eine zufriedene Mischung aus Menschen, deren Kultur und Natur besser nicht sein könnte.
Aber wir hören, daß unser Glück nicht von langer Dauer sein soll. Mit Traurigkeit nehmen wir zur Kenntnis, daß an diesem schönen Ende von Baga 7 Familien von ihrem Land vertrieben und abgedrängt werden sollen. Wir hören, daß das mächtige Monster des Luxus-Tourismus drauf und dran ist, die hilflosen Menschen, die Baga so bekannt gemacht haben, zu verjagen.
Wir möchten Ihnen, meine Herren, sagen, daß neben den 7 Familien auch wir vom Monster des Luxus-Tourismus vor Angst vertrieben werden. Jedes Jahr sind wir hierher gekommen, um dieses schöne Fleckchen Erde, seine Wärme und die Gastfreundschaft der hiesigen Menschen zu genießen. An Luxustourismus oder dem 5-Sterne-Lebensstil sind wir nicht interessiert; davon haben wir genug in unseren Städten überall in Indien oder anderswo auf der Welt.
Unsere weltweite Erfahrung zeigt, daß der Luxus-Tourismus nur zerstörerisch wirkt. Er verwüstet die Schönheit der lokalen Gegebenheiten und die Ökologie der Küste. Er verschmutzt und korrumpiert die lokale Kultur und die Gastfreundschaft, vor allem aber verschluckt der Luxus-Tourismus die Kleinen, die Armen und die etwas abseits Lebenden, die vom herkömmlichen Tourismus profitieren können.
Falls Sie sich um das Wohl dieser 7 Familien kümmern, falls Sie Sorge tragen für die einfachen Menschen, die vom Tourismus leben, falls Sie sich um einen ausgewogenen Tourismus in Goa bemühen und falls Sie sich für *uns* Touristen, unsere Bedürfnisse und Meinungen interessieren, dann, meine Herren, bitten wir Sie inständig, dieses Monster des Luxus-Tourismus zu kontrollieren.
Wir bitten Sie, St. Anthony's Bar & Restaurant, das Sea Pearl und die anderen Familien, die sich um die Touristen kümmern, an ihren momentanen Standorten zu belassen. Der natürliche Charme und die Schönheit von Baga würde zerstört werden ohne diese einfachen Menschen. Diese Menschen haben hart

gearbeitet, um Baga bekannt zu machen; es wäre sehr ungerecht, sie nun zu vertreiben und die Früchte ihrer Arbeit durch die Monster des Luxus-Tourismus ernten zu lassen. Das Leben und der Lebensunterhalt der Menschen steht auf dem Spiel. Ohne diese Menschen und deren Häuser an der momentanen Stelle wird Baga nie mehr so sein wie bislang, und viele Touristen, so wie wir, werden nicht wieder oder überhaupt nicht kommen.
Für die Liebe von Goa, von Baga und den genannten 7 Familien und für die Liebe zum Tourismus und uns Touristen hoffen wir, daß Sie diese schöne, bezaubernde und paradiesische Ecke Goas nicht verändern werden.

Mit hoffnungsvoller Hochachtung,

Übersetzung: Claus Euler

Goa – Januar 1989 *Foto: Axel Krause*
Die Landbesitzerin Josephine Lobo (57) kämpft seit Jahren gegen die Expansion des Luxushotelkomplexes Fort Aguada Beach Resort. Das Hotel gehört der TAJ-Group und versucht, mit einer Politik der Nadelstiche Frau Lobo ihr Grundstück abzujagen.

»Der Bau von Luxuswohnungen geht zügig voran« *(Foto: Asun Garcia)*

Ludmilla Tüting

Trekkingtourismus in Nepal

Das »Annapurna Conversation Area Project« als hoffnungsvoller Ansatz

Zwei fesche Bayern kommen den Weg hochgetrabt, die Räder auf den Schultern. Für Nepalis sehen sie recht sonderlich aus: bunte, hautenge, windschlüpfrige Hosen und Hemden, ein modischer Mini-Rucksack auf dem Rücken. Bestens geeignet für eine Rennstrecke in Europa, jedoch für »Mountainbiking« im Himalaya allein schon aus klimatischen Gründen völlig daneben. Die Ideale des Mountainbiking: »Kreuz und quer. Mit Kraft, Geschick und 18 Gängen. Fahren, wo andere zu Fuß gehen. Weitermachen, wo andere schlappmachen. Zulegen, wo andere aufgeben.«[1] Ein unverantwortlicher Werbetext, umweltschädlich (»kreuz und quer«) und verlogen obendrein, denn in Wirklichkeit kann man meistens eben *nicht* fahren, wo andere zu Fuß gehen. Insbesondere im Himalaya sind die Wege und Pfade viel zu schmal, steinig oder voller Stufen und zu steil. Sie sind für Menschen und Tiere gemacht, aber nicht für Räder. In den Alpen übrigens auch, sieht man von Forststraßen ab. Obendrein erschrecken die Mountainbiker häufig Tiere und Wanderer, über die sie höhnen: »Wanderpuristen, die ihre bergsteigerische Leistung nicht durch einen Radfahrer geschmälert wissen wollen.«[2]

Das Höchste der Gefühle sind derzeit Gipfelbesteigungen (besser »Betragungen«) mit dem Fahrrad. Großglockner, Mt. Everest und Kilimanjaro sind bereits »bezwungen«. Eine Fahrt auf der Straße von Kathmandu nach Lhasa mit fünf um 5000 m hohe Pässen kann bereits als Pauschalreise gebucht werden. Vor allem in der Alpinpresse wird ebenso regelmäßig wie reißerisch darüber berichtet.

Offensichtlich haben in unserer technisierten, gefühlskalten Gesellschaft immer mehr Menschen das Bedürfnis, sich wenigstens durch den Urlaub Anerkennung zu verschaffen. Entsprechende Berichte, Werbung und Reiseangebote (bis hin zur Besteigung von zwei Achttausendern auf *einer* Reise) heizen das Leistungsdenken im Urlaub zusätzlich an. In der Alpinszene ist das deutlicher sichtbar als in jedem anderen Freizeitbereich!

In Großstädten machen mit steigender Tendenz Kinder und Jugendliche durch lebensgefährliche Manöver auf fahrenden S-Bahnen von sich reden und hängen sich an die Dachfirste von Hochhäusern. Das Gebirge – wohl dem, der eines vor der Haustür hat – eignet sich zu anderen tollkühnen Unternehmen. Ist der Unterschied zu waghalsigen Klettermanövern oder Steilwand-Skiabfahrten, um nur zwei Beispiele zu nennen, wirklich so groß? Dramatisch als »letzter Wahnsinn« wird Hydrospeedfahren angekündigt: endlich kann man ohne Boot, dafür auf einer Art Surfbrett durch Stromschnellen, Wirbel und Wasserfälle schießen! Umweltfreundlich, nervenkitzelnd, abenteuerlich, ganz im Trend... Eine 1986 in London veröffentlichte Studie fand heraus, daß von 30 Expeditionsbergsteigern im Himalaya einer umkommt.

Bergsichten während des Treks *(Foto: Ludmilla Tüting)*

Nicht erfaßt (typisch) wurden die rund 200 Träger, die allein in Nepal der Heroisierung des Bergsports zum Opfer fielen.

Bergwandern und Bergsteigen sind »ein Medium, in dem Bewegungsdrang, Naturkontakt und Gruppenerlebnis ebenso im Mittelpunkt stehen wie Ich-Erlebnis, Verantwortungsbewußtsein und Kreativität«, stand in den »Mitteilungen des Deutschen Alpenvereins (DAV)« vom April 1989 zu lesen. Gleichzeitig wimmelte es in dieser Ausgabe von Beispielen des Leistungskults, insbesondere, was das Freiklettern betrifft. Zum Glück für die Natur werden viele Wettbewerbe um den besten Kletterer jetzt in Hallen ausgetragen, aber was haben diese »Spielformen« noch mit naturverbundenem Bergsport zu tun?

An anderer Stelle im selben Heft stellte der Lehrer und Extrembergsteiger Richard Goedeke die »Wichtigkeit von Leistung aber auch grundsätzlich in Frage«. Er habe gelernt, daß »wir besonders intensiv erleben können, wenn wir deutlich *unter* unserer Leistungsgrenze« bleiben. Auch seine nachfolgenden Worte beschreiben vortrefflich, wie Bergsport in den Alpen oder im Himalaya erholsam und sanft zugleich betrieben werden kann:

> »Ich möchte die Vielfalt des persönlichen Erlebens in seinen menschlichen, ökologischen und ästhetischen Dimensionen betonen: gemeinsam mit Menschen, die wir schätzen, unterwegs zu sein. In Harmonie mit Wildnis oder naturnaher Landschaft, die uns mit reiner Luft und sauberem Wasser sowie mit ihren Gesetzen und Rhythmen immer wieder Maßstäbe zu erfahren gibt, wie auch unsere zivilisatorische Umwelt aussehen könnte (und sollte). In einer Welt

ohne rechten Winkel und Lineal, an gewaltiger Architektur, immer wieder neu verzaubert im Wechsel von Wetter und Licht und Farben.«

Unsere beiden Bayern aber gehören zu den »Hochleistungs-Individualisten«, die ihre Anstrengungen und ihren Leidensdruck hochschrauben müssen, um ein Glücksgefühl erleben zu können. Erst wenn sie an ihre »Grenzen gestoßen» sind, erreichen sie den »Triumph, etwas Besonderes geleistet» zu haben. Von ähnlichen Ambitionen (»ich war der schnellste«) lassen sich auch viele Trekker treiben, wobei sie ihre Umgebung kaum wahrnehmen. Obendrein sind sie häufig unerfahren und müssen sich durch ihre falsche Gehweise mit allerlei Wehwehchen herumschlagen. Genußvoll und langsam wandernde Touristen stellen die absolute Minderheit dar! Nur diese sind in der Regel nicht rein konsumorientiert, haben sich vernünftig vorbereitet und verfügen über gute Kenntnisse des Landes. Die meisten Hochgebirgsbergsteiger interessiert nur die »Trophäe«: der Gipfel, obwohl heilig und Sitz der Götter. Am liebsten auf der schwierigsten Route zur schlechtesten Jahreszeit. Um so besser läßt sich anschließend der Heldengesang aus der »Hölle« vermarkten. Das Land ist dabei austauschbar.

Man verfolge nur aufmerksam Bergsteiger-Geschichten und achte dabei auch auf die militante Sprache, die überhaupt nicht mit der Natur und einer harmonischen Bergwelt in Einklang zu bringen ist! Die ständig verwendeten Begriffe »Kampf«, »Belagerung«, »Angriff«, »Gipfelsturm«, »Sieg«, »der Gipfel ist gefallen«, »bezwungen« und »erobert« erinnern vielmehr stark an Kriegsschauplätze. Nahezu eine Perversion ist der Buchtitel »Sturm auf die Throne der Götter«,[3] der dazu noch aus einer Zeit stammt, in der kein einziger Nepali jemals auf die Idee gekommen wäre, einen Gipfel zu betreten. Erst nach der politischen Öffnung ihres Landes im Jahr 1951 ließen sich einige von ausländischen Bergsteigern dazu verführen. Aber auch von ihnen nähert sich dem Berg heute niemand, ohne nicht vorher ein Opferfeuer zur Besänftigung der Götter entfacht zu haben.

Gibt es dennoch Tote unter ihnen, werden sie nicht selten zur Dramatisierung eines »Expeditions*erfolges*« mißbraucht: »Ein atemberaubendes Unternehmen, das auch am Tod von sechs Trägern nicht scheiterte.«[4] Beispiele gibt es in Hülle und Fülle!

Weil in der Herbstsaison 1988 besonders viele Bergsteiger den Mt. Everest »bezwangen«, bezeichneten ihn einige Zeitungen als »leichten« Berg. Das machte sogar das unkritische nepalische Touristenmagazin »Nepal Traveller« stutzig: »Kann man von ›leicht‹ reden, wenn sieben Menschen ihr Leben verlieren, um 23 auf den Gipfel zu bringen?«

Leider ist noch nie eine gründliche Studie zu diesem Thema angefertigt worden, die gleichzeitig das Sprachverhalten (die Einstellung) der »Poeten des Abgrunds«, so ein Buchtitel, untersuchte. Das Ergebnis wäre niederschmetternd, könnte aber mit Sicherheit zu einer Verbesserung der Situation beitragen.[5]

Mit der Umwelt wird nicht minder egoistisch und rücksichtslos umgegangen. In den Basis- und Hochlagern wird der Müll gleich tonnenweise zurückgelassen, aber seit einigen Jahren von Freiwilligen (Nepalis und Ausländern) manchmal weggeräumt. Expeditionen ist vorgeschrieben, keine Latschen zu schlagen, nur Kerosin zu verwenden und die Camps sauber zu hinterlassen. Doch daran halten sich die Teilnehmer aus den »zivilisierten« Länder dermaßen wenig, daß sofort darüber berichtet wird, sollten sie es doch einmal tun! Sollte das nicht genau umgekehrt sein?

Auch die jährlich 50000 Trekking-Touristen hinterlassen deutliche Spuren. Manche Wege sehen heute aus, als seien sie für eine Schnitzeljagd präpariert – mit rosa Toilettenpapier. Gravierender ist der Verbrauch von Feuerholz. Eine durchschnittli-

Schild, das während einer Clean-Up Kampagne aufgestellt wurde *Foto: Ludmilla Tüting*

che Trekkinggruppe benötigt davon in zwei Wochen soviel wie eine einheimische Familie in einem halben Jahr, eine Expedition häufig den Bedarf von Jahren.[6] Wie hoch die Belastung durch die hohe Zahl der IndividualtrekkerInnen ist, läßt sich nur schwer abschätzen, da sie meistens von Einheimischen – gegen Bezahlung – mitverpflegt werden. Auch Lodges (Gasthäuser) werden aus Holz gebaut. Dazu kommen Bettgestelle, Tische und Stühle, Einrichtungen, die die Bergbewohner höchst selten brauchen. Unverständlich und unverantwortlich sind Lagerfeuer, so romantisch sie auch sind. Im Everest- und Annapurnagebiet werden sogar mit Holz betriebene heiße Duschen angeboten, Luxus, den sich die Bergbewohner selbst nicht erlauben können.

Ein Thema für sich ist das völlig respektlose Verhalten gegenüber der Kultur, Religion und den Moralvorstellungen. Die Mißachtung der Sitten und Gebräuche zeigt sich besonders häufig und deutlich in der Kleidung. So schön es auch ist, Sonne und Luft am Körper zu spüren, so bleibt es doch eine arrogante Unverschämtheit, (nicht nur) im Himalaya halbnackt herumzulaufen. Nicht eine einzige Frau würde sich dort jemals mit nackten Beinen zeigen! Auch Männern stünde es gut an, mehr als nur ein kurzes Höschen zu tragen, und sei es noch so heiß. Nehmen das die TouristInnen nicht wahr? Oder die Reiseveranstalter? Es ist unverantwortlich, in den Katalogen Trekkerinnen mit nackten Beinen abzubilden, schlimmer noch: sogar die eigene Reiseleiterin in kurzen Shorts und mit knappem Leibchen.[7] »Aufreizende« Kleidung beschämt die Frauen, insbesondere die älteren, und animiert die Männer, die westliche Frauen auch aus diesem Grund als Freiwild anzusehen. Selbst wenn sich Touristinnen richtig verhalten, werden sie deshalb in den Städten zunehmend häufiger »angemacht«. Früher war das in Nepal völlig unbekannt!

Abfall einer Trekkinggruppe im Machhapuchhare Base Camp *Foto: Ludmilla Tüting*

Mit all diesen Mißständen soll jetzt Schluß sein, zumindest in der Trekkingregion, in die es 35000 der 50000 TrekkerInnen[8] jährlich zieht, in das Annapurnagebiet. Bevor die Müllberge das Achttausender-Massiv zu ersticken drohen und die letzten Bergwälder in den Feuerstellen verheizt werden, zogen nepalische Ökologen die Notbremse. Gleichzeitig rauben sie all jenen die Illusion, die da glauben, Modesportarten wie Motocross, Gleitschirmfliegen, Helikopter-Skiing, Snowboard und Monoski (»Surfen im Schnee«) und Alm-Autosafaris ließen sich langfristig auch hier einführen. Denn das Gebirge ist kein künstlich geschaffener Spiel- oder Fitneßraum, dessen Kapazität sich beliebig den Wünschen der Benutzer anpassen läßt. Es ist vielmehr ein lebendiger Organismus, der sehr sensibel auf alle Störungen reagiert, wenn auch – leider – in der Anfangsphase nicht immer sichtbar.

Das Annapurna Conservation Area Project (ACAP)

Obgleich ausländische Berater mehrfach vorgeschlagen hatten, im Annapurna-Gebiet einen Nationalpark nach westlichem Muster zu errichten, entschieden sich die nepalischen Experten nach einer eigenen, sorgfältigen Studie dagegen.[9] Die Bevölkerung hatte deutlich ihre Ängste vor Fremdbestimmung und einem geschlossenen Park artikuliert, gleichzeitig aber hohe Motivation und Bereitschaft gezeigt, bei der Ver-

Trekking-Touristinnen **müssen** *im Himalaya ihre Beine bedecken* *Foto: Ludmilla Tüting*

besserung ihrer Lebensgrundlagen aktiv mitzuarbeiten. Nationalparks nehmen der alteingesessenen Bevölkerung in der Regel den Zutritt und verbieten ihnen die Nutzung ihres traditionellen Lebensraumes, der ihnen u. a. Holz und Viehfutter gibt.

Wer schützt die »Erforschten«?
Völkerkunde und Datenschutz

Es ist bedauerlich, daß es für Forschungsergebnisse von Anthropologen und Ethnologen keinen Datenschutz gibt. Sherpas aus Nepals haben noch immer nicht den Gedanken aufgegeben, als Opfer eines Anthropologen vor den Weltgerichtshof in Den Haag zu ziehen.
Ein renommierter Wissenschaftler, der seit Jahrzehnten im Himalaya forscht, gab 1984 ein neues Buch über diese Volksgruppe aus Nepal heraus. Darin beschrieb er die gesellschaftlichen Veränderungen seit 1953, die stark mit dem Trekkingtourismus zusammenhängen. Im Anhang veröffentlichte er dazu eine Liste, in der er detailliert über 93 Familien eines bekannten Bergdorfes im Everest National Park Auskunft gibt. Angegeben sind Lage des Hauses, die vollen Namen, der Status, Besitzverhältnisse und sämtliche, auch intime Probleme der einzelnen Familienmitglieder.
Um diese unglaubliche Rücksichtslosigkeit und Geschmacklosigkeit noch zu steigern: Die Angaben sind z. T. schlicht und ergreifend falsch und da von negativer Aussage, rufschädigend obendrein.
An was fehlt es hier, an Takt, Gehirnzellen oder Berufsethik?

–tü–

Ein typisches Gurung-Dorf, hier Ghandruk *Foto: Ludmilla Tüting*

ACAP dagegen beteiligte die Bewohner von Anfang an bei der Planung und Durchführung, nutzte ihre Kenntnisse und jahrhundertealten Erfahrungen und richtet sich im wesentlichen – mit fachlicher Unterstützung – nach ihren Wünschen und Bedürfnissen. So ist es »ihr« Projekt, mit dem sie sich identifizieren können und für das sie Mitverantwortung tragen. Ein Erfolg steht gleichbedeutend für ihre verbesserte, täglich spürbare Lebensqualität und nicht – wie sonst üblich – für beschönigte Statistiken eines Abschlußberichtes, der die Geldgeber überzeugen muß, aber mit der Realität wenig zu tun hat.

ACAP ist ein innovativer Entwicklungsplan, der Naturschutz direkt mit der Verbesserung der menschlichen Lebensbedingungen verbindet. Hier wird die Erkenntnis umgesetzt, daß Natur und Kultur nur dann erfolgreich geschützt werden können, wenn sich *zuerst* die wirtschaftlichen Verhältnisse der Bewohner verbessern. Das Projekt beruht auf einem ganzheitlichen Konzept, das die Bedürfnisse der Bevölkerung, der Besucher aus aller Welt und der natürlichen Umwelt in Einklang bringt. Unterstützt wird dabei die Entwicklung von kleinen, ökologisch gesunden Projekten, die den Lebensstandard heben und die natürlichen Ressourcen nutzen und erhalten.

Der Tourismus ist integraler Bestandteil des Projektes. Abgesehen davon, daß bereits viele Bewohner wirtschaftlich von ihm abhängig sind, trägt er nun auch wesentlich zur Finanzierung des Projektes bei. Als Verbraucher im wahrsten Sinne des Wortes zahlen alle ausländischen Besucher eine Benutzungsgebühr (User's fee), die mit unserer Kurtaxe vergleichbar ist und rund 15 DM beträgt. Damit können die Verwaltungs- und Durchführungskosten weitgehend gedeckt werden. Zusätzliche Einnahmen kommen durch den Verkauf von attraktiven T-Shirts und dem Gewinn

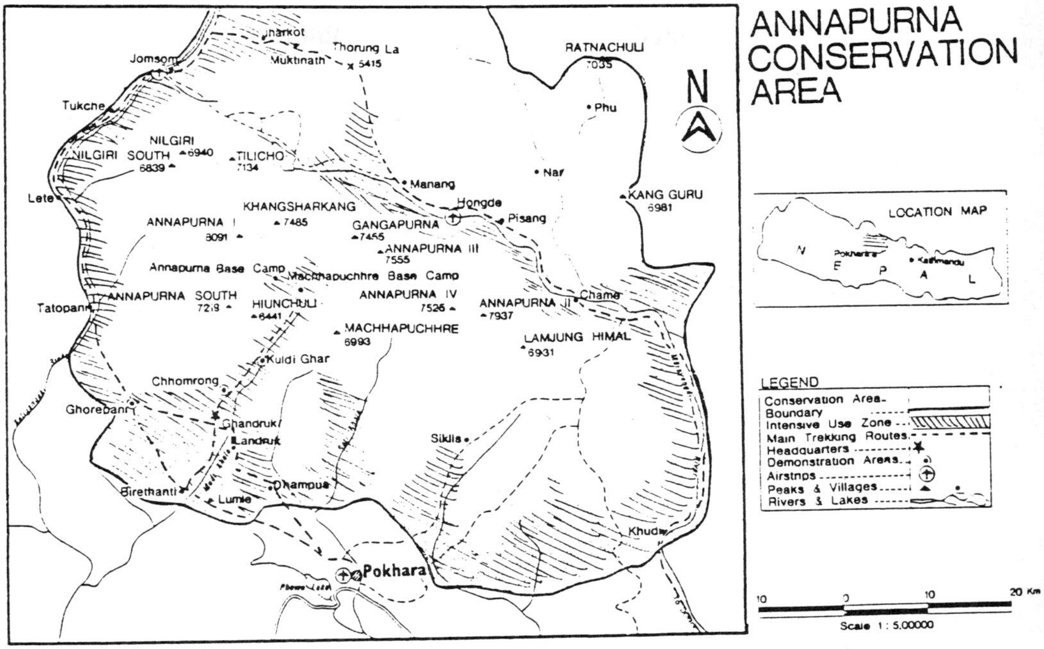

Karte von Dhruba Koirala
Quelle: Annapurna Conservation Area – Operational Plan
Das beschriebene Gebiet zieht sich von Birethanti bzw. Ghorepani nordöstlich hoch zum Annapurna Base Camp, das im Annapurna Sanctuary (4200 m ü.d.M.) liegt. (Die »Base Camps« sind **keine** *Basislager für Expeditionen.)*

aus einer Lodge (Gasthaus) herein. Gleichzeitig wird die touristische Infrastruktur enorm verbessert, so daß die Besucher auch selbst davon profitieren. Beurteilen können das freilich nur »Wiederholer«, die vergleichen und den Fortschritt beobachten können. Die ersten zweieinhalb Jahre wurden finanziell vom WWF/USA und vom King Mahendra Trust für Nature Conversation (KMTNC) – siehe Kasten – genau: von dessen englischer Unterstützergruppe mitgetragen.

Der
King Mahendra Trust for Nature Conservation ist eine Nicht-Regierungsorganisation /NRO (Non Governmental Organisation/NGO), die 1982 in Kathmandu gegründet wurde. Sekretär ist Dr. Hemanta Mishra, Präsident Gyanendra Bir Bikram Shah, ein Bruder des Königs Birendra. Der Trust wird von »Ablegern« in den USA, in England, Frankreich, Japan und seit 1989 auch in der Bundesrepublik ideell und finanziell unterstützt.

Das
Annapurna Conservation Area Project (ACAP) ist ein Projekt des King Mahendra Trusts, arbeitet aber weitgehend autonom. Direktor ist Mingma Norbu Sherpa, der frühere Leiter des Everest National Parks. Er studierte in Neuseeland und Kanada das Management of Natural Resources. Für seine her-

vorragende Arbeit wurde er 1988 vom König mit der Gorkha Dakshin Bahu Medaille ausgezeichnet.
Dr. Chandra Prasad Gurung ist der Chief of Conservation Education. Er studierte in Thailand und auf Hawaii und ist spezialisiert auf People's Participation. Er stammt aus dem Projektgebiet.
Beide ergeben ein ideales Gespann, das sehr engagiert und ideenreich arbeitet. Es ist geleitet von einer konsequenten, ökologischen (ganzheitlichen) Denkweise, das Entwicklung im westlichen Stil ablehnt. Daher will und kann man in Zukunft auch weitgehend auf westliche BeraterInnen verzichten.

Das Herzstück des Programms ist die Umwelterziehung (Conservation Education), was für die einheimische Bevölkerung, Touristen und Politiker gleichermaßen gilt!

Das Projekt wurde im September 1986 als Experiment begonnen und sehr langfristig angelegt, damit es langsam wachsen und sich gesund entwickeln kann. Der Erfolg der ersten Jahre ist trotz einiger Rückschläge überwältigend! Die Strategie bleibt flexibel, um jederzeit mit neuen Erfahrungen korrigierend eingreifen zu können. Die erste Stufe dauert fünf Jahre und umfaßt ein 800 km^2 großes Gebiet an der Südseite des Annapurna-Massivs. Ein Schwerpunkt ist dabei das beliebte Wandergebiet ins Annapurna Sanctuary, auf das gleich noch ausführlicher eingegangen wird. Derzeitiger Hauptsitz des Projekts ist das Bergdorf Ghandruk (Ghandrung), in Kürze kommt ein Ableger in Siklis hinzu. In der zweiten Stufe erfolgt dann die schrittweise Ausdehnung auf das gesamte Gebiet »rund um die Annapurna« (2600 km^2) mit weiteren Hauptsitzen in Manang, Marpha oder Jomsom und Pokhara (siehe Karte).

Im Projektgebiet leben rund 40000 Bergbauern und Bergbäuerinnen, die überwiegend den Volksgruppen der Gurung, Thakali, Magar, Manangi und Tibeter angehören und eher Buddhisten als Hindus sind bzw. Mischformen pflegen. Dazu kommen noch eine Reihe von reinen Hindus (Brahmanen und Chhetris). Sie betreiben hauptsächlich Subsistenzwirtschaft und sind Hirten oder Händler. Seit Ende der siebziger Jahre spielt der Tourismus eine zunehmend bedeutende Rolle, da viele eine Lodge oder einen Teashop eröffneten und als Träger und Führer einstiegen.

Das Annapurna Sanctuary

In dem Panchayat (Verwaltungsbezirk) Ghandruk, auf den hier näher eingegangen wird, leben rund 7500 Menschen, überwiegend Gurung. Die Frauen kümmern sich um die Familie, den Haushalt und die Landwirtschaft, die Männer um Politik und um Bargeld. Viele von ihnen sind Berufssoldaten (Gurkhas) in der nepalischen, indischen und britischen Armee. Die Auslandsgurkhas bringen durch Gehälter und Pensionen wichtige Devisen nach Nepal, durch einen größeren Erfahrungsschatz und regelmäßiges Einkommen einen – im Vergleich zu anderen Bergregionen in Nepal – kleinen Wohlstand in ihre Dörfer. (Bei dem Begriff »Wohlstand« dürfen keinesfalls westliche Maßstäbe angelegt werden!)

In diesem Gebiet liegt ein Wegenetz, über das jährlich rund 16000 Touristen das berühmte Annapurna Sanctuary ansteuern, ein atemberaubendes Amphitheater in 4200 m Höhe. Das Panorama bilden eine ganze Reihe von Sechs-, Sieben- und Achttausendern, darunter mehrere Annapurna-Gipfel und der heilige Machhapuchhare, das »Matterhorn Nepals«. Dieses Meisterwerk der Natur liegt nur vier bis fünf Wandertage von Pokhara, dem zweitgrößten Touristenort Nepals, entfernt. Das besondere an diesem Gebiet ist, daß es in der oberen Hälfte – im Gegensatz zum restlichen Himalaya – unbesiedelt ist.

Wenige Stunden oberhalb von Ghandruk (2000 m) liegt das letzte Dorf, Chhomrong. Ab hier gibt es nur noch einen einzigen Weg, der durch die wilde Schlucht des Modi-Flusses in zwei bis drei Tagen zum Sanctuary führt. Ursprünglich wurde dieses Natur-Heiligtum nur als Sommeralm genutzt, das der mächtige Schutzgeist Pujinim Barahar bewacht. Um es rituell rein zu halten, wurden bestimmte Vorschriften streng eingehalten: Menschen aus niedrigen Kasten und Frauen (...) durften nicht hinein, unreine Nahrung wie Fleisch, Eier und Knoblauch mußten zurückbleiben. Wurden diese Tabus gebrochen, befürchtete man Naturkatastrophen. Ab einem bestimmten Punkt, an dem heute noch ein Natur-Tempel steht (kurz hinter Dhovan), war es verboten, Tiere zu töten. Dadurch war das Sanctuary ein geschütztes Paradies für wilde Tiere, darunter Himalaya-Bären, Rote Pandas und Schneeleoparden.

1956 betrat der erste Ausländer gegen den Willen der Leute in Ghandruk die Schlucht oberhalb des Naturtempels. Die Bewohner von Chhomrong hatten sich überreden lassen, bestanden jedoch darauf, daß er alle Tabus beachtete und z. B. vier Dutzend Eier zurückließ. Der Brite und spätere Erfinder des Trekking-Tourismus in Nepal, Oberst J. Roberts, war auf der Suche nach einem Zugang zum Machhapuchhare. Ein Jahr später rückte er erneut an, dieses Mal mit einer kleinen Expedition, um den heiligen Berg erstmals zu besteigen. Weil er nun auf verstärkten Widerstand der Bevölkerung stieß, ließ er durchblicken, daß er für die Rekrutierung der freiwilligen Soldaten in der britischen Armee zuständig sei. Künftig würden weniger Männer aus Ghandruk damit Erfolg haben... Die Dorfältesten spuckten vor ihm aus und ließen ihn ziehen.

Die Strafe folgte auf dem Fuß. Ein Mitglied mußte mit Kinderlähmung evakuiert werden, die anderen mußten etwa 60 m vor dem Gipfel aufgeben. 1964 erließ die Regierung – mit der Fürsprache eines inzwischen geläuterten Jimmy Roberts – ein offizielles Besteigungsverbot.[10] Ungefähr um diese Zeit kamen die ersten Touristen, aber vorerst nur sehr wenige.

1983 schlug J. Roberts eine fünfjährige Sperre des Sanctuarys vor,[11] damit sich die mittlerweile durch den Tourismus schwer geschädigte Umwelt erholen könne und eine Studie angefertigt werde, deren Ergebnis die künftige Entwicklung bestimmen würde. Zuvor hatte bereits der nepalische Naturschützer und Hotelier Karna Sakya einen Plan vorgelegt, wie das Gebiet oberhalb von Chhomrong am besten zu schützen sei.

1985 lagen die Spitzenwerte der Besucher zwischen März und Juni bereits bei 1500, ohne daß es irgendeine Infrastruktur gab. Zwar waren inzwischen etwa 20 einfache Hütten entstanden, aber die boten nicht viel mehr als ein Dach über den Kopf. Es gab keine Toiletten. Überall lagen »Tretminen«, Toilettenpapier (das Nepalis nicht benutzen) und Abfall herum. Die Natur war zertrampelt und teilweise zerstört, das Wild verschwunden, Rhododendron und Bambus für Kochstellen und Lagerfeuer (auch zum Wärmen) abgeholzt. Raubüberfälle häuften sich, und selbst vor einem Mord an einem Deutschen wurde nicht zurückgeschreckt. Um so erschrockener war die Bevölkerung, die drei junge Männer aus ihren Reihen wenig später überführen konnte. Ein Bürgermeister machte trotzdem die folgende Beobachtung:

> »Die Touristen verhalten sich wie Leute auf der Hochzeitsreise. Sie schauen sich unsere Berge an, nehmen unser Essen zu sich, sitzen um unser Feuer herum, aber sie sehen nicht unsere Probleme. Sie fahren einfach wieder nach Hause und zeigen ihren Freunden schöne Bilder.«

Die Realität: ein ganzes Ökosystem war aus dem Gleichgewicht geraten. Mit hausgemachten Problemen hatten die Bergbauern in der Vergangenheit selbst fertig werden können, nicht jedoch mit all den fremden Einflüssen, die plötzlich von außen auf sie hereingebrochen waren. Neue Beschlüsse der Zentralregierung im fernen Kathmandu und falsche Gesetze, z. B. zur Forstpolitik, brachten ihre traditionellen, bewährten Anbaumethoden und Lebensweisen durcheinander. Die Bevölkerungszahl stieg so stark an, daß immer neue Wälder in Felder umgewandelt werden mußten. Tiefer gelegene Winterweideplätze, Teil eines ursprünglich rotierenden Anbausystems, entfielen, als zwei Ernten im Jahr eingeführt wurden (heute nehmen Aufforstungsgebiete weiteres Weideland weg).

Der völlig unkontrollierte Trekkingtourismus brachte zusätzliche große Belastungen für Boden, Wasser, Wald und die Menschen. Die touristische Umweltverschmutzung betraf die Kultur ebenso signifikant[12] wie die Natur. Insbesondere bei der Jugend sind heute gravierende psychologische Auswirkungen festzustellen. Obwohl in einem reinen Agrarland lebend, will heute kaum noch jemand in der Landwirtschaft arbeiten. Viele Jugendliche orientieren sich ab der Pubertätszeit lieber an westlichen »Vorbildern« und verlieren langsam, aber sicher ihre kulturelle Identität. Die Folgen ihres neuen konsumorientierten Denkens war auch an der steigenden Zahl der Überfälle zu erkennen. (Überfälle sind in Nepal Ausnahmeerscheinungen, werden jedoch auch in anderen Trekkinggebieten deutlich mehr.) Ein anderer starker Einfluß ist Video-Schrott aus Indien und dem Westen, der mit Hilfe eines Generators auch in so manchem Bergdorf (oder bei Besuchen in Pokhara) bislang völlig fremde »Anregungen« zu Gewalt und Sex gibt. Kann man es einigen Drop-outs verdenken, wenn sie in jeder halbnackten Touristin ein freizügiges Objekt sehen? Ihren einzigen Bezug zum Westen, den sie völlig falsch einschätzen, erhalten sie durch Filme, Werbung und TouristInnen.

Die heutigen Drop-outs waren auch die ersten, die als Bettelkinder einschlägige und lohnende Erfahrungen in dieser Region sammeln konnten. (Ihre »Entwicklung« ist nur allzu logisch.) Insbesondere Gruppentouristen verteilen nach wie vor ihre Bonbons, Süßigkeiten und Stifte. Wer nichts gibt, ist ein »bad trekker«. Die Eltern sind meistens überfordert und können das nicht kontrollieren, eine langsam einsetzende Aufklärung in den Schulen zeigt noch keine Früchte. ACAP bittet daher inständig darum, grundsätzlich nichts zu geben.

Natürlich zählen die sog. Disco-Boys zu denjenigen, die – neben »ungebildeten« Dorfbewohnern – gegen das Projekt sind. Noch läßt auch die Kooperation mit einigen einheimischen Trekkingveranstaltern wegen bestimmter Einschränkungen und Vorschriften zu wünschen übrig, aber ein langsames Umdenken hat gleichwohl eingesetzt. (Einheimische Trekkingbüros führen in der Regel die Touren für ausländische Veranstalter durch.) Ein Ärgernis sind aber nach wie vor Gerüchte, die von ihren Trekking Guides im Annapurna-Gebiet verbreitet werden, daß dort nämlich letzten Endes doch ein Nationalpark errichtet werde. Dadurch wird das latent vorhandene Mißtrauen geschürt und das Vertrauen in das Projekt gestört.[13]

Den Veranstaltern wird weiter vorgeworfen: »In an effort to please their clients they allow their clients to dress and act any way they want. Even if the guides know it is wrong!«[14] Eine Auswertung von 700 Fragebögen zeigte 1985[15] auch deutlich auf, daß Gruppen den Trekkinggebieten wirtschaftlich kaum Nutzen bringen (alles wird aus Kathmandu bzw. dem Ausland mitgebracht). Die Lodge-Inhaber sagten übereinstimmend aus, daß Gruppen bei ihnen so gut wie nichts kaufen (selbst der Tee wird vom eigenen Koch serviert). Die Träger würden ausgeschickt, um Holz zu sammeln.

Als Alternative bieten einige Veranstalter jetzt ein sog. Lodge-Trekking an, das jedoch bei Gruppen ab fünf Personen vor allem in der Hochsaison schnell an Grenzen stößt. Im größeren Stil sollten Treks dieser Art deshalb möglichst vermieden werden.

Einzeltouristen werden um keinen Deut besser beurteilt. Zwar beleben sie die Wirtschaft entlang des Treks, aber genauere Untersuchungen ergaben, daß den Lodges unter dem Strich nicht viel übrig bleibt. Zu hoch sind die Kosten für Holz und Nahrungsmittel, die sie selbst einkaufen müssen. Zu sehr lassen sich viele Individualtouristen auch von dem Gedanken leiten: »So billig wie möglich«, ohne jemals einen Gedanken daran zu verschwenden, daß hier *beide* Seiten profitieren müssen. Viele Nepalis können einfach nicht verstehen, daß westliche Touristen wegen eines Unterschiedes von einer Rupie (13 Pfennig) hartnäckig feilschen oder gar die Lodge wechseln. Dieses egoistische Geizhalsdenken löst aber nichtsdestotrotz harte Konkurrenzkämpfe und gelegentlich sogar Konkurse in den Dörfern aus.[16]

Bemerkenswert war auch das Ergebnis, daß fast alle IndividualtrekkerInnen ohne Träger (Arbeitsplatz) wanderten, was sich durch die in diesem Gebiet ungewöhnlich hohe Zahl der Lodges (und der dadurch unnötigen Ausrüstung) erklären mag. Von den erfaßten 700 TrekkerInnen waren 57,8 % auf eigene Faust unterwegs, 42,2 Prozent in organisierten Gruppen. Den höchsten Anteil mit 14 % stellten die Deutschen, gefolgt von Briten (13 %), Franzosen (12,8 %), Amerikanern (10,5 %) und Australiern (9,9 %).

Zusammengefaßt geht es ACAP darum, folgende Probleme ganzheitlich zu lösen:

Umweltprobleme
1. Entwaldung
2. Erosion
3. Überweidung
4. aussterbende Tiere
5. unfruchtbar werdende Böden
6. Umweltverschmutzung
7. Aussterben einer eigenständigen Kultur

Soziale Probleme
1. Verlust der eigenen Werte und der kulturellen Identität
2. hohe Bevölkerungszahl
3. Krankheiten
4. Kriminalität
5. Drogenmißbrauch
6. begrenzte wirtschaftliche Möglichkeiten

Die beiden wichtigsten Zielgruppen

a) die einheimische Bevölkerung
b) Touristen und Tourismusindustrie. Dazu zählen auch die einheimischen Trekkingguides, Köche und Träger sowie Autoren und Verleger von Reise- und Trekkingführern. (Eine Untersuchung des US-Wildland Research Institute bestätigte, daß die Mehrheit der Individualtrekker ihre Informationen aus diesen Büchern beziehen.)

Als besonders harte Nüsse, die es zu knacken gibt, gelten die Staatsdiener in Kathmandu, die sich überhaupt nicht mit dem Gedanken anfreunden wollen, daß die Bergbauern ihre Wälder (wieder) selbst verwalten.

Angesprochen werden auch Nepalis von außerhalb sowie Inder, die im Projektgebiet medizinische Kräuter sammeln, jagen und wildern.

Ein Modell für die ganze Welt

Für das Annapurna Conservation Area Project arbeiten heute rund 30 Leute, davon der überwiegende Teil im Projektgebiet. Was in den ersten zwei Jahren erreicht werden konnte, ist beeindruckend: Die gesamte Infrastruktur, auch die touristische, konnte wesentlich verbessert und die Sicherheit wieder hergestellt werden. Parallel dazu laufen verschiedene Forschungsprojekte über die Tier- und Pflanzenwelt. Der Deutsche Entwicklungsdienst (DED) baute eine Wetterstation, damit langfristig Daten zur Verfügung stehen. Eine kleine Zeitung (auf Nepali) informiert vor Ort über die Umwelt und die Arbeit von ACAP. Andere Projekte in Nepal werden mit fachlichem Rat unterstützt. Über Funkkontakt, dem einzigen direkten Draht zur Außenwelt, können die Mitarbeiter aller Schutzgebiete und Nationalparks täglich miteinander kommunizieren, Erfahrungen austauschen und Neuigkeiten mitteilen. (Eine wichtige Einrichtung, die das Gefühl der Isolierung etwas verringert.).

Die einzelnen Aktivitäten im Annapurnagebiet sind so zahlreich, daß hier nur auf die wichtigsten eingegangen werden kann. Sie sind in diesem Beitrag zwecks besserer Übersicht in drei Sparten aufgeteilt: Bevölkerung, Bevölkerung und Touristen, Touristen. Gemeint ist damit der Nutzen, den die jeweilige Gruppe überwiegend davon hat. Letztlich profitieren natürlich immer beide Gruppen von allen Aktivitäten und Errungenschaften, z.B. kommen Aufforstungen langfristig auch den Touristen zugute. Der ACAP-Trekkingführer möchte TrekkerInnen informieren, die dann hoffentlich in größeren Zahlen rücksichtsvoller mit Mensch und Natur umgehen.

Bevölkerung

Es wurden drei Baumschulen eingerichtet und zwei Bauern unter Vertrag genommen, die insgesamt 80000 Setzlinge auf einmal ziehen können. 35000 einheimische Bäumchen wurden von der Bevölkerung bis Herbst 1988 gepflanzt, darunter viele, die gleichzeitig Viehfutter geben. Statt Holzzäunen werden Steinmauern errichtet. Das Holz für den Bau von Lodges, Häusern und Ställen darf nur noch kontrolliert und mit Genehmigung geschlagen werden. Dazu wurde 1987 ein Forest Management Committee gegründet. Die Mitglieder stammen aus dem ganzen Verwaltungsbezirk (Ghandruk Panchayat) und treffen sich regelmäßig. Neben dem Erfahrungsaustausch werden neue Methoden zur sinnvollen Nutzung der natürlichen Ressourcen erarbeitet. ACAP hilft durch fachlichen Rat und die Bezahlung von zwei »Waldpolizisten«.

In der Highschool in Ghandruk wurde das Thema Umwelt in den Lehrplan aufgenommen, aber Conservation Education gibt es jetzt auch für Meinungsmacher und Entscheidungsträger wie Mütter, Lehrer, Priester, Dorfälteste und Lodge-Inhaber, die zwecks langfristiger Motivation zusätzlich zu einer Informationsreise in die Hauptstadt und andere Projekte (Vergleichsmöglichkeit) eingeladen werden. Da die Bevölkerung überwiegend aus Analphabeten besteht, finden Kurse für Erwachsene regen Zulauf. »Mobile Einheiten« ziehen außerdem durch die Dörfer und klären mit Dias über Umweltschutz, Hygiene, Familienplanung usw. auf. Viele Familien errichteten – ihnen bislang unbekannte – Toiletten, wobei ACAP durch einen Kredit hilft.

Bevölkerung und Touristen

Sehr regen Zuspruch fanden und finden Kurse für Lodge-Inhaber, die als Autodidakten ihre Kenntnisse bislang einzig und allein durch Touristen bezogen hatten. Die mehrwöchigen Programme, locker und humorvoll aufbereitet, sind breit gefächert: Kochen, Küchenhygiene, Trinkwasser-Zubereitung, Zimmereinrichtung, Geschäftsführung, Kultur und Touristen, Sicherheit der Touristen, Umweltschutz, Toilettenbau, Abfallbeseitigung, Energiesparen u. a.

Tatsächlich verfügen inzwischen *alle* 41 Lodges oberhalb von Ghandruk über eine Toilette, Abfalleimer und Abfallgruben, eine unendliche Entlastung und Erleichterung, insbesondere für Touristen. Eine ganze Reihe weiterer Lodges in Ghandruk und in der weiteren Umgebung zogen nach. (Durch diesen großen Erfolg beeindruckt begann der Dachverband der Trekkingveranstalter Nepals/TAAN in Zusammenarbeit mit ACAP mit einem eigenen »Sanitation Project«. In den ebenfalls sehr beliebten Trekkinggebieten in Langtang und Khumbu/Everest wird jetzt ebenfalls für Toiletten und Abfallbeseitigung gesorgt.) Dabei verbessert man die Art der Entsorgung, z. B. von Plastik, Schritt für Schritt.

Nun sind die Trekking-Touristen gefragt, die Umwelt zu schützen und die Angebote wahrzunehmen. Das bedeutet beispielsweise für die männlichen Teilnehmer von Gruppen, die in Zelten campieren, Toiletten zu benutzen[17] und für alle, während des Wanderns keinen Abfall an den Wegrand zu werfen. Es ist unglaublich, wie viele Touristen ihr Toilettenpapier, das sie oft anstelle eines Taschentuches benutzen, einfach in die Gegend schmeißen!

Bereits zweimal wurden nach Ende der Saison im Herbst »Clean-up«-Kampagnen unternommen, die von einem Ökologie-Institut aus den USA initiiert wurden. Im Rahmen eines Auslandssemesters für »Ökologie und Dritte Welt« halfen Studentengruppen gemeinsam mit Schülern aus Ghandruk und einigen Individual-Trekkern, den Weg und die Zeltplätze vom Unrat zu befreien. Trekkinggruppen (meist im Zelt) hinterlassen noch immer den meisten Müll. Glücklicherweise mehren sich aber Gruppen, die sogar den Abfall anderer wegräumen.

ACAP beobachtete den altbekannten Mechanismus: Wenn Trekker Abfall sehen, werfen sie ihren Müll auch einfach weg. Ist es sauber, verhalten sie sich dementsprechend und geben gleichzeitig den Nepalis ein gutes Beispiel, die sich noch nicht darum scheren. Dazu der Präsident der Nepal Mountaineering Association, Khagda B. Shah:

> »Ich kann es einfach nicht verstehen, daß Besucher aus ›zivilisierten‹ Ländern in unseren Bergen die Grundregeln für eine saubere Umwelt so leicht vergessen. Nun, ich habe gehört, daß das Erinnerungsvermögen in großen Höhen manchmal aussetzt.«

Praktisch alle Lodge- und Restaurant-Inhaber schlossen sich nach den ersten Fortbildungskursen zu einem »Lodge Owner Committee« zusammen, um eigenständig und gemeinsam den Service stetig zu verbessern. So einigte man sich auf einheitliche Preise für die Übernachtung und eine standardisierte, gute Speisekarte, wobei »Specials«, sofern als solche angekündigt, erlaubt und erwünscht sind, um noch mehr Abwechslung zu schaffen. Die Preise sind je nach Entfernung von Ghandruk gestaffelt, da die Kosten durch den Transport (auch Trägerrücken) steigen.

Noch ist der Standard nicht von allen erreicht, weshalb überlegt wird, doch Unterschiede bei den Übernachtungspreisen zu machen. Aber so manche Lodge, vor allem in Ghandruk und in Chhomrong, eignet sich bereits zu einem »Urlaub in einem Bergdorf«. Ein Novum in Nepal für Touristen, die nicht lange wandern, aber den Städten entfliehen wollen.

Problematisch ist noch, insbesondere zu Spitzenzeiten, die Versorgung und Unterbringung der Träger, für die nicht genügend Schlafplätze oder nur extrem schlechte vorhanden sind. Diese Schwierigkeit hat selbst ACAP in seiner Muster-Lodge in Khuldi nicht bewältigt. Das Haus, eine ehemalige Schafzucht-Anlage, dient gleichzeitig als Forschungsstation und Informationszentrum. Das junge, sehr engagierte Manager-Ehepaar experimentiert zusätzlich u. a. mit dem Anbau von Bäumen, Gemüse und Solarenergie. Hier wurde auch ein Hubschrauberlandeplatz für Notfälle (und hohe Gäste) angelegt.

Eine Lodge in Ghandruk, in der man gut Urlaub machen kann *Foto: Ludmilla Tüting*

Erstaunlich ist ebenfalls – trotz aller rein wirtschaftlichen Interessen – die erhöhte Sensibilisierung für die Umwelt. Viele Lodge-Inhaber sind wichtige Gesprächspartner für Trekker geworden, sofern ihnen ihre harte Arbeit dazu Zeit läßt.

Eine für Nepal bahnbrechende Entscheidung traf das Lodge Owner Committee 1988: Hinter dem letzten Dörfchen oberhalb von Chhomrong, Sinuwa, darf keinerlei Holz mehr verwendet werden, auch kein Reisig. Das bedeutet für 23 Lodges (mit knapp 500 Schlafplätzen inkl. Camping) die totale Umstellung auf Kerosin. Dazu wurde in Chhomrong ein »Kerosin Depot Management Committee« gebildet, dessen Arbeit durch ein vom Deutschen Alpenverein (DAV) finanziertes Kerosin-Depot ermöglicht wurde. Es floriert nicht nur, weil sich die 23 Lodges mit einem Bedarf von 10 bis 15 Litern am Tag dort eindecken, sondern weil es auch von einigen Gruppen in Anspruch genommen wird. Kocher können gemietet werden.

Obwohl der Verband der Trekkingveranstalter Nepals diesem Beschluß zustimmte, halten sich noch nicht alle Gruppen daran. Die Autorin selbst beobachtete eine ausländische Trekkinggruppe organisierter Naturschützer (!), die ein strikt verbotenes Lagerfeuer entfachen wollte, die Toilette nicht benutzte und Berge von Müll zurückließ. (In solchen Fällen ist es im Sinne von ACAP angezeigt, freundlich mit der Gruppe zu reden und sie zu einem Umdenken zu bewegen. Das gilt natürlich auch für Einzeltouristen. Ebenso sollte die Kleidungsfrage diskutiert werden.).

Mit Individual-Trekkern, die meistens in den Lodges übernachten, gibt es andere Probleme. Sie halten in dieser Wildnis heißes Wasser für eine Selbstverständlichkeit, und nicht wenige weigern sich, für einen Eimer heißes Waschwasser einen minimalen Betrag, der die Kerosinkosten nicht einmal deckt, zu bezahlen. Das ist außerordent-

Das Kerosin-Depot in Chhomrong *Foto: Ludmilla Tüting*

Die Gesundheitsstation in Ghandruk *Foto: Ludmilla Tüting*

lich demotivierend für die Lodge-Inhaber! Es ist auch sehr unüberlegt, als Snack zwischendurch ein einziges hartgekochtes Ei zu bestellen, aber bereits vorgekochte nicht zu akzeptieren: »Das ist vielleicht verdorben«. Für das Frühstück und Abendessen sammeln die Lodge-Inhaber klugerweise die Bestellungen rechtzeitig ein, um so energiesparend wie möglich zu kochen. Bergwanderer und Bergsteiger sollten grundsätzlich mehr mitdenken und beispielsweise nur heiße Duschen nutzen, wenn das Wasser durch Solarenergie (wie in der Muster-Lodge) oder in einem sog. »Black Boiler» erwärmt wird. Das sind Wassertanks, die mit den traditionellen Feuerstellen verbunden sind und beim Kochen automatisch mit aufgeheizt werden. Andere angepaßte Technologien sind in der Erprobungsphase, aber langfristig setzt ACAP zur Energiegewinnung allein auf viele Kleinstkraftwerke (unter 100 KW). Denn Wasser ist überall reichlich und obendrein kostenlos vorhanden.

Bevölkerung *und* Touristen profitieren davon, daß in mehreren Orten Trinkwasseranlagen gebaut und Wege und Brücken repariert wurden und werden. An wichtigen Gabelungen gibt es endlich Wegweiser (für Touristen).

In einem Gesundheitszentrum (Community Health Center) können jetzt nicht nur die Einheimischen medizinisch versorgt werden, sondern auch die Trekker. Sogar Stuhluntersuchungen können durchgeführt werden. Beruhigend für diejenigen, die vom Durchfall(swahn) verfolgt werden.

Touristen

An Touristen wird überall ein »Minimum Impact Code« verteilt, ein »Verhaltenskodex, der die geringsten Spuren hinterläßt«. Es ist zusätzlich auf jeder Speisekarte (und am Ende dieses Beitrages) abgedruckt. Ein Trekkingführer über das Projektgebiet ist in Arbeit und in Pokhara, dem Ausgangspunkt der Treks, werden Besucherzentren eingerichtet, in denen es Informationen über ACAP, Umweltschutz und die Trekkingrouten gibt. Eines davon ist in einem kleinen Museum[18] untergebracht, in dem die Region mit einfachen Mitteln anschaulich dargestellt wird.

Fazit

In seiner Art ist das Annapurna Conservation Area Project einmalig auf der Welt: Mit Hilfe des Tourismus kann die Umwelt geschützt und eine ganze Region nach konsequent ökologischen Grundsätzen entwickelt werden. Daraus ziehen *beide* Seiten großen Nutzen. Viele Ideen und Aktivitäten sind – in ähnlicher Weise – auf andere Regionen und Länder übertragbar. Auch wir können davon lernen!

Die Nepalis haben den Anfang gemacht. Jetzt liegt es an uns,[19] auch im Urlaub Umweltschutz zu praktizieren und »sanft« zu reisen. Wo könnte das mehr Freude machen, sofern wir ohnehin nach Nepal fahren, als in einem so wunderschönen Gebirge wie dem Himalaya?[20]

Minimum Impact Code
Sanfte Schritte

Wir laden Sie ein, mitzuhelfen, unsere Natur zu schützen und unser kulturelles Erbe zu erhalten. Wir bitten Sie herzlich, unsere Vorschläge zu beachten, die Ihnen gleichzeitig dabei helfen, Ihren Besuch in Nepal unvergeßlich zu machen.

- Bringen Sie Ihren eigenen Brennstoff (Gas, Benzin, Kerosin) mit und versorgen Sie damit auch Ihre Träger, Führer und Köche. In den Nationalparks des Himalaya ist das sogar Pflicht.
- Ziehen Sie solche Lodges und Trekkingbüros vor, die Kerosin benutzen! Dadurch unterstützen Sie deren Bemühungen, die Umwelt zu schützen.
- Verschwenden Sie kein kostbares Holz, nur weil Ihnen kalt wird. Ziehen Sie lieber noch einen Pullover an.
- Lagerfeuer und heiße Duschen sind absoluter Luxus, insbesondere wenn man weiß, daß die Einheimischen für ihre eigenen Bedürfnisse nur Zweige und getrockneten Kuh- und Yakdung verwenden. Bitte nehmen Sie dieses Angebot nur in Ausnahmefällen in Anspruch!
- Sprechen Sie die Verpflegung und Essenszeiten mit anderen Trekkern oder Trekkinggruppen ab, so daß Feuerstellen optimal genutzt werden können.
- Wenn es keinen Waschplatz oder keine Toilette gibt, überzeugen Sie sich bitte *vorher*, ob Sie mindestens 30 Meter von der nächsten Wasserstelle oder Quelle entfernt sind. Vergraben Sie Exkremente und Toilettenpapier! Benutzen Sie biologisch abbaubare Seife und Waschmittel.
- Begrenzen Sie den Gebrauch von nicht abbaubaren Dingen und vernichten Sie allen Abfall richtig: verbrennen, vergraben oder wieder mitnehmen.
- In Nepal gibt es viele seltene und bedrohte Tiere und Pflanzen. Bitte stören und beschädigen Sie sie nicht, und nehmen Sie vor allem nichts mit!
- Bleiben Sie auf den Wegen und zelten Sie auf den dafür vorgesehenen oder passenden Plätzen. Das gilt vor allem in großen Höhen, wo die Umwelt besonders empfindlich ist.
- Respektieren Sie religiöse Stätten und Gegenstände. Umrunden Sie buddhistische Heiligtümer nur im Uhrzeigersinn.
- Betteln ist ein negativer Vorgang, der der einheimischen Jugend Unabhängigkeit, Stolz und Würde nimmt. Bitte geben Sie Kindern kein Geld, keine Süßigkeiten oder andere Dinge.
- Sie haben das Privileg zu fotografieren, jedoch nicht automatisch das Recht dazu! Fragen Sie deshalb um Erlaubnis, und respektieren Sie es, wenn jemand nicht fotografiert werden will.
- Verteilen Sie auf *gar keinen Fall* Medikamente, wenn Sie keine medizinische Ausbildung haben und eine Nachbehandlung nicht gesichert ist! Ermuntern Sie stattdessen zum Besuch eines Health Posts (Gesundheitsstation) oder anderer, traditioneller Einrichtungen. Betonen Sie, wie wichtig Sauberkeit ist!
- Die Kosten einer Übernachtung sind für den Besitzer einer Lodge oft höher als der Gewinn. Achten Sie darauf, für Gegenstände und Dienstleistungen einen angemessenen Preis zu zahlen. Sich wegen ein oder zwei Rupees zu streiten, geht meistens unfair aus und hinterläßt keine guten Gefühle.
- Zeigen Sie Ihren Respekt vor den Sitten, Gebräuchen und Wertvorstellungen der Nepalis, indem Sie sich richtig benehmen (Geduld, Freundlichkeit, niemals brüllen) und anziehen. Kleiden Sie sich bescheiden und angepaßt (Frauen nicht mit nackten Beinen, Männer nicht mit nacktem Oberkörper). Tauschen Sie in der Öffentlichkeit keine Zärtlichkeiten aus.
- Wenn Sie sich mit Dorfbewohnern, Führern und Trägern unterhalten, helfen Sie bitte mit, ihre falschen Vorstellungen vom »goldenen Westen« (unbegrenzter Reichtum, ewiger Urlaub) zu korrigieren. Zeichnen Sie ein Bild von

der Realität, und bestärken Sie Nepalis in ihrem Stolz auf ihre eigene Kultur.

- Vergessen Sie bitte nie, daß Sie der/die RepräsentantIn eines anderen Kulturkreises sind, und daß die Eindrücke, die Sie hinterlassen, große Auswirkungen haben. Wenn Sie unsere kleinen Vorschläge beachten, können Sie Nepal und seinen Bewohnerinnen und Bewohnern sehr helfen!
  Danke.

Nepal ist hier,
um Sie zu verändern;
nicht jedoch,
um von Ihnen verändert zu werden.

Annapurna Conservation Area Project
King Mahendra Trust for Nature Conservation, Kathmandu
(Übersetzung: Ludmilla Tüting, 1988)

Anmerkungen

1 »Sportclub Österreich-Reisen«, Offenburg, Katalog Winter 1988/89

2 Vgl. Sandholzer, Werner: »Radtrekking im Himalaya« in der Zeitschrift Radfahren, 3/1989. Er war in dem Gebiet unterwegs, das in einigen Jahren vom Annapurna-Projekt noch erfaßt wird. Um den über 5000 m hohen Thorong-Paß zu überwinden, »band er sein Rad auf den Rucksack«. Um so mehr gefiel es ihm, daß »der Ruf des verrückten Österreichers schon bis nach Pisang vorgedrungen war«... Als wäre es das selbstverständlichste von der Welt, erwähnt er auch zwei »Motocrossfahrer«, die bis nach Muktinath in knapp 4000 m Höhe »gefahren« sind.

3 Skuhra, Rudolf: Sturm auf die Throne der Götter – Himalaya-Expeditionen 1921–1948, Büchergilde Gutenberg 1950

4 Frankfurter Rundschau vom 4. 7. 1987, Seite »Fernsehen und Funk«, auf der unter der Überschrift »Atemberaubende Bilder« auf die Ausstrahlung des Films »Schußfahrt vom Mount Everest« im ZDF ausführlich hingewiesen wurde. Der mit einem Oscar (!) ausgezeichnete Film zeigt die Skiabfahrt des japanischen »Bergsteigers, Skifahrers und Abenteurers« Yuichiro Miura vom Everest. Um diese Heldentat zu vollbringen, schleppten 800 Träger (!) 27 Tonnen Ausrüstung zum Everest. Das Team, bestehend aus weiteren Helfern, Wissenschaftlern, Journalisten und Fotografen »kämpfte« sich zwei Monate durch »die Stille des Himalaya«. Zum Holzverbrauch derartiger »Expeditionen« s. auch Anmerkung 6.

5 Mit der Sprache der Bergsteiger beschäftigt sich allgemein Ulrich Aufmuth in seinem Buch Zur »Psychologie des Bergsteigens«, Fischer Taschenbuch 1988, das erstmals 1984 unter dem Titel »Die Lust am Aufstieg« im Drumlin Verlag, Weingarten, erschien.

6 Der nepalische Geograph Dr. Pitambar Sharma errechnete 1982, daß eine Trekkinggruppe mit zehn Teilnehmern sowie zehn Führern und Köchen pro Tag rund 160 kg Feuerholz verraucht, d. h. 6,4 kg pro Person. Träger verbrauchen für ihre Verpflegung je 1,5 kg. Eine typische Expedition, die zwei Monate am Berg ist, verbraucht zwischen 7000 und 8000 kg, eine Sherpa-Großfamilie dagegen im Jahr 5000 kg (13,7 kg pro Tag). 1979 verbrauchten allein vier Expeditionen, die zwei bis drei Monate im Everestgebiet unterwegs waren, rund 30000 kg Holz. Damit hätte eine Familie sechs Jahre kochen und heizen können. (1987 waren z. B. 98 Expeditionen mit 796 Teilnehmern ohne Träger am Berg. Daran verdiente die Staatskasse allein an Gebühren fast eine halbe Million Mark.) Vgl. Tüting, L.: Sanfter Tourismus nicht gefragt. In: Tüting, L.: Aktionsgemeinschaft Solidarische Welt/ASW (Hrsg.): Menschen – Bäume – Erosionen, Kahlschlag im Himalaya, Werner Pieper Medienexperimente, Löhrbach 1987

7 »Hauser Exkursionen International«, München, Katalog 1989/90, S. 8 (Nepal)

8 Zum Bergwandern ist ein Trekkingpermit notwendig. Davon wurden ausgegeben: 1966: 8; 1976: 13891; 1987: 47275. 1988 kamen insgesamt 265883 Touristen, durchschnittlich über 700 pro Tag, die zunächst fast alle in der Hauptstadt Kathmandu ankamen. Hauptsaison ist im Frühjahr und Herbst.

9 Grundlagen für die vorliegende Arbeit über das Projekt, aus denen auch zitiert wird, waren:
Sherpa, M. N. / Coburn, B. / Gurung, C. P.: Annapurna Conservation Area, Nepal – Operational Plan, King Mahendra Trust for Nature Conservation, Kathmandu, Jan. 1986
Sherpa, M. N.: Annapurna Conservation Area Project, Progress Reports 1987 und 1988
Gurung, C. P. / Coursey, De M.: ACAP Conservation Education – Plan of Action (Working Paper), Kathmandu Nov. 1988
Die Autorin ist mit dem Projekt seit der Gründungszeit vertraut und hat weite Teile Nepals seit 1974 in allen Formen durchwandert. Im Herbst 1988 hielt sie sich erneut zu intensiven Recherchen im Projektgebiet auf.

10 Vgl. Hiebeler, T.: Himalaya und Karakorum, Silva Verlag, Zürich 1980, S. 130f.
Stevens, S.: Sacred and Profaned Himalayas. In: Natural History, New York, January 1988, S. 27ff.

11 Vgl.: Roberts, J.: Socio-Economic Impact of Trekking in the Villages of Nepal. In: Nepal-Himal Journal, Kathmandu 1983
Die Sperre sollte ab Hinko, oberhalb von Khuldi, gelten.

12 Vgl. Gurung/Coursey, a.a.O., S. 33

13 Ebenda, S. 20

14 Ebenda, S. 33

15 Vgl. Sherpa/Coburn/Gurung, a.a.O.

16 Als ein Beispiel führte der nepalische Umweltjournalist Aditya Man Shrestha 1987 in der Nullnummer des hervorragenden Umweltmagazins »Himal« (P.O.Box 42, Lalitpur, Kathmandu, Nepal) den stark frequentierten Ort Ghorepani an, der zum Projektgebiet gehört: Der durchschnittliche Tourist gibt hier pro Übernachtung 50 Rupies (knapp 4 DM) aus. Dafür erhält er ein Bett mit dicker Schaumgummi-Matratze, eine Flasche Cola oder Fanta, ein Abendessen bestehend aus Suppe, Reis, Linsen, Gemüse, Reispudding und vier Tassen Tee; ein Frühstück aus zwei Tassen Tee, einer Schüssel Haferflockenbrei, zwei Eiern und einem Fladenbrot. Selbst bei konservativer Kalkulation betragen die Kosten allein für die Nahrungsmittel jedoch 35 Rs, dazu Brennholz im Wert von 12 Rs und Kerosin für die abendliche Petroleumfunzel für 1,5 Rs, macht zusammen 48,50 Rs, bleibt ein »Gewinn« von 1,5 Rs, Instandhaltungskosten u. ä. nicht eingeschlossen.
ACAP selbst errechnete, daß von drei US Dollar, die ein Trekkingtourist durchschnittlich pro Tag ausgibt, nur 20 Cents letztendlich im Dorf verbleiben.
Vgl. auch: Joshi, B.K.L.: Promotion of Lodges for Trekking Tourists in Nepal, Journal of Development and Administration Studies, June 1987, S. 59–67

17 insbesondere nachts. Urin entwickelt – nicht nur für empfindliche Nasen – einen penetranten Geruch, wenn sich zu viel davon an Mauern und im Boden ansammelt und dann die Sonne darauf scheint.

18 Das »Annapurna Regional Museum«, das sich auf dem Prithvi-Narayan-Universitäts-Gelände, abgekürzt »P.N.Campus« befindet. Nicht zu verwechseln mit dem »Regional Museum«.

19 Auch an den Veranstaltern. Diese könnten Klauseln in ihre Vertragsbedingungen aufnehmen, die es den ReiseleiterInnen ermöglichen, bestimmte Verhaltungsweisen zu verbieten. Weigern sich die KundInnen, kann der Vertrag aufgehoben werden. Beispiele: in bestimmten Situationen das Fotografieren zu unterlassen, keine kurzen Höschen zu tragen (Frauen) u.v.a. DUMA-Reisen aus 3101 Höfer zeigen als Vorreiter, daß so etwas möglich ist. Die Autorin, selbst gelegentlich als Reiseleiterin tätig, wäre gerne mit so einem Rückhalt im Rücken unterwegs gewesen. Sie weiß, daß sie damit nicht alleine steht!

20 Interessierte Besucher seien jedoch dringend vor zu großen Erwartungen gewarnt. Ohne

tiefergehende Landeskenntnisse, ökologisches und entwicklungspolitisches Fachwissen sowie Vergleichsmöglichkeiten (vorher/nachher) können sie die Veränderungen nur (sehr) begrenzt wahrnehmen. Denn der größte Teil der Arbeit ist für »normale« Touristen unsichtbar. Zum einen, weil er die Bevölkerung betrifft, und zum anderen, weil er in den Köpfen stattfindet. Es ist daher nicht gerade förderlich, wenn sich oberflächliche Touristen über die »paar Toiletten« lustig machen, weil das das einzige ist, was sie erkennen können.
Umgekehrt wird das Projekt plötzlich von Fachleuten überrannt, die sich die vortreffliche Arbeit ansehen wollen. Die Leiter betonen nach wie vor den Experimentiercharakter (obgleich das Projekt auf vollen Touren läuft), üben sich in großer Bescheidenheit und fürchten bei dem großen Interesse, aus Zeit- und Personalmangel überfordert zu werden.
Wer also z. B. gerade auf der Suche nach einem »schönen Thema« für die Diplom-, Magister- oder Doktorarbeit ist, möge diesen Wunsch (Selbstschutz) respektieren. Das gilt genauso für Inhaber von ASA-Stipendien. (Wem anders als den Studenten bzw. Stipendiaten nutzen (ASA-)»Projekte« eigentlich, nachdem sie den Leuten *in* den *tatsächlichen* Projekten lange genug zu Last gefallen sind? Rühmliche Ausnahmen bestätigen nur die Regel.)
Bei ACAP und auch schon bei der Autorin gibt es sehr viele bzw. einige Anfragen, ob man dort nicht mitarbeiten könne. Wer von diesem Wunsch geradezu beseelt ist, Nepal bereits sehr gut kennt *und* über *praktisches* Fachwissen verfügt, darüber hinaus vernetzt und ganzheitlich denkt und lebt, soll sich bei Mingma Norbu Sherpa bewerben. (ACAP kann *nicht* bei der Beschaffung einer nur sehr schwer erhältlichen längeren Aufenthaltsgenehmigung behilflich sein!) Wenn in Pokhara erst einmal das Besucherzentrum fertig ist, wird es einfacher, all den interessierten Fragen zu begegnen. Einstweilen übernehmen diese Aufgaben auch die Mitarbeiter, die in den Immigration-Büros in Kathmandu und Pokhara die »Kurtaxe«, die zusätzlich zum Trekking Permit bezahlt werden muß, kassieren. (Auch das ist ein Novum in Nepal. So ist sichergestellt, daß das Geld nicht in fremden Taschen versickert. Dazu mußte eigens eine Gesetzesänderung herbeigeführt werden.)

Christine Plüss

Nach uns die Sintflut

Tourismus und Umwelt am Beispiel der Malediven

Lange haben wir hier in Europa wenig oder gar nichts gewußt über die Malediven – kaum, daß dies Inselreich überhaupt existierte. Erst vor gut 15 Jahren tauchten sie aus der Versunkenheit auf als exklusiver, neuer Stern am Horizont der Ferienwelt. Schräge Palmen, goldene Strände, tiefblaue Lagunen auf Hochglanzpapier der Werbebroschüren lassen seither jedes »Möchte-gern-Robinson-Herz« höher schlagen. Den Aspirationen der Tourismusindustrie kamen die Malediven durchaus gelegen. Mit Inselsehnsüchten und Paradiesvorstellungen wird in den Ausschreibungen dementsprechend nicht gegeizt; sogar die langersehnten »Südseeträume« scheinen – dank großzügiger Handhabung der Geographie – nun endlich in Erfüllung zu gehen.

Hauptstadt Male (Flugaufnahme). Foto aus der Pressemappe des Tourismusministerium Malediven, ITB Berlin 1989

Jetzt droht die Idylle aber plötzlich zu kippen. »Kloake«, »Paradies sackt ab«, »Versinken die Malediven bald im Meer?« – so lauteten Schlagzeilen des letzten Sommers, die die Malediven gefährlich nahe an den Bereich des Öko-Dramas »à la Atlantis« rücken.[1] Seither wird von seiten der Regierung äußerste Zurückhaltung in der Informationspolitik geübt, um nicht »unnötig« Touristen aufzuscheuchen.[2] Dies alles trägt wenig dazu bei, die reell bedrohliche Umweltsituation hier und dort vollumfänglich zu erkennen und die dringend notwendigen Maßnahmen einzuleiten.

Welche Probleme stellen sich nun konkret für die Malediven, und in welchem Zusammenhang stehen sie mit der massiven Tourismusentwicklung der letzten Jahre? Daraus ergeben sich auch die komplexen Fragen nach Verantwortlichkeiten, Möglichkeiten und Spielräumen eines konsequenten Handelns.

Am Beispiel der Malediven mit ihrer relativ jungen, dafür umso rasanteren Tourismusentwicklung, die sich zudem im äußerst fragilen Ökosystem von Koralleninseln abspielt, lassen sich sehr deutlich Strukturen und Mechanismen aufzeigen, die in vielen sogenannt touristisch erschlossenen Gebieten zur Zerstörung des ökologischen Gleichgewichts führen. Und damit ist nicht nur die Umwelt im engen Sinn gemeint, sondern auch das Zusammenleben der Menschen in und mit der Natur.

Inseln zwischen Isolation und Öffnung

Die Inselgruppe der Malediven liegt an der Südspitze des indischen Subkontinents, ca. 700 km südwestlich von Indien und Sri Lanka. Sie bildet eine Doppelreihe von zum Teil ineinander verschachtelten Korallenatollen, die eine maximale Breite von 150 km erreichen und sich über 800 km Länge erstrecken, wobei die südlichsten Atolle knapp südlich des Äquators liegen. Der Archipel umfaßt ungefähr 1200 kleine und kleinste Inseln (bis zu 2000 Inseln, je nach Quelle), mit einer Gesamtlandfläche von knapp 300 qkm, was etwa der Ausdehnung der Stadt München oder der Insel Malta entspricht.

Mit Hilfe der Strömungen und Gezeiten bilden sich die Inseln aus angeschwemmten Korallenschutt, festigen sich durch Wurzelwerk der wenigen angeschwemmten Pflanzen und ragen, von Lagune und Korallenriff umgeben und geschützt, nur wenig über die Wasseroberfläche hinaus. Spezialisten nehmen an, daß die 2300 km lange Riffbarriere, die sich von den Lakkadiven über die Malediven bis zum Chagos Archipel ausdehnt, auf einer vom Festland abgekippten und gesunkenen Randscholle der indischen Landmasse aufgebaut wurde durch jahrtausende lange Arbeit von Korallenpolypen und anderen riffbildenden Organismen. Die Veränderungen des Meeresspiegels während der Eiszeiten haben den Aufbau der Riffe beeinflußt, deren Entstehung jedoch erst sicher belegt werden kann anhand von exakten Tiefenbohrungen, die bis anhin auf den Malediven nirgends festes Gestein (kontinentalen oder vulkanischen Ursprungs) zutage gebracht haben.

Die kargen Sandböden der Inseln gewähren nur sehr beschränkten landwirtschaftlichen Anbau: Kokospalmen, Taro im Norden, etwas Reis im Süden, wenig Früchte. Seit jeher war der Fischfang die wichtigste Einnahmequelle der Landbevölkerung und ernährt auch heute noch schlecht und recht die Mehrzahl der Familien der Malediven.

Bloß etwa 200 Inseln sind bewohnt, meist die »größeren«, die über genügend Süßwasserreserven und gut erreichbare Fischgründe verfügen. Die Volkszählung von

1985 ergab eine Gesamtbevölkerung von 181000 Einwohnern. Sie verzeichnet ein rapides Wachstum, denn bereits im Juli 1988 konnte die Geburt des 200000 maledivischen Staatsbürgers gefeiert werden.[3] Mit durchschnittlich mehr als 660 Einwohner pro qkm weisen die Malediven eine der höchsten Bevölkerungsdichten der Welt auf. Die effektive Dichte liegt auf den bewohnten Inseln noch höher, und nur ein strenges System von sozialer und politischer Kontrolle garantiert das traditionell friedliche Zusammenleben.

Die Hauptstadt Male, eine Insel von 2,6 qkm Fläche ungefähr in der Mittel des Archipels, ist das einzige Zentrum mit urbanem Charakter: Administration, Spital, Schulen, internationaler Hafen, unmittelbare Nähe des Flughafens auf der Nachbarinsel Hulule etc. Laut neuesten Angaben zählt sie rund 53000 Einwohner, das heißt rund ein Viertel der Bevölkerung.[4]

Die spezifische Geomorphologie und die Lage als Riffbarriere und gefährliches Navigationshindernis im Indischen Ozean haben auf den Malediven eine sehr eigenständige Geschichte erwachsen lassen, gekennzeichnet durch Abgeschiedenheit einerseits, durch Öffnung und Kommunikation mit der Außenwelt andererseits. Bevölkert wurde der Archipel durch Einwanderungswellen, eventuell bereits aus den frühen Hochkulturen des Industales, sicher von dravidischen Stämmen aus Südindien und arisch-singhalesischen Völkern aus dem benachbarten Sri Lanka. Die verschiedenen Einwanderer haben sich an die Inselbegebenheiten angepaßt, auf viele Fragen originelle Lösungen gefunden, im Bereich des Schiffbaus beispielsweise, und eine eigene Kultur, Schrift (Taana) und Sprache (Divehi) entwickelt.

Die Intensivierung des Handelsverkehrs im Vorfeld der islamischen Expansion (ca. 8. Jahrh.) hat die politische Organisation der Inseln entscheidend beeinflußt und die Entstehung einer Zentralregierung in Male gefördert. Handelsgüter, Reichtum und Macht konzentrierten sich in den Händen einer schmalen Oberschicht. Die mehr oder weniger straffe Zentralisierung bleibt charakteristisch für die Malediven, obwohl sie sich eigentlich in diesem geographisch zerstückelten Inselreich nicht spontan anbietet. Nebst Fisch und Produkten der Kokospalme waren vor allem die Kaurischnecken begehrtes Exportgut, stellten sie doch über Jahrhunderte eine der wichtigsten Währungseinheiten von Afrika bis in den Pazifik dar.

Ein Schlüsselereignis für die Geschichte der Malediven bildete sicher die Islamisierung im 12. Jahrhundert, die einerseits die Handelsstellung Males verstärkte, andererseits das Land der reichen Kultur der wichtigsten damaligen Zivilisation zuführte. Erst 1968 wurde das Sultanat definitiv abgeschafft und die Republik ausgerufen. Die Malediven sind heute eines der wenigen Länder der Erde, deren Angehörige ausnahmslos Muslime sind. Sie schöpfen auch in neuerer Zeit wiederum Kraft und finanzielle Unterstützung bei ihren benachbarten Glaubensgenossen.

Im Zuge der Expansion der westlichen Kolonialmächte gerieten die Malediven Mitte des 16. Jahrhunderts für einige Jahre unter portugiesische Herrschaft. Diese traumatisierenden sieben Jahre sollten die einzigen sein, die das Land unter direkter Fremdherrschaft verbringen mußte. Der heroische Befreiungskampf gegen die Portugiesen wird noch heute als nationales Ereignis gefeiert.

Insgesamt bot das Inselreich wenig Reize – Land, Arbeitskräfte, Bodenschätze –, die die Kolonialmächte anzuziehen vermochten, und blieb so weitgehend von einer »traditionellen Kolonialisierung« verschont. Das britische Protektorat der zweiten Hälfte des 19. Jahrhunderts war nie von einer richtigen Verwaltungs- oder Siedlungspolitik begleitet. Die Engländer errichteten erst Ende des zweiten Weltkrieges und in der Folge der Unabhängigkeit Indiens und Sri Lankas einen Militärstützpunkt im

Süden des Archipels. Dieser Eingriff brachte jedoch einschneidende Konsequenzen mit sich. Wirtschaftlicher Aufschwung und politische Unabhängigkeitsbestrebungen der südlichen Atolle gaben Anlaß zu scharfen Repressionsmaßnahmen und der Behauptung der Zentralgewalt von Male und führten schließlich 1965 zur offiziellen Unabhängigkeitserklärung von England. Der vorzeitige Abzug der englischen Truppen von der Militärbasis im Jahre 1976 stürzte die südlichen Gebiete in große ökonomische Schwierigkeiten; viele qualifizierte Arbeitskräfte suchten damals Anstellung im aufkommenden Tourismus der Region Male.

Über Jahrhunderte relativ weit ab von den Wegen der traditionellen Kolonialmächte wahrten die Malediven wohl eine weitgehende politische Autonomie, verloren aber auch ihre Stellung als Handelsplatz und gerieten zunehmend in wirtschaftliche Stagnation. Letztendlich führten sie ihr Hauptexportgut, den Trockenfisch, ausschließlich ins Nachbarland Sri Lanka aus. Anfangs der 70er Jahre wurde jedoch von der Regierung Bandaranaike eine Importsperre unter anderem auch auf dieses Produkt erhoben, die auf den Malediven eine schwere Krise heraufbeschwor.

Der Fischfang, die Haupteinnahmequelle für Devisen, wurde einer Reihe von überstürzten Umstrukturierungen unterworfen – Umstellung auf Frischfischexport, Kühlungsverfahren, Motorisierung der Flotte etc. –, die vorerst die Schwierigkeiten des Sektors noch verschärften. Immer wieder verdarben ganze Bootsladungen von Fischen, weil zu wenig Kühlaggregate und -boote zur Verfügung standen und die Fänge nicht genügend schnell transportiert werden konnten.

Entwicklungsperspektive Tourismus

Tourismuserschließung

Da erschienen 1972 die ersten Touristen in diesem Land, das zuvor praktisch nie mit »Weißen« in Berührung gekommen war. Ein neuer Wirtschaftszweig eröffnete sich. Die Initiative eines italienischen Veranstalters stieß sogleich auf Interesse und regen Anklang bei einer gewissen Schicht von einheimischen Kaufleuten, die sich seit einigen Jahren erfolgreich in Schiffahrt und Frachttransport im asiatischen Raume betätigten. Der Aufschwung des Tourismus wäre undenkbar gewesen ohne diese vorherige wirtschaftliche Diversifizierung. Erstellung von moderner, westlich ausgerichteter Tourismusinfrastruktur und Belieferung des neuen Sektors mit Gütern aller Art liefen von Anfang an Hand in Hand. Der Tourismus und seine massive Entwicklung dürfen keinesfalls als isolierter Faktor betrachtet werden. Sie bedeuteten einerseits die politische Konsolidierung der initiativen Oberschicht, andererseits die Modernisierung und wirtschaftliche Öffnung des Landes.

Die wachsende Nachfrage von seiten der westlichen Tourismusindustrie nach dem spezifischen »Inselprodukt« kam der Entwicklung sehr stark entgegen. Einmal mehr zeigt sich der Tourismus in seiner Pionierrolle, als Eroberer der letzten »unberührten« Landschaften, die so dem westlichen Produktions- und Konsumationssystem zugänglich gemacht werden können. Erst die touristische Erschließung machte das Land überhaupt bei uns bekannt, und dies gilt nicht nur für den Tourismusmarkt, sondern auch für internationale Entwicklungsorganisationen und Geldgeber im privaten oder öffentlichen Sektor sowie für die wissenschaftliche Forschung.

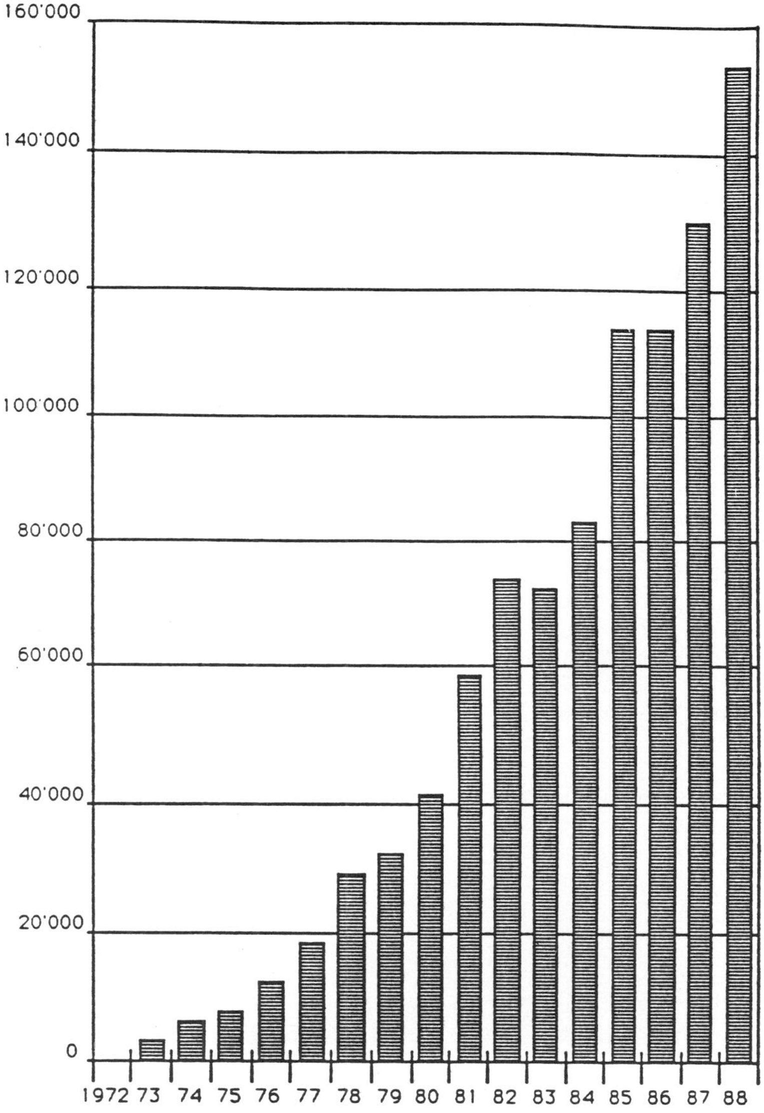

Graphik: Tourismusentwicklung in Zahlen

Tourismusentwicklung in Zahlen

Die Anfänge des Tourismus standen im Zeichen des autokratischen Präsidenten Nasir, der das ganze Business, Hotelbetriebe, Touristentransporte, Geldwechsel etc. persönlich kontrollierte. Sein Rückzug aus der Politik 1978 bedeutete eine gewisse Liberalisierung (breiterer Zugang zu Inselnutzrechten und zum Betrieb von Hotels) und brachte der Branche einen neuen Impuls, der zusätzlich durch die Ankunft der qualifizierteren, englischsprechenden Arbeitskräfte aus den südlichen Atollen verstärkt wurde.

1981 wurde der neue Flughafen für Großraumjets, vor allem Charter von Europa, eröffnet, die die jährlichen Besucherzahlen in die Höhe schnellen ließ. Die Flughafeninsel mußte zu diesem Zweck mit gigantischen und teuren Bauarbeiten aufgeschüttet werden. Mittlerweile hat sich die Flughafenkapazität schon wieder als zu gering entpuppt für die regelmäßigen Ankünfte der Linienflüge, vor allem der Singapore Airlines, die seit 1984 den Touristenstrom von West und Ost mächtig ankurbeln.

1983 und wiederum 1986 stagnierte der Besucherstrom infolge der Unruhen und des Bürgerkrieges auf Sri Lanka. Die neuerliche Verschärfung der Lage auf Sri Lanka sowie der Putschversuch, der im November 1988 auf den Malediven selbst stattgefunden hat, könnten sich ebenfalls negativ auf die Besuchszahlen auswirken – ein typisches Beispiel für die Fragilität der Tourismusindustrie.

1988 haben rund 156000 Touristen insgesamt mehr als 1,5 Millionen Ferientage (Übernachtungen) auf den Malediven verbracht. Das ist enorm für eine Bevölkerung von 200000 Einwohnern, und die Zunahme von 18,5 % auf das Vorjahr übertraf wiederum sämtliche Erwartungen. Wohl wurde anfangs der 80er Jahre von der Equipe um den neuen Präsidenten Mamoon Abdul Gayoom eine sektorielle Tourismusplanung in Auftrag gegeben. Doch die Bestrebungen um eine bessere Integration und die umweltfreundlichen Ideen der dänisch-deutschen Planergruppe[5] stießen auf sehr mittelmäßiges Echo bei der am Tourismusgewerbe interessierten Oberschicht. Heute ist wenig mehr zu spüren von den vorsichtigen Bemühungen, das Tourismuswachstum in den Griff zu bekommen. Im Gegenteil, unter dem Druck innenpolitischer Interessenverflechtungen, aber auch wachsender Abhängigkeiten und Sachzwängen wird eine weitere erhebliche Zunahme angepeilt. Rund 15 neue Inseln sollen für Tourismus erschlossen werden mit dem Ziel, jährlich insgesamt 200000 Besucher empfangen zu können.[6]

Die Hotelinsel – ein touristisches Modell

An die 60 Hotelinseln wiesen 1988 eine Kapazität von rund 7000 Betten auf und machen die überwiegende Mehrzahl der Übernachtungsmöglichkeiten aus. Diese sogenannten »Resorts« sind auf ursprünglich unbewohnten Inseln erbaut, die früher meist zu landwirtschaftlichen Zwecken benutzt wurden. Da die Malediven keinen Privatlandbesitz kennen, werden die Inseln alle vom Staat vermietet, wobei die Oberschicht der Hauptstadt von traditionellen Privilegien profitieren kann, die sich im modernen Tourismus nun hoch auszahlen.

Jede Insel beherbergt in der Regel nur *ein* Hotel, das nebst den klassischen Diensten der Hotellerie auch seine eigenen Transporte, Einkäufe (oft direkt im Ausland) und die Lagerung der Vorräte besorgt und seinen eigenen Strom produziert.

Tauchen und andere sportliche Aktivitäten werden von europäischen Animateuren geleitet. Auf der Hotelinsel sind die Angestellten die einzigen Vertreter der Lokalbevölkerung. Sie wohnen streng getrennt von den Gästen, meist irgendwo im Innern der Insel.

Die maledivische Hotelinsel – umgeben von Korallenriff und blauer Lagune – verkörpert auf geradezu ideale Weise das Miniaturparadies für Touristen, die Luxusoase, die sämtliche Bedürfnisse der Besucher abzudecken vermag. Dieses Inselkonzept – ein Fremdkörper in seiner Umwelt, für Fremde erbaut und ausschließlich von ihnen benutzt – findet sich in vielen Projekten der heutigen Tourismuswelt wieder.

»Duty free« – der Traum von »Little Singapore« *Foto: Christine Plüss*

Modernisierung und Abhängigkeit

Gleichzeitig mit dem quantitativen Wachstum strebt die offizielle Tourismuspolitik auch einen qualitativen Ausbau der Tourismusinfrastruktur an, die ursprünglich recht primitiv war, nun aber immer mehr westlichen Luxusansprüchen genügen soll. Der millionenschwere Umbau des Club Med' von 1984/85 hat hierbei eindeutig Maßstäbe gesetzt. Über ein Viertel aller Hotelinseln sollen demnächst renoviert werden. Klimaanlagen, Heißwasser, Wasserentsalzungsanlagen, Süßwasserpools und viel anderer Prunk sollen den Inseln fortan ein »gestyltes« Image verleihen. Wie sinnvoll zum Beispiel Schwimmbäder sind, dort wo niemand länger als zwei Minuten zu Fuß geht zum schönsten Badestrand, das fragt wohl keiner der Verantwortlichen auf den Malediven. Hierzulande hingegen mehren sich die Stimmen in der Presse und sogar aus Fach- und Veranstalterkreisen, die diese Modernisierung in Frage stellen: »Wollen denn Malediven-Besucher überhaupt bedeutend mehr Komfort?«[7]

Sicher ist, daß solcher Energie- und Ressourcenverschleiß eine erhebliche Mehrbelastung für die Umwelt bedeutet. Zudem werden Erstellung und Betrieb solcher Hotelanlagen immer teurer und, mangels vorhandener lokaler Reserven – einheimische Gelder werden oft mit Vorliebe im Ausland investiert –, immer mehr durch Fremdinvestitionen unterwandert. Die allgemeine Verschuldung des Landes wird dadurch entscheidend angekurbelt und mit ihr die Spirale der Abhängigkeit. Wohl wird die Mehrzahl der Hotelinseln von Einheimischen geführt, die gerade dank der großen Nachfrage die Veranstalter gegeneinander ausspielen können. Doch die dominante einheimische Position trügt, da, wo die Entscheidungsgewalt zunehmend in fremde Hände gelegt wird.

Auf den Hotelinseln muß praktisch alles bis auf Fisch und einige Baumaterialien importiert werden. Dabei gilt: je exklusiver der Tourismus, desto mehr kommen auch Luxusgüter dazu. Der Nettodeviseneffekt ist dementsprechend niedrig, lies: verschwindend. Rund 30 % der Deviseneinnahmen des Landes stammen direkt aus dem Tourismus, doppelt so viel wie aus dem Fischexport.[8] Dazu kommen noch Devisen aus dem Frachtguttransport der lokalen Schiffahrtsgesellschaft, der mit dem Tourismusgeschäft im Zusammenhang steht. Und dies deutet auf eine große Abhängigkeit der nationalen Wirtschaft vom Tourismus hin. »We cannot do without tourism because we are tourism oriented« sagte treffenderweise ein Verantwortlicher des Tourismusdepartments in Male 1985.[9]

Die Fischerei ist weltweiten Marktproblemen unterworfen. Die thunfischverarbeitende Fabrik (die unter anderem auch den Migros-Konzern beliefert – eine glückliche Ergänzung des Tourismusgewerbes von Hotelplan), die Textilindustrie und die Mica-Chips Zulieferbetriebe stecken in Anfangsschwierigkeiten. Alternativen für Industrie und Landwirtschaft sind schwierig zu erarbeiten.

Dieselben Verantwortlichen vom Tourismusdepartment fügten denn auch gleich hinzu: »Actually we are only able to retain about 20 % of what we earn out of tourism.« Und diese Schätzung scheint optimistisch, müssen doch davon noch all die Ausgaben abgezogen werden, die heutige, aufstrebende Schichten tätigen für ausländische Konsumgüter – Autos und Motorräder in der sonst schon überbordenden Hauptstadt, Schnellboote, Fernseher, Videoanlagen und andere elektronische Geräte aus Singapore –, die »unumgänglichen« Statussymbole, die allein die Möglichkeit bieten, sich vom Nachbarn oder Konkurrenten zu unterscheiden.

Die Abhängigkeit vom Tourismus macht sich auch im Staatsbudget deutlich. Je nach Jahr und Rechnung resultieren zwischen 17 % und 25 % der Staatseinnahmen direkt aus den verschiedenen Tourismustaxen.[10] Ein Großteil der Importsteuern, die Hauptertragsquelle des Staatshaushaltes, steht zusätzlich mit dem Tourismusgewerbe in enger Verbindung. Da der Sektor fast ausschließlich in privater Hand liegt, hat der Staat relativ wenig direkte Ausgaben für den Betrieb zu tätigen und generell auch weniger Infrastrukturkosten zu tragen als andere Länder, die für Stromversorgung, Straßenbau und Verkehrsmittel, Hotelbauten usw. aufkommen müssen. Doch die Auslagen für den teuren Flughafen drücken gewaltig auf den Staatsfinanzen. Das neue Ausbauprojekt ist mit 26 Millionen US Dollars veranschlagt und zog 1987 auch gleich die höchste im Ausland getätigte Anleihe nach sich.[11]

Charakteristischerweise stieg während der rasanten Tourismusexpansion auch die öffentliche Auslandsverschuldung sprunghaft an von 1,5 Millionen US Dollar in 1977 auf 30 Millionen US Dollar Ende 1982. Das bedeutete immerhin 40 % des Bruttosozialproduktes desselben Jahres. Die meisten Kredite stammen zu günstigen Bedingungen aus OPEC-Ländern, und die Schuldenlast wurde damals mit 4 % der Exporterlöse als gering eingestuft. Sie wächst jedoch rapid, denn 1984 belief sie sich bereits auf 7 % der Exporteinnahmen.[12]

Steigende Ausgaben müssen von seiten des Staates zudem getätigt werden für die Erhaltung der touristischen Attraktivität und die Werbung im Ausland, die parallel zu der zunehmenden Abhängigkeit des Landes von der Tourismusindustrie anwachsen und immer unumgänglicher werden. Schlußendlich wird von den vielgepriesenen Staatseinkünften aus dem Tourismus wenig mehr bleiben, was anderen Sektoren – Gesundheit, Erziehung, regionale Entwicklung beispielsweise, die m. E. als prioritär gelten – zugute kommen könnte.

Auch von privater einheimischer Seite haben andere Sektoren wenig Erleichterung und Hilfe zu erwarten, absorbieren doch die vornehmlich im Raume von Male angesiedelte Tourismusindustrie und der Handel zusammen den Löwenanteil der lokal zu vergebenden Kredite. Parallel zur regionalen Entwicklung konzentrieren sich die Einnahmequellen aus dem Tourismus auf die Hauptstadt und ihre Umgebung, wo vor allem die Dienstleistungsbetriebe im Zusammenhang mit dem Fremdenverkehr prosperieren. Die stark nach außen orientierte, importabhängige Tourismusbranche hat wenig einheimische Versorgungsbetriebe entstehen lassen. Schätzungen ergeben, daß nur rund 10 % der Tourismuseinnahmen von Male weg auf die entfernteren Inseln fließen, und dies vor allem durch Geld und Lebensmittel, die Tourismusangestellte an ihre Familien auf ihren Heimatinseln senden.[13]

Räumlich-regionale Umstrukturierung

Der Großteil der Hotelinseln befindet sich in unmittelbarer Nähe der Hauptstadt und des Flughafens. Diese räumliche Konzentration bewirkt ein starkes regionales Ungleichgewicht, das sich in der Einkommensverteilung widerspiegelt. Die neue Aktivität und der mit ihr verbundene Modernisierungsprozeß in der Hauptstadt zieht vom ganzen Land Leute an, die sich eine lukrative und prestigiöse Beschäftigung erhoffen. Die nur 2,6 qkm große Insel Male ist hoffnungslos überbevölkert. Ende der 60er Jahre noch ein idyllisches Dorf mit knapp 13000 Einwohnern, muß Male heute mit Hilfe kostspieligster Entwicklungsprojekte saniert werden, um den mittlerweile weit über 50000 Einwohnern einigermaßen angebrachte gesundheitliche Bedingungen (Häuser, Wasser- und Abwasserversorgung, Straßen für die 20000 registrierten Fahrzeuge! etc.) bieten zu können. Seit 1979 ist zudem im Süden der Hauptstadt ein großangelegtes Landgewinnungsprojekt im Gang; ein Drittel allerdings des gewonnenen Landes wurde bei der Flutkatastrophe vom April 1987 wieder weggewaschen. Unterdessen ist eine japanische Firma damit beschäftigt, das gewonnene Land zusätzlich durch einen künstlichen Damm zu schützen.[14]

Die Schreckensmeldungen von solchen »tidal wave disasters« (Sturmfluten) auf den Malediven mehren sich in letzter Zeit. Es handelt sich dabei um ungewöhnlich hohe Wellen, die, meist während außerordentlich starken Stürmen, die Hauptstadt, den Flughafen, umliegende Inseln und zum Teil auch Touristeninseln überfluten.[15] Das Ausmaß der Schäden der letzten Monate und Jahre hat den Präsidenten veranlaßt, an höchster Stelle bei der UNO zu intervenieren. Wenn sich, wie vermutet wird, durch die Beschädigung der Ozonschicht die Erdatmosphäre erwärmt und dabei der Meeresspiegel um einige Meter ansteigt, ist es um die Malediveninseln geschehen, die ja nur wenig über die Meeresoberfläche hinausragen; es sei denn, daß, wie optimistische Experten annehmen, die Korallen genügend schnell nachwachsen. Aber dazu brauchen sie in erster Linie klares, sauberes Wasser.

Die Aussicht auf diese gigantische, weltweite Umweltkatastrophe läßt leicht vergessen, daß die Malediven durch schwerwiegende, aber durchaus »hausgemachte« Umweltschäden bedroht sind. Allein in Male konsumiert täglich jeder Einwohner durchschnittlich eine Büchse »soft drink«.[16] Rechnen wir im Minimum dasselbe für die Touristen, die im Jahr 1,5 Millionen Ferientage verbringen, ergibt sich eine ungeheuerliche Menge von leeren Dosen, die allesamt ins Meer geworfen werden. Dazu kommen die anderen Abfälle, Konserven, aber allen voran die Plastikverpackungen. In Male werden täglich an die 3000 Plastiktüten mit Abfall ins Meer »entsorgt«.[17] Zudem lagern sich Öl- und Dieselrückstände der ständig wachsenden Motorflotte in den Korallenriffen ab.

Das Korallenriff ist ein äußerst komplexes, fragiles System zusammengesetzt aus verschiedensten, zum Teil in Symbiose lebenden Tier- und Pflanzenarten. Die Korallenpolypen brauchen Licht und sauberes Wasser, um ihre paar Zentimeter oder Millimeter im Jahr wachsen zu können. Wird das System gestört und aus dem Gleichgewicht gebracht, so kann das Riff leicht absterben. Aber ein totes Riff bedeutet auf mehr oder weniger lange Sicht auch den Untergang der Insel. Die Riffe sind nun nicht nur durch Gewässerverschmutzung und Abfall bedroht. Oft werden Riffe teilweise oder gänzlich abgetragen, weil Korallenblöcke als Baumaterial verwendet werden, so zum Beispiel für die Aufschüttung der Landepiste des Flughafens oder die Landgewinnung in Male. Ein teilweise zerstörtes Riff bietet einer Insel nur mehr ungenügend Schutz gegen Wellenschlag, so daß ganze Stücke des Ufers ausgewaschen werden. Auf einer Touristeninsel, die zum Bau ihrer Häuser Korallen aus dem eigenen Riff gebrochen hatte, ist beispielsweise über Nacht die Bar, die so idyllisch nahe am Strand errichtet war, in die Lagune gestürzt. Gewisse Inseln auf den Malediven brauchen nicht den Anstieg des Meeresspiegels durch die Erdatmosphärenerwärmung abzuwarten, um wenigstens teilweise im Meer zu versinken.

Das Tourismusdepartment, besorgt in erster Linie um das touristische Potential, hat als erste Instanz die Gefahr erkannt und wirksame Gegenmaßnahmen verlangt. Doch erst Ende 1988 wurde das Planungsministerium offiziell mit dem Auftrag für Umweltschutz betraut, also die Zuständigkeit geregelt für diese heiklen Fragen, die längerfristig mit großen Ausgaben verbunden sein werden. Zudem klärt die UN-Kommission für Umweltprogramme (UNEP) die zu ergreifenden Maßnahmen ab, die bis dahin unkoordinierten Einzelinitiativen überlassen waren.[18]

Verschiedene Veranstalter, vor allem aus Taucherkreisen, und einzelne Hotelbetriebe fordern zum Beispiel seit einiger Zeit ihre Kunden auf, die selbst mitgebrach-

Das Souvenirbusiness beschäftigt immer mehr Kinder *Foto: Chr. Plüss*

ten Abfälle (Plastikflaschen etc.) wieder mitzunehmen – bestimmt ein löblicher Vorschlag, aber wird er auch befolgt? Eine staatliche Aufklärungskampagne soll das Umweltbewußtsein bei der Bevölkerung fördern und ermahnt mittels Plakaten, Büchsen und Abfälle nicht mehr direkt ins Meer zu werfen.[19] Die Hotelinseln mußten sich mit Maschinen ausrüsten, die Konserven und andere Abfälle zusammenpressen, damit sie leichter entsorgt oder auch vergraben werden könnten. Doch diese Maschinen scheinen, im hochkorrosiven Milieu (Salzgehalt und Feuchtigkeit der Luft) dasselbe Schicksal zu erleiden wie andere westliche Techno-Installationen, nämlich nicht zu funktionieren. (Diese atmosphärischen Bedingungen erschweren scheinbar auch die Installation von alternativen Energiespendern.) Für ein konsequentes Recycling gewisser Abfälle scheint der Markt zu klein und der Transportaufwand zu hoch zu sein. Die Beseitigung des durch westliches, leichtfertiges Konsumverhalten verursachten Müllberges und der Umweltschäden stellt die Inselnation vor fast unlösbare Probleme. Mit ihrem erklärten Ziel, noch mehr und luxuriösere Kundschaft anzuziehen, beweisen zudem die Verantwortlichen nicht gerade viel Sinn für »verantwortliches« Handeln. Die Sachzwänge, die sich aus der steigenden Abhängigkeit der Tourismusbranche ergeben, lassen wenig Handlungsspielraum. So bestimmt die Aussicht auf kurzfristigen Gewinn weiterhin die absolut kurzsichtige Tourismuspolitik, die nicht nur ihr eigenes Potential untergräbt, auf dem sie aufbaut, sondern auf Dauer sogar die Lebensgrundlage und die Existenz der einheimischen Bevölkerung gefährdet.

»Die WA(H)RE Begegnung« Foto: Chr. Plüss

Soziale Umschichtung

Betroffen in irgendeiner Art sind also heute alle Bewohner der Malediven, auch wenn die meisten nicht direkt im Kontakt zu den Touristen stehen. Entsprechend der traditionellen Raumaufteilung der Verwendung von Inseln zu spezifischen Zwecken – bewohnt, unbewohnt, Landwirtschaft, Gefängnisinseln, Inseln für Aussätzige, Flughafeninsel, Lagerinseln – wurden auch die Touristen auf ihnen eigens zur Verfügung gestellten, unbewohnten Inseln angesiedelt. Die Trennung der Wohnbereiche kommt bestimmt vielen Inselbewohnern, die den Umgang mit Fremden wenig gewohnt sind, entgegen. Vor allem aber resultiert die starke Segregation von Fremden und Lokalbevölkerung aus einer bewußten, politischen Strategie der Regierung, die sich in Argumenten zur Bewahrung kultureller Werte ausdrückt und in den letzten Jahren durch den neu erstarkenden islamischen Diskurs unterstützt wird. Diese Politik schreibt auch den Touristen strenge Richtlinien in ihrem Verhalten vor (Kleidung, limitierter Besuch von bewohnten Inseln etc.). Im April 1986 wurden verschiedenen Hotelinseln Geldbußen von 1000 US Dollar auferlegt, weil sie Nacktbaden toleriert hatten.[20] Diese Politik vermochte bis jetzt die schlimmen Auswirkungen zu verhindern, die andersweitig oft im Umfeld des Tourismus auftreten wie Prostitution, Kriminalität, Bettelei, Drogenprobleme. Dieser positive Aspekt darf durchaus als gewichtiges Argument für die strenge Trennung von Touristen und Einheimischen gelten.

Tourismus bedeutet aber in einem sogenannten Dritte-Welt-Land wie den Malediven viel mehr als die bloße Ankunft von Besuchern mit den mehr oder weniger guten

Kontakten, die sich daraus ergeben. Die touristische Öffnung hat einen Modernisierungsprozeß eingeleitet, der die ganze Gesellschaftsordnung umzustrukturieren vermag. Die traditionelle maledivische Gesellschaft ist bis vor kurzem relativ homogen geblieben mit Ausnahme der schmalen Oberschicht, die sich um den Sultanshof in Male gruppierte. Sie bot auch wenig Möglichkeiten zur sozialen Differenzierung. Die durch Tourismus induzierte Entwicklung ließen das durchschnittliche Pro-Kopf-Einkommen, den Lebensstandard und die Lebenserwartung entscheidend ansteigen, doch wirken sie sich vor allem in der Hauptstadt und auf den umliegenden Inseln aus. Eine neue gesellschaftliche Hierarchie bildet sich heraus aufgrund materieller, westlicher Werte. An ihrer Spitze liefert die schmale Führungsschicht in Male das Vorbild, dem aufstrebende Geschäftsleute nachzueifern versuchen. Die Einkommenserhöhung vermag jedoch keinesfalls Schritt zu halten mit den gesteigerten Erwartungen und Bedürfnissen insbesondere auch an importierten Konsumgütern. Resultat ist oft die Verschuldung einzelner, mangelnde Geldreserven und ein erhöhtes Handelsdefizit auf nationaler Ebene.

Ein Großteil der im Tourismus tätigen Angestellten leidet unter sehr schlechten Arbeitsbedingungen. Gerade auch das Souvenirbusiness beschäftigt immer mehr Kinder. Steigende soziale Unterschiede, schlecht gestellte und geschützte Bedienstete, Kinderarbeit – das sind untrügliche Zeichen einer überstürzten Einführung des westlichen sozioökonomischen Modells in eine traditionelle Gesellschaft.

Rund drei Viertel der Bevölkerung lebt zum Teil weit ab von Male, zum Beispiel all die Fischer, deren Bedingungen sich durch die Einführung moderner Fischereimethoden vergleichsweise eher verschlechtert haben; oder die Frauen auf den entlegenen Inseln, die früher am Prozeß der Trockenfischverarbeitung aktiv beteiligt waren und die heute immer mehr von allen neuen Wirtschaftszweigen, insbesondere des Tourismus, ausgeschlossen werden, ohne Ersatz in anderen Betätigungen finden zu können.

Die Segregationspolitik bewirkt den Ausschluß weiter Teile der Bevölkerung vom Tourismus und all den neuen profitablen Aktivitäten. Unter dem ideologischen Deckmäntelchen der Bewahrung kultureller und islamischer Werte wird eifrig in die eigene Tasche gewirtschaftet. Wichtigste Beschlüsse, die die Zukunft des ganzen Landes betreffen, werden über die Köpfe der Betroffenen hinweg gefaßt. Mehr oder weniger latente Unzufriedenheit hat kaum jemals die Chance, einen Ausdruck zu finden, es sei denn, sie münde in einen ungeschickten Putschversuch (wie im November 1988), der verstärkte Repression zur Folge hat (und ein verstärktes Abhängigkeitsverhältnis zu Indien).[21]

Doch wenn es nun um die Erhaltung der Natur gehen soll, muß die ganze Bevölkerung des Landes beteiligt werden können. Schnelles Umdenken von seiten der Verantwortlichen ist gefordert, um eine breite Partizipation der Bevölkerung zu gewährleisten. Die Fischer beispielsweise, die bis dahin eine sehr umweltgerechte Fangmethode mit der Angel anwendeten, haben in jüngster Zeit auch gesehen, daß die japanischen Netzfangmethoden sehr viel lukrativer sind, obwohl sie das Gleichgewicht der Riffe empfindlich stören. Um solchen Praktiken wirksam vorzubeugen, muß zuerst mehr soziale Gerechtigkeit garantiert sein. Angesichts der aktuellen Regierungspolitik ist allerdings zu befürchten, daß wiederum nicht die Verursacher mit der Reparation der Schäden belangt werden, sondern die breite Bevölkerung Opfer bringen und auf Dauer auch eine einschneidende Verschlechterung ihrer Lebenssituation in Kauf nehmen muß.

Unverrottbare Abfälle am besten gleich wieder mit nach Hause nehmen! – der erste Schritt in Richtung Bewältigung des Müllberges *Foto: Chr. Plüss*

Nach uns die Sintflut

Dieser bald 250 Jahre alte Ausspruch von Madame Pompadour gewinnt im Licht der neuesten Entwicklung auf den Malediven ungeahnt an Aktualität. Er kann als das Motto der Touristen gelten, die ihren nächsten Urlaub unbehelligt anderswo verbringen dürfen. Es kann aber auch direkt aus dem Mund vieler Tourismusverantwortlicher stammen, nicht nur auf den Malediven, sondern auch in anderen Gastgeber- und vor allem Entsenderländern. Kurzfristiger Gewinn geht vor sorgfältigem Aufbau einer auf Dauer erhaltenswerten Land- und Gesellschaft.

»With the tourism came the tin ...« sagte 1985 ein Verantwortlicher aus dem Tourismusdepartment in Male – eine unvermeidbare Folge? Wenn westliche Verhaltensmuster in massiver und organisierter Form auf Regionen prallen, deren ökologisches Gleichgewicht oft schon durch schwierige klimatische Bedingungen oder frühere Fremdeingriffe beeinträchtigt ist, sind die Auswirkungen verheerend und können direkt die Existenz der ortsansässigen Bevölkerung in Frage stellen.

Die Republik der Malediven darf wohl stolz sein auf ihre traditionelle Unabhängigkeit, ihre eigenständige Kultur und Geschichte. Sie teilt heute jedoch das Schicksal vieler anderer, kleiner Inselnationen: Knappheit an Land und Armut an Bodenschätzen, Kommunikations- und Versorgungsschwierigkeiten, niedrige Einkommen, ein rapides Bevölkerungswachstum und ein krasses regionales Ungleichgewicht. Mit anderen Worten, anscheinend nichts als Palmen und Sandstrände zu vermarkten, die nun mit Erfolg zum Aushängeschild der Nation geworden sind, islamische Werte und nationale Identität hin oder her! Die massive Tourismusentwicklung der letzten Jahre muß vor diesem Hintergrund gesehen werden. Die neu erschlossene Einnahmequelle verhieß das schnelle Geld, für sich und die dringend benötigte »Entwicklung« des Landes. Gebracht hat sie in erster Linie Abhängigkeit von fremdem Geld und fremden Entschlüssen. Dieser Spirale der zunehmenden Abhängigkeit wird nun auch zusehends die Natur, das ganze ökologische Gleichgewicht geopfert. Das soziale Gefälle nimmt zu und damit auch die Ungerechtigkeit. Wer es sich leisten kann, übernimmt westliche Verhaltensmuster, zum Beispiel das Konsumverhalten, das Umweltbelastung und Abhängigkeit weiter verschärft. Zugleich wird die Frage der Verantwortlichkeit komplexer und undurchsichtiger.

Untergräbt der Tourismus sein eigenes Potential, so weiß man aus Erfahrung, daß dieses Gewerbe jede Landschaft, sei sie noch so einmalig, durch eine andere ersetzen kann. Zurück bleibt eine Bevölkerung, für die unser Erholungsraum Lebensraum und »Heimat« bedeutet, und die sich nun, im Namen des Fortschritts, mit den verschlechterten Lebensbedingungen abfinden soll?

Auf der Suche nach wirksamen »Gegengiften gegen die organisierte Unverantwortlichkeit«[22] kann Aufklärung und Protest allerdings nur als erster Schritt betrachtet werden.

Anmerkungen

1 Süddeutsche Zeitung 3.5.1988; Tagesanzeiger 22.9.1988; Frankfurter Rundschau 10.9.1988
2 The Times of India News Service 13.11.1988; Maldives News Bulletin Nr. 197, 20.10.1988
3 Maldives News Bulletin Nr. 190, 10.7.1988
4 Maldives News Bulletin Nr. 167 August 1987 gab bereits 52000 Einwohner an; neuere vorsichtige Schätzungen ergeben 53000 Einwohner.
5 Tourism Development Plan, Vol. I/II, July 1982, Dangroup Planning Consultants – Denmark
6 Gespräch mit Mr. Ahmed Zahir, Deputy Minister of Tourism März 1989
7 Travel Inside, 17.8.1988; Touristik Revue 10.11.1988
8 Weltbank: The Maldives – An Updating Economic Memorandum, Januar 1984
9 Gespräch mit Verantwortlichen des Tourismusdepartments in Male, Sommer 1985
10 Statistical Year Books 1982–1986
11 Maldives News Bulletin Nr. 117, Januar 1988
12 Weltbank 1984 – op. cit.; UNICEF – Situation Analysis of Children and Women in the Maldives, 1987
13 Tourism Development Plan, op. cit., Vol. I, S. 226
14 Maldives News Bulletin, Nr. 190, 28.6.1988
15 Maldives News Bulletin, April 1987, Juni 1988 etc.
16 Das Beispiel stammt direkt aus dem Tourismusdepartment, Gespräch Sommer 1985
17 Frankfurter Rundschau, 10.9.1988 – Artikel von Thomas Prinz
18 Maldives News Bulletin, Nr. 197, Oktober 1988 und Nr. 199, November 1988
19 Gespräch mit Mr. Ahmed Zahir, Deputy Minister of Tourism, März 1989
20 Maldives News Bulletin, Nr. 136, April 1986

21 Mosquito Nr. 11/12, Dezember 1988 – »Aufruhr im indischen Ozean« von Thomas Imboden / Christine Plüss. Nach letzten Angaben im März 1989 befinden sich immer noch indische Soldaten auf den Malediven, was unsere These bekräftigt, die Inder hätten vorab am Putsch ein Interesse gehabt, um ihre angeschlagene Präsenz in dieser Region zu verstärken.

22 U. Beck: Gegengifte – Die organisierte Unverantwortlichkeit, Suhrkamp, Frankfurt/Main 1988

Christiane Brauer

Südseeinseln – Touristenziele mit ökologischen Problemen

»Südsee« – bei dem Wort denken viele von uns sofort an ewigen Sonnenschein, weiße Strände, blaue Lagunen, grüne Palmen, die sich im Winde wiegen, und schöne Menschen, die blumengeschmückt und immer mit einem Lächeln auf den Lippen in dieser paradiesischen Umgebung leben: frei, ohne Sorgen und ohne die Zwänge unserer Zivilisation.

»Mar del Sur« – Südsee – nannte erstmals der Spanier Balboa 1513 das riesige, viele tausend Inseln umfassende Gebiet, das östlich von Indonesien und den Philippinen und westlich von dem amerikanischen Doppelkontinent liegt und sich also von der Hawai'i-Gruppe im Norden bis zur Südinsel Neuseelands im Süden, von Neuguinea im Westen bis nach Rapanui (Osterinsel) im Osten erstreckt

1. Umfang und Bedeutung des Tourismus in der Südsee

Wegen der sehr großen Entfernungen sowohl von den Kontinenten als auch zwischen den einzelnen Inseln hat der Tourismus in der Südsee erst seit Mitte der 60er Jahre im Zuge des Ausbaus von Schiffs- und vor allem Flugverbindungen in größerem Umfang begonnen und hat dann immer mehr an Bedeutung gewonnen.

Mit Abstand am beliebtesten bei den Touristen ist Hawai'i, das schon früher als andere Inseln nach dem zweiten Weltkrieg das Tourismusgeschäft ausbaute und Anfang der 80er Jahre von jährlich mehr als 4 Millionen Touristen besucht wurde.[1]

Die folgende Tabelle gibt einen Überblick über die Touristenzahlen in den so unterschiedlich großen Südsee-Territorien.[2]

Tab. 1: Touristen in der Südsee

Territorien	Touristen in 1000 1983[3]	Landfläche in qkm[4]	Touristen pro qkm	Einwohner in 1000[4]	Touristen pro Einwohner
Hawai'i	4400	16641	264	994,0	4,4
Guam	400	549	729	106,4	3,8
Fidschi	190	18272	10	650,0	0,3
»Französisch-Polynesien«	110	4000	28	160,0	0,6
Neukaledonien	90	19103	5	142,5	0,6
West-Samoa	38	2934	13	160,0	0,2
Vanuatu	31	11880	2,6	120,0	0,3
Papua-Neuguinea	30	461690	0,06	3066,0	0,01
Amerikanisch-Samoa	20	197	102	33,2	0,6
Cook-Inseln	20	240	83	17,8	1,1
Tonga	15	671	21	98,4	0,2
Salomonen	11	29785	0,4	248,0	0,04
Rapanui	4 [5]	180	22	2,0	2
Kiribati	fast keine	719	-	59,9	-
Tuvalu	fast keine	26	-	8,7	-
Nauru	fast keine	24	-	8,4	-

Gebiete, die im Verhältnis zur Landflächen von vielen Touristen besucht werden, verdanken ihre Beliebtheit u. a. den engen politischen und wirtschaftlichen Bindungen an die USA (Hawaii als 50. Bundesstaat, Guam und Amerikanisch-Samoa als nicht inkorporierte Territorien), an Frankreich (»Französisch-Polynesien« als Überseeterritorium) und an Neuseeland (Cook-Inseln mit interner Selbstverwaltung) und ihrer zumindest auf den Zentralinseln vergleichsweise stark ausgebauten Infrastruktur. Ebenso schlägt sich im Gegensatz zu den melanesischen Inseln die Malariafreiheit und das durch starken Seewind gemilderte Tropenklima der polynesischen Inselgruppen bzw. das subtropische Klima Hawai'is in großen Touristenzahlen nieder.

Einige der souveränen Staaten wie Tonga, West-Samoa und Fidschi haben ein mittleres Touristenaufkommen bezogen auf ihre Landflächen, andere wie Papua-Neuguinea, die Salomonen und Vanuatu haben nur ein geringes. Die extrem kleinen Inselstaaten Kiribati, Tuvalu und Nauru beherbergen fast gar keine Touristen.

Der Tourismus ist neben den Geldsendungen der polynesischen Südseeinsulaner, die in die USA und nach Neuseeland emigrierten, an die Verwandten auf den Herkunftsinseln und neben den amerikanischen und französischen Militärbasen einer der entscheidenden wirtschaftlichen Faktoren für die kleinen Territorien in der Südsee mit ihrer wenig diversifizierten Wirtschaft. Für Hawai'i ist das Tourismusgeschäft die größte,[6] auf Guam die zweitgrößte Einnahmequelle.[7] Auch in »Französisch-Polynesien« sind Tourismus, die Subventionen aus Frankreich und die französischen Militärbasen die wichtigsten wirtschaftlichen Bereiche.[8]

In ressourcenarmen Staaten wie West-Samoa, den Cook-Inseln und Tonga werden von den jeweiligen Regierungen große Hoffnungen in einen Ausbau des Tourismus gesetzt. Papua-Neuguinea und das von Frankreich bestimmte Neukaledonien dagegen haben große Erzvorkommen: so werden in Papua-Neuguinea Kupfer und Gold und in Neukaledonien Nickel abgebaut und exportiert, so daß diese Regionen weniger stark vom Tourismusgeschäft abhängig sind als ressourcenarme Inselgruppen.

Abb. 1: Strand mit Hotelkomplexen auf Hawai'i *(Foto: Marion Struck)*

2. Ökologische Belastungen durch den Tourismus

Mit Ausnahme der Insel Neuguinea handelt es sich bei den Südseeinseln um kleine bis kleinste Inseln. Die größeren von ihnen sind in der Regel sogenannte hohe Inseln, die dadurch entstanden sind, daß Vulkane vom Meeresboden bis weit über den Meeresspiegel hinaufreichen. Die Nutzung ihrer Landfläche z. B. für die Landwirtschaft wird durch hohe zerklüftete Gebirge im Zentrum der Inseln eingeschränkt.

Besonders geringe Landflächen weisen Atolle auf. Sie entstanden dadurch, daß Vulkanmassive verwitterten oder unter den Meeresspiegel absanken und nur der stetig nach oben wachsende Korallenring um diesen Vulkan erhalten blieb und zur Grundlage für kleine Inseln (Motus) wurde. Diese sind dann meist extrem schmal, sehr flach, erheben sich kaum über den Meeresspiegel und sind sehr wasserarm, weil sie aufgrund ihrer geologischen Struktur kein Oberflächenwasser speichern können.

Seit dem Kontakt mit den Europäern und der Kolonialisierung waren die traditionellen Lebensweisen und Wertvorstellungen der Einheimischen vielfachen Veränderungen unterworfen, die u. a. auch zu einem starken Anwachsen der Bevölkerung und somit auf einigen Inseln zu Mangel an Nutzland führten. Die Landknappheit wird durch die Tourismusindustrie noch verschärft, denn sowohl die Landflächen für den Bau von Hotelkomplexen, die z. B. in Hawai'i ganze Küstenlandstriche bedecken (vgl. Abb. 1), als auch die für Sportanlagen, wie Golf- und Tennisplätze, gehen für andere Nutzungsmöglichkeiten verloren. Auch die für den Ausbau des Tourismus erforderliche Infrastruktur, wie z. B. Flugplätze, Straßen und Hafenanlagen, hat einen großen Flächenbedarf.

Die Tourismusindustrie auf Hawai'i liegt fast ausschließlich in den Händen von US-amerikanischen und japanischen, international operierenden Hotelkonzernen.[9] Wegen der begrenzten nutzbaren Landflächen und der hohen erzielbaren Gewinne durch den Tourismus wurde Land auf Hawai'i zunehmend zum Spekulationsobjekt. Dieses führte dazu, daß die meisten Einwohner Hawai'is sich schon Anfang der 80er Jahre kein eigenes Haus mehr kaufen konnten.[10] Die Hotelkonzerne sind vor allem an ihrem Profit und nur wenig am Erhalt des ursprünglichen Charakters einer Insel und des ökologischen und sozialen Gefüges interessiert, wie die Aussage eines Vertreters eines der großen Tourismuskonzerne verdeutlicht:

> »Nobody cares whether Waikiki is a concrete jungle. They come here for the beaches, the scenery, the flowers, the great year-round weather, sightseeing, dining and entertainment.«[11]

Gerade die intensive Nutzung der Strände durch die Touristen macht den Einheimischen den Fischfang an der Küste unmöglich und erschwert das Leben der ohnehin unterprivilegierten indigenen Bevölkerung Hawai'is zusätzlich.[12]

Auf vielen Südseeinseln sind Baustoffe für Stein- und Betonhäuser wegen der langen Transportwege knapp und teuer, und so hat man z. B. in Tonga zum Hotel- und Straßenbau Korallengestein und Küstensand verwendet, was langfristig den Schutz der Inseln vor den zahlreichen schweren Stürmen und die Stabilität der Küsten beeinträchtigen kann.[13]

Da die Südseeinseln mit Ausnahme von Guam und den melanesischen Inselgruppen im Westen der Südsee wie Papua-Neuguinea, Neukaledonien, den Salomonen und Vanuatu über keine Bodenschätze und somit auch über keine fossilen Energieträger verfügen, muß alles, was z. B. an Diesel und Benzin verbraucht wird, eingeführt werden, und der Verbrauch steigt wegen des Tourismus stetig. Daß die Einfuhr von Erdöl gerade in den stürmischen und mit gefährlichen Korallenriffen durchzogenen Gewässern der Südsee ein großes Risiko bedeutet, wurde Anfang März 1989 wieder einmal deutlich, als der mit 14 Millionen Litern Rohöl beladene Tanker »Exxon Houston« sich beim Entladen vom Liegeplatz in Hawai'i durch einen Sturm losriß und vor der Küste der touristisch am stärksten erschlossenen Insel Oahu auf Grund lief. Die ökologischen Schäden durch das ausgelaufene Rohöl waren zu jenem Zeitpunkt noch nicht abzuschätzen.[14]

Aber auch der auf manchen Inseln übliche sorglose Umgang mit Altöl kann leicht zu einer Gefährdung des ohnehin knappen Grundwassers bzw. Süßwassers führen.[15]

Besonders knapp ist Süßwasser auf den Atollen. Die Bevölkerung ist dort darauf angewiesen, das Regenwasser aufzufangen und die sogenannte »Süßwasserlinse« zur Wasserversorgung zu nutzen. Die Süßwasserlinse entsteht dadurch, daß Regenwasser durch das poröse Korallengestein sickert und sich über dem schwereren Salzwasser in Form einer großen Linse konzentriert. Dieses Wasser hat eher Brackwasserqualität als die eines reinen Süßwassers. Da die Regenfälle in vielen Gegenden der Südsee unregelmäßig sind, stellten Dürreperioden neben Hurrikanen schon traditionell die Hauptschwierigkeiten für die einheimischen Atollbevölkerungen dar. Diese waren in Dürrezeiten darauf angewiesen, Nahrungsmittel von anderen Inseln zu holen oder für begrenzte Zeit dorthin umzusiedeln. Dieses ist z. B. für Tuvalu belegt.[16]

Die z. T. als Folge des Kontaktes mit den Europäern stark zunehmende Bevölkerungszahl hat z. B. auf Tarawa, dem Verwaltungssitz Kiribatis, auch ohne nennenswerte Touristenzahlen dazu geführt, daß die Süßwasserlinsen einiger Motus zu stark ausgebeutet wurden. Dadurch wurde das Wasser so salzig, daß man es nicht mehr trinken kann.[17]

Aber selbst auf den hohen Inseln wird das Wasser in einigen Gegenden zunehmend knapp. So kam es schon in den 70er Jahren in Fidschi in dem Ort Nadi und Umgebung wegen des hohen Wasserverbrauchs des Flughafens und der Hotels zu Wasserknappheiten.[18] Auch die Wasserversorgung Apias, der Hauptstadt West-Samoas, ist zeitweise durch Mangel an Wasser schwierig.[19] Auf Hawai'i werden für die Versorgung der vielen Touristen in den Hotelsilos sehr große Mengen von Wasser verbraucht, was z. B. auf der Insel Molokai die Möglichkeit zu einem diversifizierten Anbau und einer Selbstversorgung mit Nahrungsmitteln stark einschränkt.[20]

Parallel zum Frischwasserverbrauch nimmt die Abwassermenge durch die Touristen zu, was zu einer Gefährdung für das sehr labile Gleichgewicht der Lagunen vieler Südseeinseln führt. Mit der Verschmutzung der Lagunen wird auf vielen Inseln auch die Nahrungsmittelversorgung und die Gesundheit der Einheimischen gefährdet, die ihren Eiweißbedarf traditionell durch Fische und Mollusken aus den Lagunen dekken.

Neben dem Abwasser wird auch die Beseitigung des Mülls von ausgedienten importierten Industrieprodukten, wie z. B. Blechdosen, Kühlschränken und synthetischen Fasern, immer mehr zu einem Problem, weil u. a. zur Versorgung der Touristen immer größere Mengen von Gütern eingeführt werden. Bei der traditionellen Lebensweise trat dieses Problem nicht auf, weil den Einheimischen vorwiegend leicht verrottbare Materialien zur Verfügung standen. Es werden aber in den letzten Jahren zunehmend importierte synthetische Materialien genutzt. So werden z. B. sogar die nach traditionellen Methoden geflochtenen Matten in Tonga und die Netztaschen in Papua-Neuguinea immer häufiger aus Kunstfasern gefertigt, weil die Touristen und auch viele Einheimische sie wegen ihrer längeren Haltbarkeit bevorzugen.[21]

Die traditionelle Müllbeseitigung – man warf die ehemals leicht verrottenden Abfälle in die Lagune – gefährdet nun wegen der importierten Materialien das ökologische Gefüge und die Gesundheit der einheimischen Bevölkerung.[22]

3. Wie bewerten die Südseebewohner den Tourismus

Auf Inselgruppen, auf die inzwischen sehr viele Touristen kommen und auf denen das Tourismusgeschäft vorwiegend in ausländischer Hand liegt, sind sehr viele Einheimische gegen die Tourismusindustrie. Sie haben durch sie vor allem Nachteile.

Dieses zeigt sich besonders drastisch auf Hawai'i. Dort werden auch gerade die als unterprivilegierte Minderheit lebenden polynesischen Hawai'ier durch den Tourismus ihres Landes und ihrer Fischereigebiete beraubt. Für sie selber bleiben nur die schlecht bezahlten Jobs in der Tourismusindustrie mit wenig Aufstiegschancen. Der Zwang, andauernd Touristen bedienen zu müssen, wird von vielen als erniedrigend empfunden. Dieses drückt sich deutlich in der folgenden Aussage eines Hawai'iers aus, die dieser schon Anfang der 80er Jahre machte:

Abb. 2: Tonganische Familie am Strand beim Verkauf von selbsthergestellten Souvenirs (Foto: Marion Struck)

> »Brothers and sisters, people of Hawaii, is it not time to admit that our islands, our homes, our lives are being directed by powers we cannot control. What will happen when there is no longer any land to build upon? We will have to take jobs catering to tourists. We will carry their bags, make their beds, cook for them. What a sorry existence for a once proud people.«[23]

Es wird als besonders schmerzlich empfunden, daß die Einheimischen keine Kontrollmöglichkeiten über das Ausmaß und die Art des Tourismus und dessen Folgen haben. So formierten sich Anfang der 80er Jahre auf der Hawai'i-Insel Molokai Einheimische zum Widerstand gegen eine Ausbeutung durch den Tourismus. Eine hawaiische Umweltorganisation rief zum Kampf gegen den weiteren Ausbau der Tourismusindustrie mit folgenden Worten auf:

> »Kaluakoi means airports, highways, gas stations, curio shops, neon lights, plastic leis, rising crime, broken homes. Kaluakoi means the end for Molokai's Hawaiian lifestyle. We have to begin to fight to protect this lifestyle.«[24]

In den Südseegebieten, in die noch nicht so viele Touristen kommen und in denen der Tourismus noch weitgehend von Einheimischen kontrolliert wird wie Tonga,[25] West-Samoa[26] und den Cook-Inseln und in den Südseestaaten, in die fast gar keine Touristen reisen wie den aus Atollen bestehenden Staaten Tuvalu und Kiribati wünschen sich viele noch größere Touristenzahlen. Dieses gilt vor allem für die jeweiligen Regierungen, weil sie den Tourismus als eine der wenigen wirtschaftlichen Möglichkeiten auf ihren kleinen, abgelegenen und ressourcenarmen Inseln sehen.

Allerdings gibt es auch hier kritische Stimmen. Auf den Cook-Inseln z. B., auf denen sich der Tourismus vorwiegend auf den drei Inseln Rarotonga, Aitutaki und Mitiaro konzentriert, fürchtet eine Bewohnerin, es werde bei weiterer Zunahme der Touristenzahlen auf diesen Inseln bald keine Bäume und keine Blumen mehr geben, alle Flächen würden mit Häusern zugebaut, die Luft werde durch Abgase und die Lagune durch Mengen von Müll verschmutzt werden.[27] Auch die anfänglich fast ausschließlich positive Einstellung in Fidschi hat sich seit den 70er Jahren in eine vorsichtigere und bei einigen auch ablehnende Haltung gegenüber einem weiteren Ausbau des Tourismus gewandelt.[28]

Eine völlig andere Situation herrscht auf Nauru, denn es hat aufgrund seines Phosphatvorkommens eines der höchsten Pro-Kopf-Einkommen der Welt, und die Einheimischen haben deshalb keinen Wunsch nach Touristen. Nach Abbau des Phosphates bleibt allerdings vom Inneren der Insel nur der nackte Korallenkalk in tief zerklüfteten Formationen übrig.[29]

4. Maßnahmen für einen ökologisch verträglicheren Tourismus

Um die negativen Auswirkungen des Tourismus in der Südsee zu begrenzen, sind eine Reihe von Maßnahmen nötig. Ohne Anspruch auf Vollständigkeit schlage ich vor allem folgende vor:

- Die Ausbeutung der Wasservorräte muß beschränkt werden. Dieses erfordert auf vielen Inseln Untersuchungen über die Wasserreserven, bevor ein weiterer Ausbau von Hotels etc. vorangetrieben werden kann. Jeder einzelne Tourist könnte durch sparsamen Umgang mit Wasser die Südseebewohner beim sinnvollen Umgang mit ihren begrenzten Ressourcen unterstützen.
- Um zu verhindern, daß ganze Landstriche mit Hotels zugebaut und die natürliche Vegetation dadurch verdrängt wird, sollten die Staaten Richtlinien zur Bebauung und Nutzung einzelner Gebiete für den Tourismus vorgeben.
- Wie die Beispiele Hawai'i, Guam und Tahiti zeigen, ist es sehr wichtig, daß die Südseestaaten darauf achten, daß die Tourismusbranche in ihrem Land nicht zu stark von ausländischen Unternehmern bestimmt wird, sonst werden die Einheimischen wenig Einfluß auf die Form des Tourismus haben, werden wenig am Gewinn beteiligt sein und können kaum ökologische Schutzmaßnahmen durchsetzen. Der einzelne Tourist kann dieses Bestreben der Südseestaaten unterstützen, indem er seine Reise nicht nur bei einem der großen internationalen Tourismusunternehmen bucht, sondern Angebote regionaler Unternehmen nutzt.
- Zur Vermeidung der weiteren Verschmutzung der Lagunen sollten Kläranlagen gebaut werden. Es müssen außerdem Konzepte zur Müllbeseitigung und zum -recycling entwickelt und verwirklicht werden. Die Verwendung natürlicher Materialien anstelle von importierten synthetischen sollen gefördert werden.

Manche der hier genannten Maßnahmen werden bereits von einigen Südseestaaten verwirklicht. So begrenzte z. B. die Regierung von Fidschi zeitweise den Wasserver-

Abb. 3: Kupferabbau auf Bougainville, Papua-Neuguinea (Foto: Eckard Garbe)

brauch in Nadi und Umgebung.[30] Tonga und West-Samoa bemühen sich darum, den Tourismus in einheimischen Händen zu behalten. Auf Tonga gibt es vereinzelt Versuche, vorwiegend natürliche, traditionelle Materialien einzusetzen.[31]

Fazit

Für viele südpazifische Gebiete ist trotz der teilweise negativen Auswirkungen auf die Lebensweisen der Einheimischen und auf die Natur der Tourismus eine der wenigen wirtschaftlichen Möglichkeiten, weil eine wirtschaftliche Entwicklung stark eingeschränkt wird durch die Ressourcenarmut, durch die geringe Fläche und große Entfernungen der südpazifischen Inseln von den Märkten der Welt. Aufgrund des starken Bevölkerungswachstums besteht aber ein großer Bedarf an neuen Arbeitsplätzen und Möglichkeiten des Gelderwerbs.

Es darf ferner nicht vergessen werden, daß andere Bereiche teilweise noch bedeutend größere ökologische Schäden anrichten als die Tourismusbranche, so z. B. die Atombombentests der Franzosen in »Französisch-Polynesien«, der Nickelabbau in Neukaledonien und der Kupfer- und Goldabbau in Papua-Neuguinea (vergl. Abb. 3). Letzterer hat zu einer starken Schwermetallbelastung des Flusses Ok Tedi in

Neuguinea geführt, die die Gesundheit der einheimischen Bevölkerung bedroht. Australische Umweltschutzbehörden befürchten darüber hinaus die Verseuchung des Fly Rivers, des Papua-Golfes und der australischen Torresstraße.[32]

Um die Schäden durch den Tourismus in Grenzen zu halten und gleichzeitig den größtmöglichen Nutzen für die einheimische Bevölkerung zu erlangen, ist es allerdings wichtig, daß die Regierungen strenge Richtlinien zur Nutzung einzelner Gebiete und Ressourcen durch den Tourismus festlegen. Desweiteren scheint es sinnvoll zu sein, daß das Management der Tourismusbranche in einheimischen Händen bleibt oder wieder in einheimische Hände übergeht, weil es sonst zu einer unverantwortlichen Ausbeutung der einheimischen Bevölkerung und der Natur kommen kann, wie das Beispiel Hawai'i zeigt.

Anmerkungen

1 Vgl. Kent, N. J.: Hawaii. Islands Under Influence. New York and London 1983, S. 165, 170; Hölper, H.: Tourismus in Tonga, Aachen 1986, S. 81
2 Allerdings sind diese Zahlen nur als Annäherungswerte zu betrachten, da sie z. T. nach verschiedenen Kriterien erhoben wurden.
3 Vgl. Hölper, H.: Tourismus in Tonga, Aachen 1986, S. 85f.
4 Vgl. Carter, J.: Pacific Islands Yearbook, Sydney 1984
5 Vgl. Buchholz, H. J. (Hg.): Fischer Länderkunde 10: Australien – Neuseeland – Südpazifik, Frankfurt/M. 1984, S. 231
6 Vgl. Kent, N. J.: Hawaii. Islands Under Influence. New York and London 1983, S. 181
7 Vgl. Buchholz, H. J. (Hg.): Fischer Länderkunde 10: Australien – Neuseeland – Südpazifik, Frankfurt/M. 1984, S. 170
8 Ebenda, S. 226
9 Vgl. Kent, N. J.: Hawaii. Islands Under Influence, New York and London 1983, S. 165f.
10 Ebenda, S. 168
11 Ebenda, S. 174
12 Vgl. Dömpke, S.: Hawai'i Nei – Wiedergeburt einer Nation. In: Pogrom 134, 7/1987, S. 31
13 Vgl. Hölper, H.: Tourismus in Tonga, Aachen 1986, S. 159
14 Vgl. Hildesheimer Allgemeine Zeitung vom 4. 3. 1989
15 Vgl. Hölper, H.: Tourismus in Tonga, Aachen 1986, S. 162
16 Vgl. Bedford, R.; B. MacDonald und D. Munro: Populations Estimates for Kiribati and Tuvalu 1850–1900. Review and Speculation. In: The Journal of the Polynesian Society 89, H. 2, 1980, S. 206ff, 209f.
17 Vgl. Tong, P. und B. Tanentoa: Urbanization, Tourism and Natural Environment. In: 'Akau'ola, L. et al.: Pacific Tourism as Islanders see it. Suva, Fiji 1980, S. 128
18 Vgl. Britton, S.: Tourism and underdevelopment in Fiji. (Development Studies Centre Monograph No. 31). Canberra 1983, S. 183
19 Vgl. Meleisea, M. and P. Maleisea: »The Best Kept Secret«: Tourism in Western Samoa. In: 'Akau'oja, L. et al.: Pacific Tourism as Islanders see it. Suva, Fiji 1980, S. 43
20 Vgl. Kent, N. J.: Hawaii. Islands Under Influence. New York and London 1983, S. 177
21 Vgl. 'Akau'ola, L. et al.: The Social and Cultural Impact of Tourism in Tonga. In: 'Akau'Ola, L. et al.: Pacific Tourism as Islanders see it. Suva, Fiji 1980, S. 22
22 Vgl. Hölper, H.: Tourismus in Tonga. Aachen 1986, S. 162
23 Vgl. Kent, N. J.: Hawaii. Islands Under Influence. New York and London 1983, S. 179
24 Ebenda, S. 170

25 Vgl. Struck, M.: Der Papalangi und seine Welt in der Vorstellung tonganischer Jugendlicher. Wissenschaftliche Hausarbeit zur Erlangung des akademischen Grades eines Magister Artium. Hamburg 1988, S. 56

26 Vgl. Fischer, H.: Warum Samoa? Touristen und Tourismus in der Südsee. Berlin 1984, S. 236–243

27 Vgl. Syme, F.: Thoughts on the Consequences of Tourism. In: 'Akau'ola, L. et al.: Pacific Tourism as Islanders see it. Suva, Fiji 1980, S. 58

28 Vgl. Britton, S.: Tourism and underdevelopment in Fiji. (Development Studies Centre Monograph No. 31). Canberra 1983, S. 157

29 Vgl. Wilpert, C.: Südsee. Insel, Völker und Kulturen. Hamburg 1987, S. 66

30 Vgl. Britton, S.: Tourism and underdevelopment in Fiji. (Development Studies Centre Monograph No. 31). Canberra 1983, S. 183

31 Vgl. Burke, K.: The Development of small Tourist Enterprise. In: 'Akau'ola, L. et al.: Pacific Tourism as Islanders see it. Suva, Fiji 1980, S. 28

32 Vgl. Schulz-Schoppe, H. und E. Garbe: Reisenotizen aus den Star Mountains (Papua Neuguinea). In: Pogrom 134, 7/1987, S. 60

Karl-Heinz Kohnen / Rüdiger Braun

Cash Apes – Das Geschäft mit dem Gorilla-Tourismus

1. Aus dem Nebel des Dschungels ...

Berggorillas avancierten durch Michael Apteds Film »Gorillas in the Mist« zu Hollywood-Stars. Bei dieser Biographie der amerikanischen Naturschützerin und Forscherin Dian Fossey sind Gorillas die eigentliche Attraktion. Das furchterregende King-Kong-Image wurde abgelöst von der Mär der sanften Riesen. Als Folge davon sind ›Gorillabesuche‹ inzwischen Publikumsrenner an der Spitze ausgefallener Touristenwünsche. Auf der internationalen Tourismusbörse in Berlin, im März 1988, standen die Touristikveranstalter an den Ständen von Rwanda Schlange. Bis Ende 1990 sei das Besucherkontingent weitgehend ausgebucht. Die weltweite Naturtourismuswelle droht über den Gorillas zusammenzuschwappen.

Ein Nachwort am Ende des Gorilla-Films behauptet, daß das Überleben der Gorillas dank dem Lebenswerk Dian Fosseys und internationaler Naturschutzbemühungen inzwischen gesichert sei. Ein leichtfertiger Satz, trotz aller Erfolge bei der Eindämmung der Wilderei und der Erhaltung der verbliebenen Bergregenwälder. Es ist wahr, ein erfreulicher Aufwärtstrend der Gorillapopulation war in den letzten zehn Jahren zu beobachten. Während 1978 im 375 qkm großen Gebiet der Virunga-Vulkane, im Dreiländereck von Rwanda, Zaïre und Uganda, nur noch 250 Individuen gezählt wurden, erholte sich der Bestand bis 1986 wieder auf 308 Tiere. Neben dem Wirken der radikalen Naturschützerin Dian Fossey, sicherlich zu einem großen Teil das Ergebnis eines touristischen Masterplans, der als ideale Verbindung von Tourismus und Naturschutz gilt. Seit zehn Jahren existieren auf dieser Basis im Parc National des Volcans (PNV) in Rwanda organisierte Führungen zu den vom Aussterben bedrohten Berggorillas.

Durchgeführt und kontrolliert werden die Gorillabesuche vom ›Montain Gorilla Project‹ (MGP), das 1979 ins Leben gerufen wurde, um den Schutz der hochgradig gefährdeten Regenwälder, im Virungagebiet, auf eine solide finanzielle Basis zu stellen. Die in diesem Gebiet tätigen Umweltschützer und Wissenschaftler standen damals im Zugzwang. Die Bevölkerungszahl explodierte in dem fruchtbaren Kleinstaat, etwa von der Größe Hessens. Mit über 250 Einwohner pro km^2 und einer jährlichen Wachstumsrate von 3,6 % ist Rwanda das dichtest besiedelste Land Afrikas. Drei Menschen müssen auf einem fußballplatzgroßen Feld ihr landwirtschaftliches Auskommen finden. Geburtenkontrolle scheiterte bisher am Widerstand der einflußreichen katholischen Kirche, der etwa die Hälfte der Rwandesen angehören. Viele der Bauern am Rande des Naturparks forderten die Freigabe der Waldflächen. Ende der sechziger Jahre wurde der Druck auf die Regierung so stark, daß sie 100 km^2 – beinahe die Hälfte des Nationalparks – in Ackerland umwandeln ließ. Schon wenige Jahre nach den Rodungen zeigte sich jedoch, daß in den Trockenzeiten die Bäche weniger Wasser führten, aber während den Regenzeiten ganze Felder mit sich rissen.

Frontseite der Broschüre »Le Rwanda« vom Ruanda-Stand der ITB '89: »Mit dem Film ›Gorillas in the mist‹ geht Ruanda erfolgreich auf Touristenfang«

Verdunstung und Schwammwirkung des Bergregenwaldes waren deutlich beeinträchtigt. Anscheinend nicht deutlich genug, denn Ende der siebziger Jahre wurden erneut Stimmen laut, die den Naturschutz im ›Parc des Volcans‹ für einen sinnlosen Spleen der Weisen hielten und Gebietsabtretungen für die Bauern forderten. Die Wissenschaftler, die sich damals um Dian Fossey scharrten, sahen die Arbeiten von über einem Jahrzehnt akut gefährdet. Fossey hatte mit Unterstützung der National Geographic Society die Forschungsstation ›Karisoke‹, auf dem Bergsattel zwischen den beiden Vulkanen Visoke und Karisimbi, aufgebaut. 18 Jahre kämpfte die energische Frau vehement für das Überleben der Berggorillas, bis sie am zweiten Weihnachtsfeiertag 1985 mit gespaltenem Schädel in ihrer Hütte aufgefunden wurde – erschlagen mit einem Buschmesser.

Ihre Veröffentlichungen und die Filme des bekannten Tierfilmers Bob Campbell über ihr Leben bei den Berggorillas hatten die Aufmerksamkeit der Weltöffentlichkeit auf die Bedrohung der faszinierenden Menschenaffen gelenkt. Auch war es ihr und ihren Mitarbeitern gelungen, die Jagd auf Gorillas fast völlig zum Erliegen zu bringen. Doch in einem Land, das jedes Jahr 200000 hungrige Mäuler mehr zu stopfen hat, wirkten 120 km^2 von ungenutztem besten Waldboden auf viele wie Luxus. »Es mußte sich für die Rwandesen unmittelbar auszahlen, den Park mit seinen Gorillas aufrecht zu halten«, überlegte der Wissenschaftler Bill Weber, als er 1978 die Verhältnisse in Rwanda kennengelernt hatte. Weber war zusammen mit seiner Frau, der Zoologin Amy Vedder, von der ›New York Zoological Society‹ nach Karisoke entsandt worden. Er griff die Idee auf, Touristengruppen gegen eine stattliche Gebühr zu den Gorillas zu führen. Kontrollierter Tourismus sollte der Regierung in Kigali zei-

Berg-Regenwald in Zaïre *Foto: Rüdiger Braun*

gen, daß es sich bezahlt macht, die Gorillas und deren Lebensraum zu schützen. Aufbauend auf den Erfahrungen von Dian Fossey versuchten Weber und Vedder, vorsichtig zwei Gorillagruppen an die Gegenwart von Menschen zu gewöhnen. Ihre Erfahrungen und Erfolge mündeten schließlich im MGP, das 1979 von internationalen Naturschutzverbänden und der rwandesischen Regierung ins Leben gerufen wurde. Neben der Entwicklung des Tourismus machte sich das Berggorillaprojekt den Schutz des Parks und umfassende Aufklärungsarbeit zur Aufgabe. Schulen und Dörfer im ganzen Land werden besucht, um mit Filmen und Informationsmaterial den Sinn von Naturschutzarbeit zu vermitteln.

Finanziell wurde das Projekt ein voller Erfolg. 1978, ein Jahr vor Beginn des Tourismusprogramms, kamen lediglich 1352 zahlende Besucher in den ›Parc National des Volcans‹ (PNV), 1984 waren es schon 5790 und 1988 sogar mehr als 7000. Damit stieg die Tourismusbranche in Rwanda zum drittgrößten Devisenbringer auf, nach Kaffee und Tee. Webers Konzept war aufgegangen: Der Park bringt Rwanda in der Nutzung als Touristenattraktion jährlich inzwischen ebensoviel Gewinn, wie wenn sein nährstoffreicher vulkanischer Untergrund zur Erzeugung hochwertiger Agrarprodukte verwendet werden würde, nämlich bis zu 300 $/ha. Als Viehweide würde der PNV lediglich rund 14 $/ha einbringen. Die Wirtschaftlichkeit des Parks ist eine wichtige Voraussetzung für seinen Fortbestand, denn die Weltbank und die ihr angegliederten Kreditgeberländer erwarten Profite von Rwandas Wirtschaft, um langfristig eine Rückzahlung ihrer Kredite zu erreichen.

2. Vorbild Rwanda

150 $ kostet einen ausländischen Touristen gegenwärtig ein Drei-Tages-Paß, ein Rwandese zahlt nur ein paar Dollars. Vier Gorillafamilien wurden bisher im PNV habituiert, d. h. schrittweise an die Gegenwart von Menschen gewöhnt. Ein Prozeß, der von wenigen Monaten bis zu zwei Jahren dauern kann. Da eine Gorillasippe sich in einem konstanten Wohngebiet von zirka 30 km^2 aufhält und täglich nur zwischen 0,5 und 2 km wandert, ist es für einen erfahrenen Führer relativ einfach, eine Familie aufzuspüren. Harte Märsche sind dabei allerdings keine Seltenheit. Normalerweise führen zwei ›Pisteurs‹ eine Touristengruppe pro Tag, mit maximal sechs Personen, an eine habituierte Gorillagruppe heran. Die Besucher erhalten genaue Verhaltensinstruktionen für die Begegnung mit den nicht ungefährlichen Wildtieren: Möglichst nicht sprechen, langsame Bewegungen, den Tieren nicht in die Augen starren, möglichst Freßverhalten zeigen, direkten Körperkontakt mit den Tieren vermeiden und bei Bedrohung zusammenkauern. Wer sich an diesen Kodex hält, hat von den Gorillas praktisch nichts zu befürchten. Die Menschenaffen zeigen meist nur flüchtige Neugier und gehen souverän ihren gewohnten Tätigkeiten nach. Um die Geduld der Tiere aber nicht überzustrapazieren, ist ein Besuch regulär auf maximal eine Stunde am Vormittag begrenzt. Die Kontrolle dieser Auflagen unterliegt der Nationalparkverwaltung, die wiederum ihre Weisungen vom Mountain Gorilla Project und der staatlichen Tourismusbehörde ORTPN erhalten. Bei strittigen Entscheidungen hat die ORTPN, als Arm der Regierung, das letzte Wort. Das MGP hat nur beratenden Status. Aus welchen Motiven heraus die Regierung das Projekt unterstützt, ist unklar. Ist es nur die Aussicht auf ein gutes Geschäft oder auch die Erkenntnis, daß der Bergregenwald mit seiner reichen Lebensgemeinschaft schützenswert und lebensnotwendig für ein ökologisches Gleichgewicht der Region ist? – Vorsicht ist angebracht! Schon öfter wurde aus einem vorbildlichen Nationalpark ein Massengrab.

Der zehnjährige Gorillajunge Rafiki *Foto: Rüdiger Braun*

Die Nähe zwischen Mensch und Gorilla ist oft gefährlich gering *Foto: Rüdiger Braun*

Bisher sind die Erfolge allerdings beeindruckend: Seit einigen Jahren wurden in Rwanda keine Gorillas mehr gewildert. Die Sterblichkeit der Jungtiere ging deutlich zurück. Der Anteil von Jungtieren in den habituierten Gruppen liegt bei 50 %, im Vergleich zu 30 % bei den wilden Sippen. Verhaltensveränderungen, die auf eine Störung durch die Besucher zurückzuführen sind, wurden an den Tieren bisher nicht beobachtet. Trotzdem ist Skepsis angebracht: Gegen Trinkgelder von einigen Dollars verlängern die Wildhüter schon mal die Besuchszeit oder lassen Berührungen von Gorillas zu. Zusammen mit einem Gorilla für das Familienalbum zu posieren, ist fast schon obligatorisch. Wer will es den Wildhütern verdenken, das Trinkgeld übersteigt häufig ihren Monatslohn. Direkte Berührungen zwischen Mensch und Menschenaffen sind jedoch bedenklich, denn Gorillas sind anfällig für viele menschliche Krankheitserreger. Da Kinder besonders häufig gefährliche Keime tragen, ist ein Gorillabesuch für Kinder unter 15 Jahren verboten.

Letztes Jahr starben in Rwanda sechs Gorillas an untypischen Erkrankungen der Atemwege, bei einem Tier bestand außerdem der Verdacht auf Masern. Die direkte Übertragung von Mensch zu Tier konnte zwar nicht bewiesen werden, der Verdacht lag aber nahe. Doch eine wesentlich größere Gefahr für die Menschenaffen ist der Touristenboom, der sich gegenwärtig seinen Weg nach Rwanda und Zaïre bahnt. Immer mehr Menschen in den Industrieländern sind bereit, zwischen 5000 und 10000 DM für Pauschalangebote auszugeben, die ihnen das einmalige Naturerlebnis ›Gorilla-Trakking‹ versprechen. Rund 8500 Permits pro Jahr stehen in Rwanda gegenwärtig zur Verfügung, doch seit dem Fossey-Film können sich die Reiseveranstalter vor Anfragen kaum retten. Der Ruf nach neuen Kapazitäten ist laut und dollarschwer. Er bedeutet entweder größere Besuchergruppen oder zusätzliche Habituierung von Gorillagruppen.

Beides ist schlecht: Menschengruppen, die größer sind als die durchschnittliche Gruppengröße der Gorillas (ca. 10 Tiere), wirken auf die Tiere bedrohlich und lösen Fluchtverhalten oder Aggression aus. Gegen weitere Habituierungsversuche ist einzuwenden, daß es insgesamt in Rwanda nur noch zwölf Familien gibt und die gut zugänglichen schon habituiert sind – immerhin ein Drittel der Landespopulation.

3. Kivu – der ›Garten Eden‹ von Zaïre?

Jenseits der Grenze, im Nachbarland Zaïre, ist einiges anders. Der Entwicklungsstandard ist niedriger als in Rwanda. Kein Telefon, keine Asphaltstraßen, häufig Benzinengpässe. Die schlechte Infrastruktur schreckt gegenwärtig noch einen Großteil der Touristen ab. Doch landschaftlich ist die östlichste Provinz Zaïres, die Kivu-Region, eine der schönsten in ganz Afrika: Rauchende Vulkane, das majestätische Ruwenzorimassiv, bilharziosefreie Seen und ein malerischer Savannenpark. Deshalb soll die Provinz mit dem Beinamen ›Garten Eden‹ den Anfang in der touristischen Entwicklung Zaïres machen. Der Gorilla dient auch hier als Zugpferd. Fünf Berggorillagruppen wurden im Virunga-Nationalpark an Besucher gewöhnt, drei davon im Gebiet von Jomba, zwei bei dem Bergbauerndorf Bukima. Außerdem ist es möglich, im Kahuzi-Biega-Nationalpark südlich des Kivusees die zweite ostafrikanische Unterart, den östlichen Tieflandgorilla, zu Gesicht zu bekommen.

Das zairische Ministerium für Umwelt- und Naturschutz versucht seit 1985, mit der Unterstützung der Europäischen Gemeinschaft und zahlreicher Naturschutzorganisationen, das Erfolgskonzept des MGP zu kopieren. Doch Zaïre hat seine eigenen Spielregeln: Der Einfluß der staatlichen Naturschutzbehörde IZCN (Institude

Die Provinz Kivu im Osten von Zaïre *Foto: Rüdiger Braun*

Zairoise pour la Conservation de la Nature) wird immer mehr von privaten Tourismusunternehmen zurückgedrängt, um den Gorillatourismus unter ihre ausnahmslos profitorientierten Kontrolle zu bekommen. Die beiden kenyanischen Safariveranstalter Mara Intrepids Club und Private Safaris Ltd. beschlossen zusammenzuarbeiten, um neue, touristisch attraktive Terrains für eine finanzstarke Klientel zu erschließen. 1987 gelang ihnen, mit dem IZCN einen Vertrag zu unterzeichnen, der ihnen Exklusivrechte für 70 % der Gorillabesuche im Jombagebiet nahe der ugandischen Grenze zusicherte. Der IZCN soll dort nur noch die wissenschaftliche Aufsicht leisten. Aus den Verhandlungen gingen die beiden Unternehmen Jomba Intrepids Club und Zaire Safari hervor, die in dem besonders reizvollen Gorillawald bei Jomba inzwischen das touristische Geschehen kontrollieren. Abgesichert wurde der Handel durch eine Beteiligung des Sohnes von Staatspräsident Mobutu und des einflußreichsten Geschäftsmannes der Regon Ngazaja Safari. Daß in dessen ›La Masque‹-Hotel in Goma Leopardenfelle und Elfenbein offen angeboten werden, spricht für sich selbst. Als Ergebnis schnellten die Besuchergebühren im gesamten Virungapark von 40 auf 100 $. Die Besuchserlaubnis für Jomba kauft man inzwischen bei Zaire Safari und nicht mehr im zuständigen IZCN-Büro in Goma. Für ausländische Veranstalter geht der Weg am Jomba Intrepids Club nicht mehr vorbei. Die Gelder aus den Gorillabesuchen, die eigentlich der Parkerhaltung zugute kommen sollen, versickern zum größten Teil in dunklen Kanälen. Die Jahresabrechnung des IZCN an den Jomba Intrepids Club blieb 1988 einfach unbeglichen. Offensichtlich soll die staatliche Naturschutzbehörde finanziell ausgeblutet werden. Proteste von seiten der Naturschutzorganisationen und der EG verhallten bisher ungehört. Hotels zum Abschöpfen der touristischen ›Sahne‹ werden am Waldrand gebaut. Mehrfachbesuche an einem Tag, Schwarzführungen und übergroße Besuchergruppen wurden seither in Jomba beobachtet. Ein Projektleiter, der sich weigerte, zusätzlich Gorillas zu habituieren, wurde kurzerhand versetzt. Beobachter vor Ort geben dem Projekt nur noch geringe Chancen. Das Konzept des artgerechten Tourismus, wie es in Rwanda entwickelt wurde, droht in Zaïre ins Gegenteil umzukippen – eine tourismusgerechte Art.

Die wissenschaftliche Kontrolle des Naturtourismus wird systematisch untergraben. Widerspenstigen Wissenschaftlern wird mit dem Hinweis auf den Tod Dian Fosseys gedroht. Neue Attraktionen werden erschlossen ohne Untersuchungen, ob eine touristische Nutzung von bestimmten Naturräumen und Tierarten auch wirklich ohne Schaden durchführbar ist. So existieren heute schon Vorstellungen über Gebührenordnungen für den Besuch von Schimpansen und Bonobos, bevor überhaupt Ergebnisse über Habituierungsversuche vorliegen. Blind für die Konsequenzen überläßt die zairische Regierung den Ausbau der Tourismusindustrie in der Kivuregion der kenyanischen Safarimafia. Die Illusion, dadurch an den lukrativen Ostafrikatourismus Anschluß zu finden, platzt beim ersten kritischen Blick: Nach kurzen Stippvisiten bei den zairischen Attraktionen werden die dollarschweren Touristen für den Rest ihres Urlaubs ins komfortablere und billigere Kenya zurückkehren. Während die Silberdollars in den Hotelkassen von Mombasa klingeln, muß Zaïre die spärlichen Besuchergelder zum großen Teil wieder in die Erhaltung seiner Naturdenkmäler stekken. Dies mag ein Grund sein, weshalb gegenwärtig keine Entwicklungshilfegelder für den Ausbau der Tourismusindustrie an den Zaïre gezahlt werden.

4. Uganda – zwischen Chaos und Hoffnung

Obwohl Uganda das Land mit den meisten Berggorillas ist (ca. 220 Tiere), existiert dort gegenwärtig kein organisierter Gorillatourismus. Nach den Wogen der Gewalt durch die Schreckensherrschaften von Idi Amin und Milton Obote, ist das Land in einem desolaten Zustand. Die einstige ›Perle Afrikas‹ muß erst wieder aufpoliert werden. Während im Nordosten noch der Bürgerkrieg tobt, wird im Südwesten eifrig am Wiederaufbau gezimmert. Große Erwartungen werden dort von der bantusprachigen Bevölkerung an Staatspräsident Yoweri Museveni gestellt, der als Führer der Nationalen Widerstandsarmee (NRA) 1986 an die Macht gekommen ist. Er gilt als integrer Intellektueller, dem es gelungen ist, trotz miserabler Bezahlung emigrierte ugandische Fachleute ins Land zurückzuholen. Gegenwärtig praktiziert seine Regierung eine gemäßigt sozialistische Politik und arbeitet glaubwürdig an einer Demokratisierung der Gesellschaft. Sie genießt aber auch das Vertrauen des internationalen Kapitals. In Ugandas Hauptstadt Kampala finden sich an Wochenenden ein buntes Völkergemisch: Chinesen, Inder, Libyer, Deutsche, Italiener, Jugoslawen, Amerikaner, Franzosen u. a. – meist Entwicklungshelfer und Geschäftsleute, die bei der Reparatur der völlig zerstörten Infrastruktur geschäftstüchtig mithelfen. Der Süden ist gegenwärtig eine einzige Baustelle. Straßen, Leitungen, Betriebe, Hotels entstehen mit einer für afrikanische Verhältnisse unglaublichen Geschwindigkeit. Bevor die ›Perle‹ nicht glänzt, will man möglichst keine ungebetenen Gäste auf der Baustelle haben. Deshalb hat Uganda für Besucher einen ungewöhnlich hohen Zwangsumtausch verhängt: 150 US $ bei der Einreise und 30 $ täglich.

Erst wenn das Land wieder ein Mindestmaß an Sicherheit und touristischem Komfort bieten kann, ist es sinnvoll, die Tore wieder für eine breitere Öffentlichkeit zu öff-

Touristen brechen am Mt. Mikeno, Zaïre, zu einem Gorillabesuch auf (Foto: Rüdiger Braun)

nen. Das gilt auch für den Gorillatourismus. In Uganda gibt es zur Zeit keine habituierte Gorillafamilie, weder im ugandischen Teil der Virunga-Vulkane, dem Mgahinga Forest Reserve (25 km²), noch in dem zweiten großen Berggorillarefugium, dem ›Impenetrable Forest Reserve‹ (321 km²), in dem laut einer Zählung von 1989 etwa 300 Gorillas überleben konnten. Nach Aussagen von Regierungssstellen sollen beide Gebiete demnächst Nationalparks werden. Begünstigt durch die Kriegswirren trieben Holzeinschlag, Wilderei, Schmuggel und illegaler Bergbau wilde Blüten. Um dem entgegenzuwirken, wurde 1986 mit Unterstützung des World Wildlife Fund (WWF) das ›Impenetrable Forest Conservation Project‹ (IFCP) ins Leben gerufen. Seine Aufgaben sind der Schutz des ›Undurchdringlichen Waldes‹, dessen wissenschaftliche Erforschung, Ausbildung einheimischer Studenten sowie Öffentlichkeitsarbeit für Naturschutz und umweltschonende Landwirtschaft. Die Erfolgsbilanz des Projektes ist gut: Die illegale Nutzung konnte weitgehend gestoppt werden. Gorillatourismus ist dort in den nächsten Jahren nicht vorgesehen. Die Hänge dieses montanen Regenwaldes sind zu steil und die Vegetation zu dicht und unübersichtlich für erfolgreiches Gorilla-Trakking. Bisher konnten Touristen zwar gelegentlich die Wildhüter zu wilden Gorillagruppen begleiten, doch nach Unfällen, bei denen Besucher von aufgeschreckten Gorillamännchen gebissen wurden, untersagten Regierungsstellen im Dezember letzten Jahres jegliche Gorillaführung im Impenetrable Forest bis auf weiteres.

Lediglich mittwochs und samstags kann eine Gruppe bis zu sechs Personen gegen eine geringe Gebühr im Mgahingawald wilden Gorillas hinterherspüren. 21 Berggorillas leben hier noch in vier Familien unterhalb der Virunga-Vulkane Muhavura, Mgahinga und Sabynio. Mitte der fünfziger Jahre lebten hier mindestens doppelt so viele Tiere. Damals betrieb der Deutsche Walter Baumgärtel ein kleines Hotel mit dem Namen ›Travellers Rest‹ in Kisoro am Fuß des Mgahinga. Er war Ehrenwildhüter des Reservats und führte als erster überhaupt Besuchergruppen zu Gorillas. Heute ist das Hotel heruntergewirtschaftet und der Gorillatourismus verwildert. Doch soll in naher Zukunft für dieses Gebiet ein ähnliches Konzept ausgearbeitet werden wie für das MGP in Rwanda. Dr. Tom Butynski, Leiter des IFCP, rechnet damit, daß es, bei einer gleichbleibenden politischen Lage, etwa ein bis zwei Jahre bis zu einem geregelten Tourismus im Mgahinga Forest Reserve dauern wird ... Wenn bis dahin dieser Wald nicht ruiniert ist: Überall stößt man auf Schmugglerpfade, Spuren von Brennmaterialgewinnung und Wildererfallen. Selbst die Parkwächter (Wardens) können häufig nicht widerstehen, auf Kosten der Flora und Fauna des Waldes ihre kargen Löhne aufzubessern. Die Angestellten der Parks und Forest Reserves verdienten im Herbst 1988 zwischen 500 und 2500 Uganda-Shillings (UShs) pro Monat, das entsprach damals regulär zwischen 3 und 16 US $. Die wichtigsten monatlichen Ausgaben für eine Kleinfamilie mit einem Kind (Lebensmittel, Kleidung und Schulgeld) beliefen sich im selben Zeitraum aber auf rund 6000 UShs. Um überleben zu können, ist ein Wildhüter somit auf Nebeneinnahmen angewiesen. Tausenden kleinen Bauern geht es nicht anders. Dies gipfelt gelegentlich in dramatischen Fällen: Im September letzten Jahres erschoß ein junger Wildhüter in Mgahinga Forest die Eltern eines Gorillababys, um dieses lebend einfangen zu können. Er schmuggelte das Jungtier über die Grenze nach Rwanda, wo er es gegen umgerechnet 8000 US $ verkaufte. Der Wilderer wurde inzwischen gefaßt und inhaftiert. Die Situation spitzt sich zu – ohne schnelle internationale Hilfe werden die Gorillas aus dem Mgahinga Forest Reserve verschwunden sein, und mit ihnen zahlreiche andere Tiere und Pflanzen.

Ihre Attraktivität hat den Berggorillas und ihrem komplexen Lebensraum vorläufig das Leben gerettet. Russell Mittermeier, Vizepräsident der Wissenschaftsabteilung des amerikanischen World Wildlife Fund, ist davon überzeugt, daß »ohne Gorillatourismus der Lebensraum immer mehr schrumpfen wird und die Wilderei weitergeht«. Craig Shalley, der gegenwärtige Leiter des MGP, geht sogar noch weiter: »Ohne Tourismus gäbe es heute keine Gorillas mehr.« Doch die Warnsignale verdichten sich: Krankheitsübertragung von Menschen auf Gorillas, hemmungslose Vermarktung der Tiere ohne Rücksicht auf die Folgen und der zunehmende Bevölkerungsdruck auf die Regenwälder sind ernstzunehmende Gefahren für den Fortbestand der Berggorillas und deren Lebensraum. Gorillatourismus und Naturtourismus allgemein kann nur dann gutgeheißen werden, wenn er die Natur schützt, ohne den bereisten Lebensraum nachhaltig zu stören. Lediglich das Konzept des MGP in Rwanda kann diese Anforderung erfüllen. Und dies auch nur, wenn eine Ausweitung des Gorillatourismus unterbleibt und die Einhaltung der Spielregeln strikt kontrolliert wird. Internationale Anstrengungen sind erforderlich, damit aus Publikumslieblingen nicht bald schon Legenden werden.

Mögliche Maßnahmen zum Schutz der Berggorillas vor den Touristen:

- Gezielte Kontrolle der Veranstalter (durch Stichproben)
- Einflußnahme auf Institutionen, die Entwicklungshilfe für die drei Länder Rwanda, Zaïre und Uganda bereitstellen
- Bessere Information der Touristen bei der Reiseplanung
- Erstellen eines Verträglichkeitskatalogs
- Hohe Bußgelder bei Nichteinhaltung von Vorschriften
- Bessere Bezahlung der Wildhüter
- Erstellung eines verbindlichen Forderungskatalogs für Reiseveranstalter

Der Silberrücken Ruganda *(Foto: Rüdiger Braun)*

(Foto: Heinz Sonderegger)

III. »Die Fremde im Prospekt«

Yörn Kreib

Vorreiter eines umweltverträglichen Tourismus? – Naturschützer/innen auf großer Fahrt!

»Die Vergewaltigung einer Frau, das Vergewaltigen von Land und die Vergewaltigung eines Volkes sind sich gleich. Und sie gleichen der Vergewaltigung der Erde, der Vergewaltigung der Flüsse, der Vergewaltigung des Waldes, der Vergewaltigung der Luft, dem Vergewaltigen von Tieren.«

Forbes 1987, S. 11[1]

In dem Maße, wie zuhause die Natur unter Beton und Asphalt verschwindet, durch Abgase u. a. zerstört wird, steigt der Erholungsdruck auf die letzten intakten Naturlandschaften. Dieses Bedürfnis nach ›authentischen‹ Naturerlebnissen, die der Alltag nicht mehr bieten kann, hat sich die Reisebranche gewinnträchtig zu eigen gemacht.

Einen besonderen Boom erleben zur Zeit Veranstalter von naturkundlichen Studienreisen. In den einschlägigen Publikationen (NATUR, ÖKO-TEST, Zeitschriften der Naturschutzverbände u. a.) buhlen sie um eine neue Spezies von Reisenden. ›Umweltbewußten‹ Touristen soll durch das Vermitteln von Naturerlebnissen sowohl die Bedeutung als auch die Gefährdung von Natur und Umwelt näher gebracht werden. Dieser ›Lehrgedanke‹ kommt nicht von ungefähr, sind doch die bundesdeutschen Veranstalter zum Teil sehr eng mit Naturschutzverbänden verflochten.

DBV Tours[2]

DBV Tours, eine 100 %ige Tochter des Deutschen Bund für Vogelschutz (DBV), konnte 1987/88 ca. 3000 ReiseteilnehmerInnen zum ›Natur entdecken und erleben‹ animieren. Unter wissenschaftlicher Leitung machen sich jeweils 10 bis 25 Personen auf, um »intakte Landschaften, wie es sie hier nicht mehr gibt« unter die Lupe zu nehmen. Zielgebiete sind deshalb Naturschutzgebiete, Nationalparks u. ä. in Europa und anderswo (Kenia, Malaysia, Äthiopien etc.).

Daneben wird unter dem Motto ›Treffpunkt Natur‹ eine besondere Variante des Cluburlaubs angeboten: in kleinen Hotels, Bungalows u. ä. (Spanien, Türkei) wird neben Karten und Bestimmungsbüchern ein Exkursionsprogramm zur freien Auswahl angeboten.

Werbewirksam wird die Nähe zur Naturschutzorganisation DBV als wichtiges

Qualitätsmerkmal der Reisen herausgestellt. Gleichwohl kann von einer Berücksichtigung der DBV Positionen in vielen Fällen keine Rede sein. Vielmehr tauchen z.T. massive Widersprüche auf:

- Während der DBV die Freihaltung naturnaher und ökologisch empfindlicher Bereiche (Seen u.ä.) fordert,[3] wirbt DBV Tours für eine neue Hotelanlage direkt am Ufer des ›malerischen Bafasees‹ (Türkei).
- Während der DBV maßgeblich an der Einrichtung des Nationalparks ›Coto Donana‹ (Spanien) beteiligt war, beteiligt sich DBV Tours durch Reisen nach Matalascanas, einer reinen Touristenstadt am Rande des Parks, an massiven Schädigungen des Wasserhaushalts im Park.[4] (Kommentar Hesse, DBV Tours: »Zivilisierte Europäer brauchen nun mal einiges an Wasser.«)

NaturStudienReisen GmbH[5]

1500 ›Umweltbewußte‹ machen jährlich vom umfangreichen Studienreisen- und Expeditionsprogramm Gebrauch. Mit voluminösen ›Artenchecklisten‹ ausgestattet, dringen die Reisegruppen auch in die letzten unberührten Gebiete vor. Die auch hier geltende Devise, schnell hin bevor die anderen kommen, macht das viel bemühte ›Umweltbewußtsein‹ schnell zur Farce. Trotzdem Tourismus als wichtiger Beitrag zum Naturschutz (Finanzierung, Kontrollfunktion) verkauft wird, weicht man selber diesen Schutzbestimmungen gerne aus (z.B. Südafrika/private Reservate). Das Programm ist an Profiten statt an den Bedürfnissen der Natur ausgerichtet. So häufig wie möglich wurden deshalb z.B. die Galapagos Inseln (›Renner der Saison‹) heimgesucht, wohl wissend, daß die ökologisch vertretbare Belastungsobergrenze von 20000 Touristen pro Jahr schon längst überschritten ist.[6]

Aber nicht nur Fotojäger kommen hier auf ihre Kosten. Wer mehr auf Schädel, Geweihe u.ä. bluttriefende Trophäen steht, wird unter gleicher Adresse (gleicher Telexanschluß) von der Jagdvermittlung Oskar Nagel prompt bedient. Jeder kann, seinem Geldbeutel entsprechend, Jagd auf Steinböcke in Spanien (ca. 7850,— DM), Grizzlys und Wölfe in Kanada (ca. 3500,— DM/ca. 200,— CDN $) oder Nashörner in Südafrika (Preis auf Anfrage) machen. Nationalparks spielen dabei als erfolgversprechende Trophäenreservoire eine große Rolle – für Jäger und ›Naturschützer‹ gleichermaßen.

DUMA Reisen[7]

Zuletzt gingen ca. 300 TeilnehmerInnen pro Jahr mit DUMA auf naturkundliche Erlebnisreisen und Expeditionen (Schwerpunkt Afrika / Nord- und Südamerika).

Trotz zahlreicher Kritikpunkte (Tiefflüge, Rundflüge, Wasser- und Brennholzverbrauch, starke Betonung des Abenteuer-/Eroberungsmythos u.a.) ist DUMA in Sachen Umweltverträglichkeit sehr viel weiter als die o.g. Veranstalter. Das drückt sich aus in sehr kleinen Reisegruppen (5 Personen), z.T. Beschränkung auf minimale Infrastruktur (Zeltcamps), deutlichen Appellen ans Verhalten der Reisenden und nicht zuletzt in einer intensiven Auseinandersetzung mit Tourismus und seinen Folgen – den negativen sowie den möglichen positiven. Aus diesem Grund versucht DUMA, die bisher eher finanzielle Beziehung zum WWF (WWF-Emblem als Werbeträger und dafür teilweise Gewinnabführung an den WWF) um gemeinsame inhaltliche Arbeit zu erweitern. Ziel ist ein Kriterienkatalog für einen umweltfreundlichen

Tourismus, der als ›Markenzeichen‹ von Reiseveranstaltern verwendet werden könnte, die diese Kriterien umgesetzt haben.

Dr. Koch Fachexkursionen GmbH[8]

Das ›Markenzeichen‹ dieses Veranstalters, der eng mit DUMA zusammenarbeitet, ist der ›Club Natura‹. In den eigenen Clubanlagen, schwerpunktmäßig in der Türkei, wird der Umweltverträglichkeit Vorrang vor vielen anderen Anforderungen gegeben. Die Anlagen sind so gebaut, daß sie jederzeit wieder vollständig entfernt werden können. Es werden lokale Baustoffe (Lehm u. ä.) verwendet, Müll wird, wo es geht, vermieden (Pfandflaschen statt Einwegplastikflaschen), mit Wasser und Energie wird äußerst sparsam umgegangen,... Vehement wird für An- und Abreise mit der Bahn geworben.

Aber das Nachfrageverhalten der sogenannten ›Umweltbewußten‹ verhinderte bisher die Umstellung des gesamten Reiseprogramms (Kommentar Dr. Koch: »Würden wir nur umweltfreundliche Reisen anbieten, könnten wir als Unternehmen nicht existieren.«). Intakte Natur ist zwar gefragter denn je, aber ohne den in vielen Fällen zerstörerischen Komfort und Luxus wollen sich auch die ›Umweltbewußten‹ nicht zufrieden geben.

Berggorilla Patenschaft Tours[9]

Zum Erhalt der letzten Berggorillas in Afrika (Zaire, Ruanda, Uganda) wollte die Berggorilla Patenschaft e. V., eine Initiative zur Rettung der Berggorillas, durch ein eigenes Reiseprogramm beitragen. Zudem sollte damit, der aus der Naturschutzarbeit abgeleitete Anspruch der Vereinsmitglieder auf den Besuch ›ihrer‹ Gorillas befriedigt werden.

Doch nur ein Jahr nach Gründung wurde das eigene Reiseprogramm 1988 wieder eingestellt. Als Grund wird vor allem die Situation in Zaire genannt. Dubiose Firmen (z.B. Intrepids Ltd.) und z.T. kriminelle Einzelpersonen (z.B. im Jomba Reservat) mit guten Kontakten zur Staatsführung hätten sich dort das Geschäft mit den Berggorillas unter den Nagel gerissen. Ins Land (und in die Nationalparks) gebrachte Devisen versickern in ihren Taschen, der Naturschutz gehe leer aus. Für Ruanda, dort existiere ein kontrollierter und zu 90 % artgerechter Tourismus, vermittele bzw. empfehle man aber weiterhin Berggorillareisen (z.B. Reise Börse AG Zürich). Voraussetzung für diese Form des Schutzes von aussterbenden Tierarten durch artgerechten Tourismus ist aber in jedem Fall die Aufbereitung (in Fachsprache: ›Habituierung‹, d.h. Gewöhnung an Touristen) von Gorillafamilien für touristische Zwecke. – Heiligt der Zweck wirklich jegliches Mittel ???

Alibi ›Naturschutz‹

Das letztgenannte Beispiel macht deutlich: Es reicht nicht aus, nur das Reiseverhalten zu untersuchen, sondern auch das dahinterstehende Natur(schutz)verständnis muß in Frage gestellt werden.

›Naturschutz‹ ist eine Funktionszuweisung an bestimmte Gebiete. Sie entspringt der gleichen sektoralen Sicht- und Handlungsweise, die die Ursache weltweiter

Naturausbeutung (Menschen, Rohstoffe, ...), mit allen daraus resultierenden Naturzerstörungen, ist. Gleichzeitig dient ›Naturschutz‹ in vielen Fällen als Alibi für die Intensivierung der umweltfeindlichen Nutzungen auf dem Rest der Fläche.

Als reines ›Zivilisationsprodukt‹ wird unser ›Naturschutz‹ den ›unzivilisierten‹ Menschen aufgezwungen. In vielen Fällen bedeutet er den Todesstoß für solche Völker, die seit Jahrtausenden mit ihrem Ökosystem in Einklang lebten.[10] Sie verlieren durch die Einrichtung von Nationalparks (zum Zwecke des Naturschutzes) Nahrungsquellen und Lebensräume (z. B. Sri Lanka, Indien, Kenia).[11] Statt mit ihr findet ›Naturschutz‹ sehr häufig gegen die Interessen der einheimischen Bevölkerung statt.[12] Zudem sind Nationalparks und andere Schutzgebiete in vielen Fällen zu ausschließlichen Erholungsräumen für die ›zivilisierten‹ Naturverbraucher geworden. Naturschutz wird so leicht zu einem grünen Mäntelchen, unter dem sich Bedürfnisse nach Abenteuer und Erotik vortrefflich und ohne schlechtes Gewissen befriedigen lassen. Mit wirklichem Naturschutz haben weder die ›Habituierung‹ von Berggorillas noch die Vertreibung von Menschen aus ihren angestammten Lebensräumen etwas zu tun.

Bisher aber werden diese Probleme lediglich vom WWF (und auch dort begrenzt auf sehr kleine Kreise) thematisiert[13] und ihre Lösung angestrebt (z. B. Kontakte zur Gesellschaft für bedrohte Völker).

Stand der Dinge

Wie aber reagieren die Reiseveranstalter auf ihnen gegenüber geäußerte Kritik?

Ein Problembewußtsein hinsichtlich der negativen Auswirkungen von Tourismus – speziell des eigenen! – scheint lediglich bei Dr. Koch und DUMA Reisen ausgebildet zu sein. Sie haben Aspekte der Umweltverträglichkeit recht weit vorangetrieben und aus dem Eingeständnis einer Mitschuld an Umweltschäden wird die Notwendigkeit von Veränderungen abgeleitet. DBV Tours blockt jede Kritik an seinen Reisen ab – »Der Mensch sei nun mal dazu da, die Welt zu erleben« (Hesse, DBV Tours). Auf konkrete Beispiele (s. o.) angesprochen, kommen Bemerkungen wie »Die Touristen können ja nicht auf der Straße schlafen« (Hesse, DBV Tours). Von Diskussionsbereitschaft keine Spur. Nicht umsonst haftet DBV Tours und NaturStudienReisen gleichermaßen der Ruf rein kommerzieller Reiseveranstalter an.

Wenn das bisherige Stillhalten des DBV aus finanzieller Sicht (alle Gewinne gehen an den DBV) auch verständlich ist, wird die Beibehaltung dieser Strategie auf Dauer aber nicht nur der Natur, sondern auch dem Ansehen des Naturschutzes bzw. der NaturschützerInnen schaden.[14] (Sollten sich anderslautende Gerüchte, der DBV bezuschusse den verlustbringenden eigenen Reiseveranstalter DBV Tours, bewahrheiten – das Ansehen des DBV würde nicht minder darunter leiden.)

Als ›Entschuldigung‹ für die zum Teil umweltschädlichen Reisen müssen die anderen, bösen Reiseveranstalter und Touristen herhalten. Denn wenn man nicht selber führe, würden andere fahren, und zwar noch viel schädigender, und da fährt man dann doch lieber selber. Außerdem man würde ja gerne handeln, aber die Konkurrenz hindere einen daran.

Spätestens hier wird deutlich, wie entscheidend (markt)wirtschaftliche Gesichtspunkte für das Reiseangebot sind. Um sich gegen die Konkurrenz zu behaupten, werden bestimmte Schadwirkungen bewußt in Kauf genommen. Konsequenzen, wie sie z. B. Berggorilla Patenschaft Tours gezogen hat (unabhängig von anderen Kritikpunkten), einfach Reisen in bestimmte Gebiete einzustellen, ist in dieser Jagd nach

Profiten sobald nicht zu erwarten. Für Berggorilla Patenschaft Tours bedeutete diese Maßnahme aber mit Sicherheit auch keine finanziellen Einbußen – der ökonomische Sachzwang fehlte.

Das Konkurrenzgebaren verhinderte bisher auch die Zusammenarbeit von DBV Tours, NaturStudienReisen, Dr. Koch, DUMA Reisen und Berggorilla Patenschaft Tours, die aufgrund der geäußerten Intentionen eigentlich eine Selbstverständlichkeit sein müßte. Stattdessen haben sich zwei sich gegenüberstehende Blöcke formiert: DBV Tours / NaturStudienReisen und DBV sowie DUMA / Dr. Koch / (Berggorilla Patenschaft Tours) und der WWF.

Bei allen Veranstaltern fehlt die Auseinandersetzung mit den politischen Verhältnissen in den bereisten Ländern fast vollständig. Äußerungen wie »Wir sind der Meinung, daß rein naturkundliche Reisen nicht danach bewertet werden sollten, ob sie in ein Land führen, dessen politisches System uns paßt oder nicht paßt«,[15] sind sowohl weit verbreiteter Tenor unter den Veranstaltern, als auch den Naturschutzverbänden.

Allein DUMA bietet keine Reisen ins rassistische Südafrika an. Dabei beinhaltet der Kampf für eine bessere ›Mitwelt‹ [10] auch den Kampf gegen Unterdrückung, Ausbeutung und Vernichtung von Stammesvölkern und anderen Menschen. So aber liefern auch naturkundliche Reisen dringend benötigte Devisen zur Aufrechterhaltung undemokratischer Regime in aller Welt (z. B. Türkei, Südafrika).

Alle Anbieter naturkundlicher Studienreisen betreiben Luxustourismus. Nur wer über genügend finanzielle Mittel verfügt, kann sich den Zutritt zu den letzten Paradiesen erkaufen. Den vielen weniger betuchten Menschen, bleiben sie verschlossen. Reisen als Beitrag zum ›Naturschutz‹ als Privileg der Reichen auf Kosten der Armen?

Es gibt viel zu tun – und zwar sofort!

Von der zum Teil schon jetzt beanspruchten Vorreiterrolle für einen umweltverträglichen Tourismus sind alle genannten Veranstalter noch mehr oder weniger weit entfernt. Tiefgreifende Veränderungen sind deshalb nötig.

Auf die notwendige Veränderung des Natur(schutz)verständnisses (›vom anthropozentrischen zum ökozentrischen Weltbild‹ [16]) und die daraus resultierenden Handlungsansätze soll hier nicht näher eingegangen werden. Es sei dazu auf ÖKOZID 4 verwiesen. Vielmehr soll es hier um die daraus für den naturkundlichen Tourismus zu ziehenden Konsequenzen gehen. Zu fordern ist:

- Die Lust auf Urlaub darf nicht länger Vorrang vor den Interessen der Bereisten haben, die in jedem Fall der entscheidende Faktor für oder gegen eine Reise sein müssen. Wir haben zu akzeptieren, daß wir in der Lebenswelt bestimmter fremder Kulturen absolut nichts zu suchen haben.[17]
- Auf Reisen in Staaten, in denen Menschenrechtsverletzungen an der Tagesordnung sind, ist zu verzichten.
- Ziele des Natur- und Umweltschutzes[18] müssen endlich ihren Niederschlag im Reiseprogramm der Veranstalter finden, die Naturschutzverbänden gehören bzw. sehr nahe stehen. Eine veränderte Prioritätensetzung ist unabdingbar – weg von der Profitorientierung, hin zur Orientierung an den Bedürfnissen einer intakten ›Mitwelt‹.[10] Bei dieser Ausrichtung kann das Reisen sehr wohl ein Beitrag zum Naturschutz sein. Eine finanzielle Unterstützung durch WWF und DBV wäre in diesem Zusammenhang durchaus anzustreben. Die ökonomischen Sachzwänge könnten damit ausgeschaltet werden. DUMA Reisen strebt in diesem Sinne die Gemein-

nützigkeit (d. h. finanziell selbsttragend – keine Profite) mit anfänglicher finanzieller Absicherung durch den WWF an.

- Das Reisen darf nicht länger losgelöst vom Alltag gesehen werden, wenn diese Art der ›Umwelterziehung‹ durch Reisen erfolgreich sein soll. Die Imitation der Fluchtmotive (raus aus dem Alltag – rein in eine heile Urlaubswelt) der vielkritisierten Massenveranstalter, versteckt unter einem grünen Mäntelchen, reicht nicht aus.
- Durch intensive Vor- und Nachbereitung (Seminare, Bildungsurlaub etc.) könnten wichtige Alltagsbezüge hergestellt werden. Durch andere Methoden der Reisefinanzierung (Eintrittspreis in Feriengebiete nicht über Geld, sondern nichtmaterielle Beiträge wie z. B. Arbeitskraft) wird auch der Alltag der Bereisten mit einbezogen.
- DBV und WWF müssen immer wieder auch die politischen, wirtschaftlichen und gesellschaftlichen Rahmenbedingungen ins Gespräch bringen. Die umweltverträgliche Ausrichtung des Reiseprogramms muß einhergehen mit Veränderungen im Alltag (Wohn- und Arbeitsbedingungen etc.). Konzepte eines umweltverträglichen Tourismus müssen eingebettet sein in Gesamtentwicklungskonzepte.
  Naturerlebnisse sind nicht nur in Botswana, Sri Lanka und anderswo möglich – sondern auch zuhause. Warum also jedes (!) Jahr in die Ferne schweifen? Der DBV und andere Naturschutzorganisationen (BUND, Schweizer Bund für Vogelschutz u. a.) beweisen mit ihren umfangreichen Programmen in Tagungshäusern und Naturschutzzentren, daß das nicht so sein muß.[19]
- Naturerlebnisse dürfen nicht länger mit starken Schädigungen der Natur erkauft werden. Verzicht auf energieaufwendige Infrastruktur (Luxushotels, innereuropäischer Flugverkehr u. ä.) und Attraktionen (Helikopterflüge etc.), Verzicht auf den Besuch besonders gefährdeter Bereiche, Begrenzung der TeilnehmerInnenzahl und in jedem Falle ein sorgfältiges Abwägen aller Vor- und Nachteile der Reise (Umwelt- und Sozialverträglichkeitsprüfung) sind nur einige der notwendigen Anforderungen an einen umweltverträglichen Tourismus.

Nur wenn diese Kriterien erfüllt sind, könnten DBV und WWF mit ihren Reiseveranstaltern Vorreiterfunktion für einen umweltverträglichen Tourismus übernehmen. Eine Chance, die sie angesichts der stürmischen weltweiten touristischen Erschließung nicht ungenutzt lassen sollten.

Schon jetzt Vorreiter – Die Naturfreunde

Viele der o. g. Forderungen hat der Touristenverein ›Die Naturfreunde‹,[20] Naturschutzorganisation und Reiseveranstalter in einer Person, schon lange verwirklicht. Aufgrund seiner Wurzeln in der Arbeiterbewegung[21] bietet er Reisen in die Natur für Alle und keinen Elitetourismus für Wenige. Als anerkannt gemeinnütziger Verein hat er sein Programm zudem nicht an der Erwirtschaftung von Profiten ausgerichtet.

Die ›Naturfreunde‹ können bei der Reisedurchführung auf ihre mehr als 750 Häuser in 11 Ländern zurückgreifen. Von dort startet mensch zu Fahrradtouren (Soziale Pedale), zu Wanderungen oder veranstaltet Bildungsurlaube, Seminare, Freizeiten etc. Die negativen Auswirkungen des Tourismus werden dabei häufig mit einbezogen (z. B. Alpenschutzzentrum im Allgäu) und Querverbindungen zum Alltag sind in der Regel eine Selbstverständlichkeit.

Als besondere Urlaubsvariante, die ohne jegliche besondere touristische Infrastruktur auskommt, hat die Naturfreundejugend das ›Intercultur‹programm entwikkelt, in dem ganzjährig Reisenden 1 bis 3-wöchige Ferienaufenthalte in Familien, WGs usw. in verschiedenen Ländern vermittelt werden.

Neben der Veranstaltung von Reisen haben sich die ›Naturfreunde‹ sehr stark in der Tourismusdiskussion engagiert und die Suche nach Lösungen der Tourismusproblematik mit vorangetrieben (Bierenwanger Aufruf, Mörfelder Erklärung u. a.).

WWF, DBV und ihre Veranstalter sollten sich verstärkt um eine enge Zusammenarbeit mit den ›Naturfreunden‹ bemühen. Nur durch einen Zusammenschluß können die angerissenen Ziele eines umweltverträglichen Tourismus langfristig verwirklicht werden und die notwendigen Veränderungen im Alltag erfolgen. In den eigenen Reihen muß damit begonnen werden. Nur so kann der umweltverträgliche Tourismus aus einer Nischenfunktion herausgeholt und zu einem ›Massenphänomen‹ gemacht werden. Erreicht werden kann das nur durch entsprechenden Druck auf andere Reiseveranstalter, Politiker usw., gezielte Informationsarbeit und das Aufzeigen von praktizierbaren Alternativen.

Quellenangaben / Anmerkungen

1 Forbes, J. D.: Die Wetiko-Seuche, Peter Hammer Verlag, Wuppertal 1984

2 Wenn nicht anders gekennzeichnet, basieren die Angaben DBV Tours betreffend auf mündlichen Auskünften Herrn Hesses (Geschäftsführer DBV Tours) und Prospekten 1987–1988/89

3 DBV, Freizeit und Umwelt, DBV Positionen, Bonn 1985

4 Informationen basieren auf Auskünften von Teilnehmern an DBV Tours Reise in den Nationalpark ›Coto Donana‹ (1988)

5 Wenn nicht anders gekennzeichnet, basieren die Angaben NaturStudienReisen und Jagdvermittlung Oskar Nagel betreffend auf mündlichen Auskünften Herrn Riedels (Geschäftsführer NaturStudienReisen) und Prospekten 1987–1988/89 (NaturStudienReisen), 1988/89 (Oskar Nagel)

6 Graham, B.: Galapagos im Aufbruch, in TAZ vom 16. 5. 1987

7 Wenn nicht anders gekennzeichnet, basieren die Angaben DUMA Reisen betreffend auf mündlichen Auskünften Herrn Müllers (Geschäftsführer DUMA) und Prospekten 1987–1989/90

8 Wenn nicht anders gekennzeichnet, basieren die Angaben Dr. Koch betreffend auf mündlichen Auskünften Herrn Kochs (Geschäftsführer Dr. Koch Fachexkursionen) und Prospekten 1987–1988/89

9 Die Angaben Berggorilla Patenschaft Tours betreffend basieren auf mündlichen Auskünften von Karl Heinz Kohnen (Berggorilla Patenschaft) und auf Informationsmaterial der Berggorilla Patenschaft (Tours)

10 Schroeter, W.: Keine Schutzgebiete ohne die Hüter des Ökosystems. In: Stüben, P. E. (Hg.): Die neuen Wilden (ÖKOZID 4), Gießen 1988, S. 229 ff

11 Vgl. hierzu: Bangert, Y./Zeiske, C.: Naturschutz und Stammesvölker. In: pogrom Nr. 133, GfbV (Hg.), Göttingen 1987; Jungius, H.: National Parks and indigenous peoples. In: Survival International Review, Spring 1976, S. 6 ff; Kurt, E.: Tourismus in die Dritte Welt. Beispiel Kenia, Verlag Breitenbach, Saarbrücken 1986

12 Euler, C.: Verschuldung wird zu Naturschutz – Keine Alternative. In: Stüben, P. E. (Hg.): Die neuen Wilden (ÖKOZID 4), Gießen 1988, S. 233 ff

13 Dies geht aus einem umfangreichen Schriftwechsel zwischen WWF und GfbV hervor. Vgl. auch Reiner, J./Wünschmann, A.: Im Fadenkreuz des Fortschritts. In: WWF Journal Nr. 3/4, Frankfurt/M. 1986

14 Vgl. hierzu Mooij, J. H.: Ökotourismus und Naturschutz. In: LÖLF Mitteilungen Nr. 3, Recklinghausen 1988 und speziell bezogen auf den DBV, Heydemann, B.: Vom anthrozpozentrischen Nutzdenken der Naturschutzverbände. In: Stüben, P. E. (Hg.): Die neuen Wilden (ÖKOZID 4), Gießen 1988, S. 74ff

15 Schriftwechsel mit dem WWF (1987/88)

16 Vgl. hierzu Maderspacher, F.: Plädoyer für eine ökologische Menschenrechtsarbeit sowie Stüben, P. E.: Earth first Ethnoökologie: Von der Aktionsethnologie zur Aktionsökologie. In: Stüben, P. E. (Hg.): Die neuen Wilden (ÖKOZID 4), Gießen 1988, S. 78ff bzw. S. 98ff

17 Stüben, P.E.: Earth first... (vgl. Anm. 16), S. 123

18 Vgl. z. B. DBV, Berliner Programm, Grundsatzprogramm des DBV, Bonn 1987 (s. auch Anm. 3)

19 Ein umfangreiches Programm mit Naturerfahrung u. ä. wird z. B. vom DBV (Gut Sunder, 3108 Winsen OT Meißendorf) oder vom Schweizer Bund für Naturschutz (Naturschutzzentrum Aletschwald, Villa Cassel, CH-3987 Riederalp) angeboten.

20 Wenn nicht anders gekennzeichnet, basieren die Angaben ›Die Naturfreunde‹ betreffend auf mündlichen Auskünften Dieter Kramers und umfangreichen Informationsmaterial der Naturfreunde Internationale und Naturfreundejugend.

21 Zimmer, J. (Hg.): Mit uns zieht die neue Zeit, Pahl Rugensteinverlag, Köln 1984

Asun Garcia

Macht euch die Erde untertan

Das Bild von Abenteuer-, Trekking- und Erlebnisreisen in aktuellen Prospekten

Die Wörterbücher beschreiben ein Abenteuer als »ein schwieriges Unternehmen, das solche Menschen anzieht, die Gefahren lieben« (z. B. Larrousse). Wenn nicht deutlich gesagt, enthält der Begriff das zeitliche Fortziehen aus dem gewohnten Lebensraum. Bei ihrer Suche nach neuer Kundschaft (und nicht zuletzt auch wegen einer gewissen Kritik am ›normalen‹ Tourismus) hat die Tourismusindustrie seit Anfang der siebziger Jahre eine neue Reiseart in ihre Programme aufgenommen oder sich dieser gar völlig gewidmet: die Abenteuerreisen. Zu dieser Sparte gehören auch die Erlebnis- und Trekking-Reisen, weil sie, so unterstreicht *Eurotrek* – einen Teil von Abenteuer enthalten. Diese Reisen wurden schnell beliebt und avancierten zu einer Art Statussymbol. Sie geben dem Reisenden einen Hauch von Exklusivität; genau das Gegenteil von dem, was mit einem ›Mallorca-Touristen‹ verbunden wird.

In dem folgenden Beitrag ist der Versuch unternommen, einerseits das Abenteuer-, Erlebnis- und Trekkingangebot verschiedener Veranstalter zu analysieren, um die verschiedenen Abenteuervorstellungen zu erfassen. Andererseits wollen wir die Auswirkungen dieser Reiseart auf die unmittelbare Umgebung des bereisten Gebietes aufzeigen. Zur Analyse haben wir acht Bereiche unterschieden.

Der Firmenname

Obwohl sich viele Veranstalter mit ›normalen‹ Namen begnügen, geben sich vor allem die Anbieter, die ausschließlich Abenteuerreisen verkaufen, Namen, die in Verbindung mit einer gewissen Andersartigkeit gesehen werden sollen. Diese werden oft der Mythologie entnommen (*Ikarus, Shangri-La*), geben aus der Geschichte Namen bekannter Abenteurer oder abenteuerfreudiger Völker wider (*Wikinger, Marco Polo*).

Die Titel der Reiseprogramme

Sie folgen, auch bei solchen Veranstaltern, die keinen besonderen Namen tragen, einem ähnlichen Muster: »Auf den Spuren der Goldgräber« (*Wikinger*-Reisen), »Das Vermächtnis der Inka« (*Wikinger*-Reisen), »Auf den Spuren von Weisen und Heiligen« (*Bernard*-Trekking).

Die Beschreibung der Reiseprogramme

Sie führt uns in der Regel in eine mythische und/oder abenteuerliche Welt und erlaubt es uns, sich mit ihren Helden zu identifizieren. Oft folgen wir während der Reise ihren Spuren:

> »Dort... atmen wir noch Pionierluft, wie einst Columbus oder Marco Polo« (*Bernard*-Reisen)
> »Auf den Spuren von Schlagintweit, Sven Hedin und Heinrich Harrer führt die Fahrt weiter...« (*Marco Polo*-Reisen)

Aber vor allem werden uns hier mittels Sprache die Bilder lebendig gemacht, die den Stereotypen der abendländischen Kultur über die bereisten Länder und deren Menschen entsprechen, also ›Vorzeit‹ suggerieren wollen:

> »...einem Dorf der heidnischen Kafir Kalash, Grenzgebiet zu Afghanistan« (*Marco Polo*);
> »...wenn sie einmal einen Touristen pfeilen, steinigen oder umbringen, werden sie dann in unseren Zeitungen in einem Kurzbericht erwähnt« (*Ikarus*);
> »...im Land der Kopfjäger in Borneo« (*Air Ticket Service/Asian Travel Service*);
> »Die Daykas in Borneo, vor nicht langer Zeit Kopfjäger,...« (*Ikarus*).

Die Kopfjagd ist also bei einem Veranstalter schon Vergangenheit, während sie bei einem anderen weiterhin zur Gegenwart gehört.

Handelt es sich um Abenteuer in unserer hiesigen Gegend, werden die Stereotypen des ländlichen, dörflichen gebraucht.

Der Sprachstil ist oft besonders ausgesucht und die Verfasser scheuen sich nicht davor, Fremdwörter zu benutzen oder gar neue zu erfinden, denn: die Texte sind ja für eine erlesene und besonders gebildete Kundschaft bestimmt. So spricht Horst von der Wehd von »Abenteuer-incentive Reisen« und »hochkarätigen Programmen«; bei *Eurotrek* bekommen wir eine »Rekognoszierungs-Reise« nach Sibirien angeboten.

Im Namen der Originalität scheuen sich einige Veranstalter auch nicht, modische Wörter zu gebrauchen: Horst von der Wehd spricht von einer »ausgeflippten« Tour nach Guatemala.

Zwischen den Zeilen läßt sich eine Einstellung zu einer konservativ-evolutionistischen Geschichtsauffassung erkennen, die bekannte Klischees der Rückständigkeit der anderen zementiert. Diese vermeintliche Rückständigkeit wird dann aber – im Gegensatz zum eigenen alltäglichen Streben danach, ›modern‹ zu sein – als Anziehungselement benutzt:

Für *Marco Polo*-Reisen hat Nepal seine »mittelalterliche Lebensweise und Kultur bewahrt«; mit *Ikarus* können wir in Thailand die Yumbri, ein »primitives Sammler-Volk«, von denen es heute nur noch etwa 50 Individuen gibt, aufsuchen. In Vanuatu (Melanesien) »leben heute noch Stämme auf steinzeitlicher Kulturstufe«, lernen wir ebenfalls bei *Ikarus*. Ebenso: »Irian Jaya ist sicher der letzte Ort unserer Erde, wo man Steinzeit noch ›live‹ erleben kann.«

Nicht besser kann es *Sacha Travels* aus der Schweiz: »Auf den (Andamanen-, Anm. d. Verf.) Inseln leben noch einige der ältesten Menschenrassen der Erde, teilweise so primitiv, dass man sie als Steinzeitmenschen betrachten kann.«

Also nicht nur die verschiedenen evolutionistischen Kulturstufen werden bemüht, sondern es gibt auch live-show; wird es das erste »Sound and light« geben, wenn die letzten ›Primitiven‹ nur noch als Schrumpfköpfe in unseren Museen zu bewundern sein werden?

Die Aufmachung der Prospekte

Neben der faktischen Beschreibung der Reise ist sie das wichtigste Lockelement der Broschüre. Durch die Aufmachung wird das Reiseziel lebendig gemacht. In den meisten Reiseprospekten wird die Realität extrem durchsiebt,[1] hochstilisiert und so dem Verkaufsziel des Veranstalters dienlich gemacht. Es werden vor allem sehr schöne Bilder gezeigt, die den Träumen der möglichen Kunden entsprechen oder diese Träume auslösen können. Nicht mehr existierende Wirklichkeit, wie z. B. Dorfleben oder Jagdszenen, werden durch Inszenierung wiederbelebt. Überall werden uns exotische Tiere und Menschen »in traditioneller Kleidung« gezeigt, worauf der Fotograf vor Ort höchstwahrscheinlich tagelang gewartet hat. Der Tourist soll glauben: alles ist allzeit präsent. Nur idyllische Landschaften, die in einer Welt zu liegen scheinen, wo ökologische Schäden unbekannt sind. Es sind Bilder von Menschen, die uns je nach Verkaufsziel die eine oder andere Seite ihres Wildseins zeigen: das schrecklich-gefährliche oder das glücklich-lächelnde, nach Rousseau's Bild des »bon sauvage«, denn das so Fremde muß ja erfaßbar, berührbar und in unseren Empfindungskategorien verständlich werden.

Frauenbilder werden besonders häufig benutzt; es herrscht Nacktheit und Barbusigkeit. Man fragt sich, ob dies deshalb gezeigt wird, weil es »dort so ist«, oder weil nackte Frauen unsere Phantasie anregen. Bedenken wir, daß Nacktheit und Barbusigkeit in vielen Gebieten der Erde durch die vom Kolonialismus aufgezwungene Moralvorstellung verschwunden sind. Was wollen die Touristen als Neo-Kolonialisten?

Die Zielkundschaft

Viele Abenteuer-Reiseveranstalter gehen von einer Hierarchisierung der Gesellschaft aus, an deren Spitze nur wenige Erlesene stehen, die sich die neue Art zu reisen aus zeitlichen, finanziellen, gesundheitlichen und geistigen Gründen leisten können. Diese Reisenden sind eben anders, keine ›Touristen‹; zumindest aber anders als die Massentouristen, die *Ikarus* abwertend »Warmwassertouristen« nennt. Diese Andersartigkeit der Kunden wird in folgenden Zitaten aus den Prospekten deutlich:

> »So verlassen wir die Route des üblichen und bieten die Faszination, etwas zu tun, was nur wenigen vergönnt ist...« (*Society Expeditions Cruises*);
> »Diese Art von Reisen ist abenteuerlich... und Sie erleben Dinge, wie sie den Touristen im Fahrzeug vorenthalten bleiben« (*Alpin Travel*);
> »Eine rechte Basis für den weitgereisten und erfahrenen Reisenden, der abseits überlaufener Routen ein abwechslungsreiches Ziel sucht« (*Marco Polo*, Himalaya);
> »Ein Besuch bei den Toradjas ist heute beinahe touristische Normalkost. Doch wir machen es anders« (*Ikarus*).

Vor allem bei der Bekleidung sollten sich die Gäste den Sitten des Gastlandes anpassen
Foto: Asun Garcia

Zudem sind die Kunden jung (wie in der Werbung generell), geistig und körperlich fit:

> »Mit diesem Programm wollen wir vor allem jüngere und – von der Einstellung und Fitness her – jünger gebliebene Reisefreunde ansprechen« (*Ikarus*);
> »Unsere Reiseprogramme richten sich an Leute, die – unabhängig vom Geburtsdatum – jung geblieben sind« (*Eurotrek*).

Die genannten, aber auch andere Veranstalter haben, um das Jugendhafte ihrer Kundschaft zu unterstreichen, das ›Du‹ als Ansprache unter den Reisenden übernommen. Die Zielkundschaft scheint zudem auch Eigenschaften nachweisen zu müssen, die schwieriger zu realisieren sind, als die Prospekte das beschreiben:

> »... daß man in der Lage ist, auf bestimmte Annehmlichkeiten zu verzichten und sich den Gegebenheiten in den fremden Ländern anzupassen ... und daß Sie in gewissen Situationen auch belastbar sind und sich die gute Laune nicht verderben lassen« (*Wikinger*).

Wissenschaftliche Betreuung

In vielen der untersuchten Reiseprospekte können wir lesen, daß die Reise von Wissenschaftlern, nicht selten von Ethnologen oder Spezialisten anderer Fachbereiche und Sachgebiete, geleitet und begleitet werden. Das soll der Reise den Anschein von Ernsthaftigkeit, Anständigkeit und hohem Niveau geben, der durchaus der Wirklichkeit entsprechen kann. Oftmals ist dies aber leider nicht der Fall: Es gibt allerlei Reiseleiter, die sich als Wissenschaftler oder Spezialisten ausgeben, deren Bildungsniveau, Lebenseinstellung und Interesse nicht der Vorstellung einer ›wissenschaftlichen Reiseleitung‹ entsprechen.

Man fragt sich, in wievielen Fällen diese Begleitung ehrlich gemeint ist, um durch das Wissen eine ›bessere‹ Reise zu organisieren und wie oft es sich eher um ein Deckmäntelchen, eine Rechtfertigung angesichts zunehmender Kritik, gar um ein Alibi für bestimmte Reiseziele handelt oder schlichtweg die Verkaufsstrategie dahintersteht, die Reise teurer anbieten zu können (Wissenschaft ist etwas Seriöses, also teuer).

Society Expeditions Cruises verspricht uns:

> »Je nach Zielgebiet begleiten Anthropologen, Naturwissenschaftler oder Historiker die Kreuzfahrten. Sie halten Vorträge, die den Reisenden zu den Eigenheiten, zur Geschichte und zum Verständnis der Lebensarten fremder Völker hinführen.«

Manchmal sind diese Wissenschaftler, zumindest dem Text nach, offenbar für das falsche Gebiet zuständig gemacht worden. Im Begleitbrief desselben Unternehmens können wir lesen: »Die atemberaubende Tierwelt erläutern Ihnen eingehend die an Bord befindlichen Wissenschaftler, Anthropologen und Biologen«. Ein Druckfehler?

Bei *Ikarus* besteht der größte Teil der Reiseleiter, die mit gekürztem Lebenslauf im Vorderteil der jeweiligen Prospekte vorgestellt werden, aus – oft sogar promovierten – Gelehrten, sehr häufig bekannten Ethnologen. Inwiefern sie den von der Firma im Text vertretenen »anderen« oder gar »sanften Tourismus« verwirklichen, ist eine andere Frage.[2]

Viele Wissenschaftler aber bleiben nicht bei der schlichten »Begleitung«, sondern sehen die Reise als eine richtige Forschung an. Der Reisende braucht sich nicht wie ein »Jedermann-Tourist« zu fühlen, sondern hat das Gefühl (in seiner zwei- bis vierwöchigen Reise!) eine richtige Forschung gemacht zu haben.

Mit ATS können wir einfach »das goldene Dreieck erforschen«; mit *Ikarus* machen wir in Papua Neuguinea »eine vorrangig ethnologische Tour die in der Durchführung zu einer Art Feldforschungsexpedition werden kann...«. Mit *Society Expedition Cruises* werden wir in der Antarktis »die Gelegenheit haben, mit den Wissenschaftlern dieser Station Gespräche zu führen«. Es erstaunt demzufolge nicht, daß sich einige zurückgekehrte Reisende wie Spezialisten vorkommen und verhalten; ihr Ego ist ja auch regelrecht gestreichelt worden.

Die Wirklichkeit des Reiseabenteuers

Die heutigen Abenteuerreisen sind in der Regel ziemlich weit von dem entfernt, was wir laut Definition darunter verstehen müßten. Zwei ihrer grundsätzlichen Eigenschaften sind kaum zu finden: Gefahr und Unberechenbarkeit. Es läßt sich fragen, ob das Wort Abenteuer im Zusammenhang mit einer Reise des beschriebenen Stils überhaupt berechtigt ist. Es wird vielmehr deutlich, daß es vorrangig zu Verkaufszwecken und ausschließlich wegen seiner magischen Anziehungskraft verwendet wird.

Daß »Abenteuer« tatsächlich etwas völlig anderes ist, zeigt das Angebot von ATS. Der Veranstalter bietet uns in seinem Asienprogramm das Paradoxon »zivilisierte Urwaldabenteuer«. Meint er damit, daß »zivilisierte« (wir nehmen also an, abendländische) Menschen in den Urwald gehen, um ein Abenteuer zu erleben? Oder wird das Abenteuer nach Mustern durchgeführt, die in unserer »zivilisierten« (»primitive« Kulturen sind ja nicht zivilisiert!) Kultur üblich sind?

Was bekommt man in einer »Abenteuerreise« aufgetischt?

Bei *Society Explorer Cruises* »einen Scotch auf jahrtausendealtem Gletschereis«. Zudem: »Exklusives Ambiente, das unsere Reisen zu einem Urlaub erster Klasse macht«. Damit wird u. a. folgendes gemeint: Luxus-Kabinen mit Klimaanlage und Kühlschrank, Vortrags-, Kino- und Gymnastikraum, Sauna, Boutiquen und umfassende Kommunikationssysteme.

Schließlich bieten viele Organisatoren kostspielige Ausrüstungen für die ›Wildnis‹ an, die oft direkt neben energiehungrigen Mehrsterne-Hotels liegen. In Brasilien bieten *Almey Tours* für den anspruchsvollen Individualisten ein Zimmer im amazonischen Urwald, das mit Klimaanlage, WC/Bad, Panoramaaussicht, Swimmingpool und Sauna ausgestattet ist.

Paradoxerweise wird aber vor allem die gewohnte Umgebung – gleich der, mit der man »Massentourismus« identifiziert und abqualifiziert – geboten: nach dem Motto »das Heim fährt mit«.

Society Explorer Cruises verspricht uns beruhigend: *»Der Kapitän und seine Offiziere beantworten Fragen überall... selbstverständlich auf deutsch. Auch unsere Besatzung... ist deutschsprachig.«*

Als Garantie von Zuverlässigkeit erwähnt Horst von der Weid: *»Alle Leistungsträger sind uns persönlich bekannt und viele stehen unter deutscher Leitung.«*

Intertreck bietet in Nepal »Schweizer Reiseleitung« (allerdings in Zusammenhang und mit Unterstützung einheimischer Organisatoren und Gelehrter). Auch Schweizer Speisen stehen im Angebot: »Viele (der Köche, Erg. d. Verf.) arbeiten seit Jahren für uns und kennen den Geschmack der Schweizer.« Wie wir weiter erfahren, können diese Köche ein Menü mit »Suppe, Rösti, Landjäger und anschließendem Dessert, z. B. Pudding oder Fruchtsalat« auftischen. Ein Menü allerdings, das sich die meisten Nepalis niemals leisten könnten. Beim gleichen Veranstalter können wir den Annapurna »unter Leitung von Schweizer Bergführern« besteigen. Die weltbekannten (oder guten, aber unbekannten) nepalesischen Berufskollegen scheinen dafür nicht gut genug zu sein.

Für *Sultan*-Reisen ist Malaysia »die Schweiz Asiens«, wo man sogar das Leitungswasser – wie zuhause – trinken darf.

Auch *Marco Polo* bietet in seinem Himalaya-Programm deutsche (nicht etwa deutsch-sprechende wie bei *Ikarus*) Reiseleitung an. Es ist nicht pauschal zu kritisieren, daß man sich einen eigenen Reiseleiter mitbringt, was unter gewissen Umständen vertretbar ist. Doch was wir störend finden, ist, daß die mitgebrachte Reiseleitung als Qualitätsgarantie dargestellt wird.

Man versucht immer wieder, dem Reisenden eine vertraute Umgebung in der Ferne zu liefern, die es ihm ermöglicht, sein Abenteuer in vertrauten Kulissen zu erleben. Dabei erfährt er nur wenige Aspekte des bereisten Gebietes. Mit *Eurotrek* können wir sogar die nordafrikanischen Wüsten in klimatisierten Kleinbussen bewundern.

Daß man wirklich nicht auf Gewohntes verzichten muß, wird in einem der neuen Angebote von *Intertreck* deutlich: »Schlank und fit durch trekken: Sonderprogramm für Linienbewußte«, heißt es im Himalaya-Prospekt. Durch Trekken können wir demzufolge abspecken, eine »Beschäftigung«, der praktisch nur unsere westliche Gesellschaft nachgeht, wo Schlankheit das höchste Schönheitsideal ist. Der Organisator verspricht einen Verlust von fünf bis acht Kilo in den ersten Tagen.

Die Küche, aber auch der Einkauf, wird überwacht von deutschen Diätspezialisten (nicht nur die Köche, die ja »anders ausgebildet« sind). Auch nach der Wanderung wird Diät gehalten: »Auch im Restaurant in Kathmandu werden wir für diese Gruppe spezielle Speisen anfertigen lassen« (wieder mit Beratung der Ernährungsspezialisten). Lasten unserer Überflußgesellschaft (Diät einhalten zu müssen ist nur ein Beispiel der mitgenommenen Ideale) werden also auf die Reise mitgeschleppt.

Zusammenfassend kann man sagen: Risiken einer Abenteuerreise werden sorgfältig organisiert und kontrolliert dosiert. Wie Bennsmann meint: »Zwar muß die Staffage stimmen: wilde Löwen auf der Fotosafari, speerschwingende Neger im Kraal, federgeschmückte Indianer vor dem Wigwam..., aber die Reservate müssen sauber sein.«[3]

Die Reiseziele

Die Reiseziele kann man in zwei Gruppen aufteilen: Einerseits gibt es die bekannten Orte, die wegen ihrer Lage oder ihrer sozialen und kulturellen Strukturen in das herkömmliche Bild eines Abenteuergebietes passen: bsp. die Pazifischen Inseln, aber auch Anatolien. Andererseits ist es ein Ziel vieler Veranstalter, noch »unberührte«, immer ferner liegende und unbekannte Orte zu »erschließen«.

»Macht euch die Erde untertan«, ist das Motto, unter welchem die Entwicklung der Reiseangebote steht. Und dies ohne Rücksicht auf Lebensräume von Menschen, Tieren oder Pflanzen. Daß Menschen und Tiere immer noch in einen Topf geworfen und als Attraktion für eine Abenteuerreise angeboten werden, zeigt ein charakteristisches Beispiel: Der *Know How Travel Club* bietet uns in seinem Afrika-Angebot das »Neue Zaire-Programm mit Pygmäen und Berggorillas«. Vor dem Abenteuer in der Gorilla-Wildnis gibt es selbstverständlich ein »englisches Frühstück«.

Man wird regelrecht an eine Winterschlußverkauf-Stimmung erinnert, wen man bei *Ikarus* im Pazifik-Prospekt liest:

> »Entsprechend wird sich auch der Tourismus um und innerhalb des Pazifik intensivieren... Auch hier heißt es also sich zu beeilen, um die verbliebenen Reste der einstmalig paradiesischen Unberührtheiten, und seien sie auch heute noch so fragmentarisch, zu erleben.«

Das erinnert an den *Spiegel*-Report ›Wettrennen um die letzten schönen Plätze‹.[4]

Viele andere Veranstalter bieten ebenso ›Einmaliges‹:

> *Intertrek* »führt im Sommer 1988 erstmals und als Weltneuheit eine Trekking- und Raftingreise nach Sibirien durch«.
> »Wir bemühen uns, überwiegend ausgefallene, große Straßen anzubieten« (*Wikinger*);
> »Wir zeigen Ihnen Plätze, die selten oder nie von anderen Kreuzfahrten angelaufen werden« (*Society Expeditions Cruises*);

»Noch immer finden wir Gebiete auf dem schwarzen Kontinent, die bisher von keinen Pisten durchpflügt wurde und so unberührt sind, wie sie die großen Entdecker und Jäger vor rund 140 Jahren gefunden haben«; »diese Tour ist in vielen Beziehungen eine Pionierleistung«; »das liegt an der Tatsache, daß Papua Neu Guinea ... eines der wirklich noch unverdorbenen, ursprünglichen Länder unserer Erde ist«; »... die uns die ökologische Intaktheit Neuseelands für uns geradezu wie ein paradiesisches Idealbild erscheinen lassen« (alle *Ikarus*);

»Der Reiz liegt insbesondere im Erlebnis eines noch gänzlich unberührten Flußlaufes, eine echte Pionierfahrt«; »Lappland, oft die letzte Wildnis Europas genannt« (beide *Eurotrek*).

In ihren Wettrennen um »Erschließung« von Ursprünglichkeit scheuen sich manche Veranstalter nicht davor, in die intimsten Bereiche von Menschen, Tieren und Pflanzen einzudringen:

»Sie werden eingeführt in die Geheimnisse der Lappen« (Horst von der Wehd); »Hier besuchen Sie die Einheimischen«; »Vor dem Sonnenaufgang aufstehen und den Bauern helfen«; »Sie suchen die Ufer mit der Taschenlampe nach Alligatoren ab, keine Jagd« (alle *Almey*); »nachmittags Tanzvorführung des Balese Stammes und Besuch ihrer Hütte« (*Know How Travel Club*); »Erleben Sie noch heute die vom Aussterben bedrohten Berggorillas« (*Know How Travel Club*).

Den Gipfel von Kulturarroganz und zerstörerischem Voyeurismus leistet sich wieder einmal *Ikarus*: »... leben heute noch wenige Buschmannfamilien, die wir ... ohne daß wir sie in ihrem Akkulturationsprozeß stören wollen, besuchen werden«. Ähnliches ist aber auch in der Schweiz zu finden, wo sich besonders *Sacha Travels* in einem anderen ungekürzten Zitat negativ bemerkbar gemacht hat:

»Die Andamanen (*Sacha Travels* organisierte im Sommer 1988 erstmals Reisen zu dieser indischen Inselgruppe, Anm. d. Verf.) beherbergen noch einige der ältesten Menschenrassen der Erde. Der bedeutendste Stamm von Ureinwohnern sind die negroiden Onges. Zu ihrer Hauptbeschäftigung gehören immer noch der Fischfang und die Jagd. Würde sie die Zivilisation erreichen, wäre das ihr Untergang. Einige ausgewählte Inseln sind deshalb für sie als Reservate bestimmt worden.«[5]

Sind sie, damit die indische Regierung den Ansprüchen der Touristen gerecht werden kann, umgesiedelt worden?

Anscheinend bedenkt kaum jemand, daß mit den Eroberungsfahrten der damaligen Pioniere die »unberührten Paradiese« für alle geöffnet wurden, auch für die verachteten ›Normaltouristen‹. Das scheint die Veranstalter kaum zu interessieren, weil sie sich angeblich nur um das Wohl der eigenen Kunden kümmern. Diese Sorge um das Wohl der Kundschaft wird in einer der vielen (naiven, arroganten und widersprüchlichen) Aussagen des Club Méditerranée-Chefs Gilbert Trigano deutlich: »... Wann immer ich in meinem Leben das Glück habe, noch einige Ecken des Paradieses zu entdecken, hielte ich es für ein Verbrechen, sie für mich zu behalten und sie den anderen zu verschließen.«[6]

Den Veranstaltern scheint es jedenfalls nicht einzufallen, daß man durch die Infrastrukturen, die notwendig sind, um die Wildnis hautnah zu erleben, dieser unwider-

Die Kürze des Aufenthaltes erlaubt oft genug nur einen oberflächlichen Eindruck der fremden Kultur zu bekommen: Totenfest in Indonesien *(Foto: Asun Garcia)*

rufliche Schäden zufügt. Längst ist jedem Reisenden bekannt, daß isoliert lebende Völker durch den Kontakt mit Touristen Krankheiten bekommen, gegen die sie keine Abwehrkräfte haben: keiner hat sie gefragt, ob sie uns sehen wollen!

Wenn der Boom mit dem Gorilla-Tourismus so weitergeht, dann wird diese Tierart das Schicksal ereilen, vor dem man es durch den Tourismus zu schützen vorgibt (und das vielleicht für kurze Zeit auch schafft): dem Aussterben. Gleiches gilt für das Schicksal vieler Pflanzen. Ist es da ein Trost, daß »wir nur mit der Kamera bewaffnet« sind? (*Beeler Adventures*)

»Peru an einem Tag« (Horst von der Wehd) erinnert mich an den Artikel von Cordt Schnibben »Köln-Karibik und zurück. Zur Beach Party nach Barbados – eine 24-Stunden-Reise in das nächste Jahrtausend«:[7] Man sahnt die Höhepunkte ab.

Die zweite Gruppe von Zielen sind uns bekannte und naheliegende Gebiete wie die Alpen oder die griechischen Inseln. Nur die Art der Reise wird nun anders: abenteuerlich. Man reist nicht mit herkömmlichen Transportmitteln, sondern wieder zu Fuß, mit dem Pferd, dem Kanu oder dem Hundeschlitten, ja sogar mit der alten Postkutsche. So können wir bei Horst von der Wehd eine »Schule der Wildnis« in Skandinavien besuchen (»Als wäre die Zeit um Millionen von Jahren zurückgeschraubt«).

Man braucht aber nicht einmal bis nach Nordeuropa gehen: bei *Eurotrek* können wir das alles in absoluter Nähe haben: das »Abenteuer Jura« (Expedition mit Schlittenhunden) oder auch das »Kanuabenteuer Jura«; eine »Skisafari Genfersee-Mont Blanc«, das »Seakajaking Adria«, das »Riverrafting Vorderrhein«, das »Abenteuer Schweiz« schlechthin. Die Freizeit-Wortschöpfungen, bislang mit speziellen Regionen verbunden, werden im großen Potpourri der Angebotspalette gemixt und der Konsument ist angesichts dieser Fülle erneut zu hastigem Konsumieren gehalten.

Es geht auch anders

Die wachsende Kritik an der Branche und ihren Machenschaften hat allerdings auch schon so manchen Veranstalter zum Umdenken bewegt oder Marktneulinge mit einem anderen Konzept starten lassen.

Shangrila-Reisen ist nach eigener Aussage einer von nur zwei Anbietern in Nepal bislang, die ihre Politik geändert und sich dem Konzept des »sanften Tourismus« angeschlossen haben. Obwohl dies leider im Prospekt nicht deutlich genug gemacht wird, erfahren wir dort, daß bei Nepal-Reisen 1/2 % des Reisepreises als Umweltbeitrag abgeführt wird. *Arca Tours* propagiert in Zusammenarbeit mit dem WWF: »Möglichst naturverträglich zu reisen und auf diesen Reisen Verständnis und Liebe zu wecken für die Natur, für die Schöpfung, für die Mitmenschen in fremden Ländern und andere Kreaturen« (zu einer kritischen Diskussion des Berggorilla-Tourismus siehe den Beitrag von Kohnen/Braun in diesem Band).

Wir können nur hoffen, daß einem Umdenken auch das Umhandeln folgt und daß solch engagierte Aussagen nicht als Deckmantel der alten Verkaufsstrategie mißbraucht werden.

Anmerkungen

1 Welche Ungenauigkeiten Reiseprospekte enthalten, davon hat uns Ludmilla Tüting während des ›Himalaya-Symposiums‹ auf der ITB im März 1989 einige unglaubliche Beispiele präsentiert.
2 Eine Kritik zur Arbeit von *Ikarus*-Reisen und anderen findet sich in Kreib, Yörn (1989): »Umweltverträglicher Tourismus – mehr als nur ein Werbetrick?«, Hannover
3 zitiert nach Armanski, G.: »Die kostbarsten Tage des Jahres: Tourismus – Ursachen, Formen, Folgen« (1989, S. 109)
4 *Der Spiegel*, Nr. 31/1988
5 Auf seine ausführliche, zweiseitige Bitte (Brief vom 17. 10. 1988) um eine Stellungnahme hat der Herausgeber dieses Buches bis heute keine Antwort bekommen. Ein Leserbrief zu einem Beitrag im Zürcher *Tagesanzeiger* von Rolf Bühler vom 7. 9. 1988 (der gleiche Bericht war schon am 18. 3. 1988 in der *Basler Zeitung* abgedruckt worden) wurde wegen angeblicher Überlänge nicht gedruckt.
6 Das Interview mit Trigano aus *Der Spiegel*, Nr. 47/1988, S. 189
7 *Die Zeit* vom 27. 5. 1988

Liste der erwähnten Reiseveranstalter
(jeweils aus den Prospekten von 1988/1989):

Almey Tours, Alpin Travel, Arca Tours, ATS, Beeler Adventures, Bernard Trekking, Eurotrek, Horst von der Wehd Abenteuer % Erlebnis Arrangements, Ikarus-Reisen, Intertrek, Know How Travel Club, Marco Polo Reisen, Reisebüro Weltstein, Sacha Travels, Shangrila Reisen, Society Expeditions Cruises, Sultan Reisen, WWF, Wikinger-Reisen.

Zwei Abschlußarbeiten in verschiedenen Fächern verschiedener Universitäten, deren Inhalt in der Auseinandersetzung über des Menschen Wunsch nach Naturerlebnissen zusammenfließt, sollen hier kurz vorgestellt bzw. angezeigt werden:

Markus Dörig
Das Bild des Fremden im Club- und Trekking-Reiseprospekt und bei den jeweiligen Touristen
Lizensiatsarbeit im Fach Ethnologie der Phil. Fak. I der Universität Zürich,
Zürich, 1989, 233 Seiten

»Die Geschichte der Suche nach dem Garten Eden ist gleichzeitig eine Geschichte des Mißerfolgs. Erst die Umdeutung des Paradiesmythos in der Romantik, wo aus dem irdischen Garten Eden ein gleichsam geistig-imaginatives Eden wird, hat diesen dem Untergang geweihten Topos nochmals mächtig belebt. Er lebt noch heute in der Suche nach Harmonie von Mensch und Natur weiter; ja er gewinnt gerade in unserer Zeit, da wir in unserem eigenen Dreck zu ersticken drohen, ganz enorm an Bedeutung.«
Die beiden ausgewählten Reisearten und deren Darstellung in Reiseprospekten unterscheiden sich nach Dörig bezüglich der Verwendung romantischer Topoi diametral voneinander. Das Bild des Fremden war immer auch Gegenstand ethnologischer Forschung, um Vorurteile und Ethnozentrismen abzubauen. Eine der Aufgaben der heutigen Ethnologie besteht darin, existierende alternative Möglichkeiten des menschlichen Daseins aufzuzeigen, wozu sich das Untersuchungsfeld Tourismus »geradezu aufdrängt«.
»Heute, da der Gigant Tourismus seine Arme fest um die ganze Welt schlingt, ist unberührte Natur zur Rarität geworden«. Immer mehr werden extreme topographische Gebiete einbezogen, um den Wunsch nach paradiesischen Zuständen individuell zu realisieren; Tuareg und Eskimo werden dadurch zwangsläufig in unserer Vorstellung zwischen der Zuschreibung von Rückständigkeit und Ideal hin- und hergeschleudet.
Zur Frage: warum nur macht der Mensch immer (noch) das kaputt, was er, um seine eigene Existenz zu schützen, retten müßte, findet der Leser interessante Ansätze, die durch Interviews mit Touristen der beiden Reisearten und deren Analyse löblicherweise über eine rein theoretische Betrachtung hinausgehen.
Da sich der Ethnologe als Reisender und der Tourist bezüglich der jeweiligen Vorurteile gegenüber dem Fremden wesensmäßig ähnlich sind, bietet die Arbeit auch Hilfe für die Selbstbeobachtung der Fachvertreter an.

Claus Euler

Yörn Kreib
Umweltverträglicher Tourismus – Mehr als nur ein Werbetrick?
Diplomarbeit im Fach Landespflege an der TU Hannover, Hannover 1989, 173 Seiten (Druck in paperback, zu beziehen über den Autor)

Manfred Spöttl
Tatort Alpen. Karl Partsch – der sanfte Rebell
Geleitwort von Horst Stern
Göttingen, Echo Verlag 1988, 216 Seiten mit zahlreichen Photos

Nur zaghaft verbreitet sich im Alpenraum das Bewußtsein, daß dieser immer größerer Übernutzung und Zerstörung ausgesetzt ist: durch Tourismus, Infrastrukturprojekte (Energie, Verkehr), moderne Berglandwirtschaft u.a.m. Die Erforschung dieser Fragen ist selbst in der Schweiz – die verhältnismäßig am meisten Mittel dafür bereitstellt – noch nicht sehr weit gediehen, und auch die politische Öffentlichkeit – zumindest sozialdemokratische und Grüne Parteien – hat erst angefangen, das Thema einigermaßen kontinuierlich zu bearbeiten.
In diesem Kontext steht »Tatort Alpen. Karl Partsch – der sanfte Rebell« – und in diesen Kontext hinein hat Manfred Spöttl das Buch offenbar auch geschrieben. Es ist ein Buch nicht nur über die vielfältigen Formen von Zerstörung in den Alpengebieten in Frankreich, Österreich, Deutschland, Italien und der Schweiz, sondern auch über Karl Partsch, diesen unermüdlichen Mahner und Aktivisten gegen gedanken- und rücksichtslosen Straßenbau, gegen Schneekanonen, Mülldeponien, Golfplätze und anderes mehr. Immer

wieder werden dabei auch die konkreten Auswirkungen geschildert: die Ausrottung der einen oder anderen Pflanze, die Gefährdung dieser oder jener Tierart, das langsame Sterben des einen oder anderen Baums. Hand dazu bieten profitorientierte Politiker vom Vorsteher der kleinen Berggemeinde bis hin zum Kabinettsmitglied, und unterstützt werden sie von den Medien, die die Situation nicht gebührend zur Darstellung bringen wollen oder schlicht im Solde der skrupellosen Profiteure dieser organisierten Zerstörung stehen. Selbst vor Gewalt gegenüber Partsch schrecken diese nicht zurück. Wird diese Entwicklung nicht gestoppt, führt sie in den Augen Partschs – zumindest stellt dies Spöttl so dar – direkt in die Apokalypse.
Diesen weiten Bogen versucht Spöttl in sechs Hauptkapiteln darzustellen. In einem ersten Teil wird der Leser/die Leserin anhand verschiedener Beispiele von aktuellen Umweltkatastrophen – Bergstürze, Überschwemmungen – auf die schleichende Zerstörung aufmerksam gemacht, gegen welche Partsch angetreten ist. Dieser wird uns im folgenden Kapitel vorgestellt: als »Prophet und Wanderprediger« mit »bescheidenem Leben«, aber auch als Biologe. Dem »Tatort« Allgäu gilt schließlich der Hauptteil des Buches. Detailliert zeigt Spöttl, wie Ignoranz, Geschäftssinn und politische Skrupellosigkeit zusammenwirken, und wie sich unter einer trügerisch intakten Oberfläche eine ökologische Katastrophe zusammenballt, die weit über ein Waldsterben hinauszugehen droht. Was Partsch dieser Entwicklung – außer seiner Öffentlichkeitsarbeit – konkret entgegensetzt, wird im vierten Kapitel beschrieben: dessen Methode standortgerechter Wiederbegrünung, die Erosion und Bergwald-Sterben aufhalten soll. Schließlich schildert der Autor, wie Partschs »Saat aufgeht«, d. h. wie die Öffentlichkeit auf dessen Warnungen und Aktionen reagiert.
Im vorliegenden Buch haben sich – wie H. Stern in seinem Vorwort schreibt – zwei Männer gefunden, die in ihren Talenten zwar verschieden sind, einander aber glänzend ergänzen: ein schriftscheuer »Alpenindianer« und ein schreibgewandter, couragierter Journalist – und so handelt das Buch fast so sehr vom Menschen Partsch wie von der Zerstörung der Alpen selbst. Darin liegen die Schwächen, aber die Stärken von »Tatort Alpen«. Es ist nicht ein »wissenschaftliches« Buch, das in zurückhaltender Sprache und klarer Struktur Wissensstand und offene Fragen darlegt; symptomatisch dafür sind etwa die bibliographischen Angaben, die zutreffend als »Literaturtips« betitelt werden. Vielmehr wird – manchmal fast mit epischem Pathos – Partschs Kampf beschrieben, und da gerät angesichts der zweifellos höchst bedrohlichen Situation mancher Satz etwas gar reißerisch; ebenso findet man nicht selten unhaltbare Verallgemeinerungen. Letztlich wird der Leser/die Leserin mit all den beängstigenden Fakten allein gelassen: zu wenig werden diese geordnet und in einem größeren (ökonomisch-politisch-sozialen) Zusammenhang interpretiert. Deswegen fällt auch die Analyse von Gegenstrategien unbefriedigend aus. Diesen Anspruch hat Spöttl aber wahrscheinlich auch gar nicht. Es ist ein engagiertes Buch, das eine großmehrheitlich lethargische Bevölkerung treffen und aufrütteln will: mit illustrativen Bildern und eingängiger Sprache. Dazu bringt Spöttls Buch jedenfalls die besseren Voraussetzungen mit als jedes noch so umfassende und kluge, wissenschaftliche Werk. In diesem Sinne ist dem Buch eine möglichst große Verbreitung zu wünschen – im Interesse der Alpenbevölkerung, ihrer Umwelt und letztlich von uns allen.

Werner Thut

Klemens Ludwig (Hrsg.)
Lebenslieder – Todesklagen. Lesebuch vergessener Völker
Peter Hammer Verlag, Wuppertal 1988,
333 Seiten, DM 29,80

Eine empfehlenswerte Lektüre (nicht nur) für Globetrotter.
Unverständnis gegenüber fremden Kulturen kennzeichnet so manche Reise nach Übersee und führt dann zu Mißverständnis und Enttäuschung bei Einheimischen wie Besuchern. Die Ursache liegt nicht zuletzt an mangelhafter oder falscher Vorbereitung, doch guter Rat ist teuer; selbst in vielen Reiseführern lassen sich europäische Autoren mit europäischer Brille über fremde Völker aus.
Gegen die eurozentrische Sichtweise der Welt

wendet sich ein Buch, das gerade für Fernreisende eine höchst lesenswerte Lektüre darstellt, auch wenn es nicht als Reiseführer im engeren Sinne bezeichnet werden kann: »Lebenslieder – Todesklagen«, herausgegeben von Klemens Ludwig, einem langjährigen Mitarbeiter der Gesellschaft für bedrohte Völker, der die Völker selbst zu Wort kommen läßt, die schon immer die Phantasie der Europäer angeregt haben: Samoaner, Maori und Papua in der Südsee, philippinische Igorot und Moro, Indianer der Anden, des Amazonasurwalds, oder der Prärie, Eritreer oder die Ureinwohner des südlichen Afrika, aber auch europäische Volksgruppen wie die Korsen, Rätoromanen oder Samen (Lappen) und viele andere mehr schreiben ihre eigene Geschichte. So unterschiedlich wie ihre jeweilige Kultur sind auch die in dem Buch zusammengestellten Texte. Kurzgeschichten und Gedichte von hohem literarischen Rang wechseln mit Märchen, Mythen oder Sagen, deren Ursprünge sich im Dunkel der Geschichte verlieren. Gemeinsam ist ihnen über alle Grenzen hinweg die Anklage gegen Willkür, Mord oder Massenvernichtung – und der Wille, als eigenständige Völker zu überleben.

Bisweilen wird deutlich, daß auch ein ungehemmter Tourismus zu einer Gefährdung kleiner Völker werden kann. So beschreibt etwa der rätoromanische Autor Gion Deplazes mit viel Witz und Ironie die bittere Geschichte von der völligen Kommerzialisierung seiner Kultur, zu der auch der Fremdenverkehr beiträgt. Ähnlich geht es vielen Südseevölkern, über die der Weltreisende und Revolutionär Georg Foster bereits 1773 die prophetischen Worte schrieb: »Wahrlich! Wenn die Wissenschaft und Gelehrsamkeit einzelner Menschen auf Kosten der Glückseligkeit ganzer Nationen erkauft werden muß; so wär es, für die Entdecker und Entdeckten, besser, daß die Südsee den unruhigen Europäern ewig unbekannt geblieben wäre!« Eine Einsicht, die sich auch heute noch mancher Globetrotter zu Herzen nehmen sollte.

Ludmilla Tüting

Christian E. Scherrer
Tourismus und selbstbestimmte Entwicklung – ein Widerspruch: das Fallbeispiel Tanzania
Dietrich Reimer Verlag, Berlin 1988, 270 Seiten

Im Rahmen einer mehrjährigen ethnologischen Forschungsarbeit entstand diese Studie, die die gesamte nachkoloniale Entwicklung des Tourismus in Tanzania unter dem Blickwinkel einer selbstbestimmten Entwicklung analysiert.

Der Autor geht dabei historisch-systematisch vor: in den ersten beiden Kapiteln betrachtet er zunächst die kolonialzeitliche Integration des ostafrikanischen Staates in den Weltmarkt, den nachkolonialen Versuch einer selbstbestimmten Entwicklung unter der Leitung des Präsidenten Nyerere, und die gleichzeitig einsetzende Bürokratisierung des Landes. Diese Aspekte, nämlich weltwirtschaftliche Abhängigkeit trotz des Versuches eines afrikanischen Sozialismus, sowie »Ineffizienz und Inkompetenz auf allen Seiten des Staatsapparates« (S. 40), werden in den folgenden Kapiteln als Rahmenbedingungen der Tourismusförderung untersucht. Hierbei wird zunächst die Struktur der Tourismusindustrie analysiert – ausgehend von einem Modell von vier unterschiedlichen Zeitperioden der touristischen Expansion –, bevor die Rolle ausländischer Kapitalgeber, einheimischer Ressourcen und einzelner Erscheinungsformen der Tourismusförderung genauer beleuchtet werden. Die Entwicklungen auf der Insel Zanzibar bilden einen Sonderfall, der in einem eigenen Kapitel untersucht wird.

Mit Hilfe dieser systematischen, meist auf makroökonomische Daten zurückgreifenden Vorgehensweise gelingt es Scherrer, seine zentrale These nachzuweisen: Tourismus ist aufgrund seiner weltwirtschaftlichen Eingebundenheit und seiner Nachfrageorientierung ein ökonomisches Produkt, das generell wenig planbar ist und mit einer nationalen Strategie selbstbestimmter Entwicklung kaum vereinbart werden kann. Die einzige prinzipiell vertretbare Funktion, nämlich die eines Devisenbeschaffers, ist im Falle Tanzanias aufgrund schlechter internationaler Beratung wie auch falscher Programmatik und gescheiterter administrativer Umsetzung nicht verwirklicht worden. Dieser Hauptar-

gumentationslinie entsprechend, verwendet der Autor auch seine letzten beiden Kapitel auf eine Darstellung der tanzanischen Tourismuskritik und auf Vorschläge für ein alternatives Aktionsprogramm zur Verbesserung der zukünftigen Nutzung des Tourismus. Allerdings fällt dieses, auf makro-ökonomische und organisationsstrukturelle Gesichtspunkte reduzierte Programm wenig überzeugend aus, da es wesentliche Faktoren wie Kosten oder notwendige Trainingsmaßnahmen außer Acht läßt. Zudem werden die zentralen, im ersten Teil des Buches vorgebrachten Argumente gegen den Tourismus nicht mehr aufgegriffen.
Ein persönlicher Epilog sowie ein umfangreicher Anhang mit Bibliographie schließen den Band ab.
Insgesamt ist die Studie vor allem für solche Leser geeignet, die sich mit dem Zusammenhang von Tourismus und Entwicklungspolitik beschäftigen. Auch viele, die mit Tanzania als facettenreichem Land der ›Dritten Welt‹ und seinem Entwicklungsweg sympathisieren, werden dieses Buch in seiner Vollständigkeit zu schätzen wissen.

Uwe Kievelitz

Marianne Gujer
Südafrika – ein Paradies für Weiße?
Kleine Reihe Tourismus und Entwicklung Bd. 1
Arbeitskreis Tourismus und Entwicklung, Rotpunktverlag, Basel, Januar 1987,
76 Seiten, 12,— sFr.

Als wichtiger Beitrag zur weltweiten Völkerverständigung wird Tourismus aus den Reihen der Reisebranche bezeichnet. Genauso vehement wird dem von TourismuskritikerInnen immer wieder widersprochen. Von einer wirklichen interkulturellen Verständigung könne in der Regel nicht die Rede sein. Vielmehr würden sehr oft bestehende Vorurteile bestätigt bzw. verstärkt. Diese Position wird von Marianne Gujer in ihrem Buch eindrucksvoll untermauert. Mit einem umfangreichen Fragebogen (23 Fragen) erforschte sie die Einstellung Schweizer Südafrikareisender (1986). Was dort an Vorstellungen und Meinungen über die wirkliche politische Situation in Südafrika zu Tage tritt, ist erschütternd. »Die Schwarzen sind mehrheitlich sehr dumm – da ist nichts anzufangen«, bringt es ein Befragter auf den Punkt.
Obwohl nur die wenigsten Kontakt zu Schwarzen außerhalb der touristischen Infrastruktur (Hotels,...) hatten, maßen sie sich arrogant deren Beurteilung an. »Gutmütig, höflich und abergläubisch« die Schwarzen – »hilfsbereit, intelligent, geschäftstüchtig« die Weißen. (»Wie schon erwähnt, sind die Schwarzen in der ganzen Entwicklung noch nicht auf unserer Stufe angelangt, trotzdem sie es gerne wären.«)
Als exotischer Konsumartikel sind die Schwarzen gefragt (natürlich unter weißer Regie) – an einer ernsthaften Auseinandersetzung mit ihren Problemen (Unterdrükkung, Folter,... durch die Weißen) ist keiner interessiert. Das vorrangige Interesse gilt der Landschaft, Tier- und Pflanzenwelt und dem Klima.
Ein solch attraktives Ferienziel lassen sich die wenigsten der Befragten durch irgendwelche Miesmacher madig machen (z. B. die Medien: »50 % der Schreckensnachrichten sind erlogen«). Sie glauben an (und erleben) ein Südafrika, wie es in den Prospekten der Veranstalter vorgegaukelt wird: »Wilde Tiere, Zuluhäuptlinge, Stammestänze, Hotelanlagen... eindrucksvolle Landschaftsbilder«. Politische und wirtschaftliche Fragen werden sowohl im Prospekt als auch auf den Reisen ausgeklammert. Die Südafrikanische Botschaft und eine »Arbeitsgemeinschaft südliches Afrika« (asa) unterstützen diese Schönfärberei durch z.T. kostenlose Abgabe von Propagandamaterial (Filme, Zeitschriften u. ä.) u. a. Die Reisenden sehen auf ihren Reisen das, was sie schon wußten (»In Südafrika ist alles so perfekt wie in der Schweiz«, »Südafrika ist unvergleichlich« usw.). Unreflektiert werden die vorgegebenen Standpunkte des rassistischen Folterregimes übernommen (Schuld an allem sind nur die Schwarzen selbst – und, wie könnte es anders sein, natürlich die Kommunisten) und mit den ins Land gebrachten Devisen der Folterapparat am Laufen gehalten.
Das Versiegen dieser Devisenflut z. B. durch einen Tourismusboykott Südafrikas würde das Land spürbar treffen, denn der Tourismus ist mittlerweile zur zweitwichtigsten Einnah-

mequelle nach dem Goldhandel geworden. Für uns lautet die Frage deshalb nicht mehr, ob Boykott ja oder nein (die hat die Opposition in Südafrika längst beantwortet), sondern ob wir bereit sind zur Solidarität mit den unterdrückten Menschen in Südafrika. Präziser ausgedrückt, ob wir unsere Erholung weiterhin wichtiger nehmen wollen als die Einhaltung der Menschenrechte. (In diesem Sinne steht das Beispiel Südafrika stellvertretend für viele andere Länder.)
Die Schwarzen (und ihre Situation) als die eigentlichen Leidtragenden, kommen in dem Buch leider etwas zu kurz. So macht zwar das ›Bewußtsein‹ der Schweizer Touristen betroffen, die Situation in Südafrika aber bleibt für LeserInnen ohne viel Vorwissen etwas im Dunkeln (lediglich auf die Vergnügungsstadt ›Sun City‹ wird näher eingegangen), zumal auch Hinweise auf entsprechende Literatur fehlen.
Insgesamt aber ist das Buch die gelungene Widerlegung des touristischen ›Mythos‹ von der Völkerverständigung. Die Schweizer Ergebnisse können dabei getrost auf bundesdeutsche Südafrikareisende (und Veranstalter) übertragen werden.

Yörn Kreib

Lilo Roost-Vischer
Palmwein in Affiniam – Ländlich integrierter Tourismus in der senegalesischen Casamance
Kleine Reihe Tourismus und Entwicklung Bd. 2
Arbeitskreis Tourismus und Entwicklung
Rotpunktverlag, Basel, Oktober 1987,
115 Seiten, 12,— sFr

Ausführlich, engagiert und anschaulich (viele Fotos) versucht die Autorin, den LeserInnen zunächst die Region Casamance im Senegal näher zu bringen. Den Schwerpunkt hat sie dabei auf die Beschreibung der Einheimischen (Diola) – ihres traditionsreichen Kampfes für Unabhängigkeit und Autonomie, ihrer Religion und der sozialen Strukturen gelegt.
Lebten die Diola ursprünglich von »Selbsternährung und Tausch«, wurden sie zusehends zum Umgang mit Bargeld gezwungen (Steuern, Schulgeld u.a.). Ein Abwandern, in die Städte war und ist die Folge.
In diese Situation hinein wurde das Projekt »Ländlich integrierter Tourismus« geboren. Die Initiative dazu ging aber nicht von den Einheimischen aus, sondern kam von außen (von der »Agence de Cooperation Culturelle et Technique). Anfänglich geplante »Buschrundreisen« und »eine Art Entdekkungstourismus« scheiterten am Widerstand der Einheimischen (z.T. Abneigung gegen Touristen wegen schlechter Erfahrungen), und es war bald klar, »daß das Tourismusprojekt stark in die dörfliche Entwicklung eingebettet werden mußte«.
Das Grundprinzip war einfach: »Mit einer bescheidenen finanziellen Hilfe, die von außen kommt und nicht zurückgezahlt werden muß, baut die Dorfgemeinschaft eine Herberge, die sie selbst verwaltet und über deren Gewinne in jährlichen Versammlungen gemeinsam verfügt wird.«
Danach entstanden in den Jahren 1975–1982 8 sogenannte »Campements« mit jeweils dreißig bis vierzig Übernachtungsplätzen.
Der für den Urlaubsaufenthalt formulierte Anspruch wurde schnell zu einem der Schwachpunkte dieser Form des Tourismus. Ein deutscher Veranstalter formulierte den Anspruch in seinen Prospekten 1984 so: »Die Teilnehmer leben als Gäste unter gleichen Bedingungen, im gleichen Lebensrhythmus wie die Einheimischen... In den Dörfern gibt es kein organisiertes Programm ›extra für Touristen‹, da wir den normalen Alltag nicht stören, sondern kennenlernen wollen....«
Durch die Häufigkeit der Besuche aber werden »Offenheit und Interesse« der Einheimischen fremden Menschen gegenüber schnell abgenutzt und zur Routine. Statt zu einer Verständigung kommt es lediglich zu einem Aufeinanderprallen zweier Kulturkreise. Eine der sichtbarsten Auswirkungen ist die immer stärker zunehmende Bettelei der Kinder – ein Problem, das von den Dorfversammlungen nicht mehr unter Kontrolle zu bekommen ist.
Es ist verständlich, wenn die Einheimischen angesichts dieser Folgen, lieber einen »Tourismus ohne Touristen« hätten.
Besonders angeheizt wird dieser Konflikt durch die zahlreich auftretenden »Gentil membres« eines naheliegenden ›Club mediterranee‹: »Die Gäste der Hotelkästen und Feriendörfer verlassen ihre Ghettos. Organisierte Blitzabstecher ins Landesinnere sind in

den letzten Jahren stark in Mode gekommen. Diese ›Besucher‹ sind für die Dörfer am schwierigsten zu verkraften und haben die bettelnden Kinder am stärksten gefördert.« Aber auch die übrigen Touristen glänzen nicht gerade durch angemessenes Verhalten. Da werden gönnerhaft Bonbons und Geldmünzen verteilt, da wird den Einheimischen offenes Mißtrauen entgegengebracht und gegen die Sitten der Einheimischen verstoßen (nackte Beine u. a.).
Als Hauptschuldige an den Mißerfolgen dieser Tourismusform stehen am Ende die Touristen fest (obwohl in einigen Fällen durch unpräzise Beschreibung des Projektes in Prospekten u. ä. mitverursacht). Durch ihr unangemessenes Verhalten (Gründe dafür sind Arroganz, Unwissenheit, Angst u. a.) sind die Touristen in der Lage, das ganze Projekt des »Ländlich integrierten Tourismus in der senegalesischen Casamance« zu gefährden. Den Einheimischen würde dadurch eine wichtige Geldquelle versiegen. Denn obwohl bei Reisen von Europa aus am Ende nur zwischen 4,8 % und 8,2 % des bezahlten Reisepreises in den Dörfern hängenbleiben, konnten damit bisher zahlreiche Einrichtungen (z. B. Schulgebäude, Krankenstationen) aufgebaut werden.
Den Vorschlag eines »10jährigen Moratoriums« für die gesamte senegalesische Tourismuspolitik (Marguerite Schlechten) sollten auch die Touristen beherzigen, um sich endlich ein anderes Reiseverständnis und damit auch -verhalten anzueignen. Anstöße dafür liefert Lilo Roost-Vischer am Ende ihres Buches. Ein Hinweis auf Veränderung des Alltagsverständnisses (-verhaltens) – eine wichtige Voraussetzung für ein anderes Reisen, fehlt leider.
»Palmwein in Affiniam« ist ein Buch, das die ganze Vielschichtigkeit und Widersprüchlichkeit der Ferntourismus-Problematik aufzeigt. Ein Buch„ das keine fertigen Antworten parat hat, sondern vielmehr jeden (!) nachdrücklich auf die Suche danach schickt.

Yörn Kreib

Stefan Studer
Zukunft am Chasseral – Konzept für eine harmonische Entwicklung einer Randregion
Kleine Reihe Tourismus und Entwicklung Bd. 3
Arbeitskreis Tourismus und Entwicklung
Rotpunktverlag, Basel, Dezember 1988,
96 Seiten, 12,— sFr

»Der Chasseral verträgt keinen Massentourismus, der Berg würde zu einem einzigen Trampelpfad, die schon durch das rauhe Klima und die Umweltverschmutzung bedrohten seltenen Pflanzen wären bald ausgerottet.« (WWF)
»Was heißt da Natur? Die Natur ist doch nur nützlich, wenn sie vom Mensch auch genutzt werden kann.« (Industriepromoter)
Damit sind die in der Auseinandersetzung um die touristische »Zukunft des Chasseral« aufeinander prallenden Positionen beschrieben.
Was bleibt einer Randregion (Berner Jura) in der Schweiz, wenn die wirtschaftlichen Standbeine (Uhren- und Maschinenindustrie) durch Billigprodukte aus Niedriglohnländern und »grobe Managementfehler« immer wackliger werden? – Sie entsinnt sich ihrer Landschaft (dem »Kapital der Region«) und wittert in ihrer Vermarktung für den Tourismus eine goldene Zukunft. Bestärkt wird sie durch ein umfangreiches »Nationalfonds Forschungsprogramm«, das zu dem Ergebnis kommt, »daß das größte Potential der Randregionen in einem qualitativen Ausbau des Tourismus besteht«.
Während die einen (Gemeindebeamte, Lokale Gewerbler, Industriepromotoren u. a.) den Ausbau des Chasseral zum Massentourismusziel (unterirdische Mini-Metro, Hotel, Ferienhäuser etc.) einleiten wollen, fordern die anderen (Naturschutzverbände, Heimatschutz u. a.) einen Tourismus, der sich am vorwiegenden Landwirtschaftscharakter der Gegend zu orientieren hat und nicht seine eigene Grundlage – die Natur – zerstört.
Die Arbeit der »Mammutprojekt«-Gegner hatte schließlich Erfolg: Mit 121 : 37 Stimmen wurde das Projekt von den BürgerInnen der Gemeinde Nods abgelehnt.
Damit ist in groben Zügen auch die, im Buch spannend geschilderte, Vorgeschichte des »Konzepts für eine harmonische Entwicklung einer Randregion« erzählt. Denn das von

Stefan Studer entwickelte Konzept entstand aufgrund einer Anfrage der ProjektgegnerInnen an den Arbeitskreis für Tourismus und Entwicklung in Basel.
Entwicklung von innen heraus, Entwicklung im Einklang mit der Natur und der Landschaft, langsame und kontrollierte Entwicklung und eine Entwicklung, nicht auf eine Branche beschränkt – so umreißt der Autor die Grundsätze einer »harmonischen Entwicklung« (Parallelen zur Entwicklungshilfe in ›Dritte-Welt‹-Ländern sind vom Autor durchaus gewollt.)
Ausführlich werden konkrete Entwicklungsmöglichkeiten für die Landwirtschaft, die Forst- und Holzwirtschaft, den Bereich Industrie/Dienstleistungen, den Tourismus und die Verkehrsmittel im Gebiet um den Chasseral aufgezeigt. Dem Tourismus kommt dabei aufgrund des vorhandenen Entwicklungspotentials in diesem Falle die größte Bedeutung zu.
Die schlechte aktuelle Situation des Tourismus in dieser Region (Rückgang der Übernachtungen) und das Wissen um das Ausmaß der touristischen Zerstörung in anderen Schweizer Touristengebieten böten Anlaß genug, nach neuen Wegen zu suchen – die von Stefan Studer gemachten Vorschläge aufzugreifen.
Sein Konzept fordert »sanfte Tourismusformen, die die Landschaft schonen, die die gewachsenen Strukturen erhalten helfen, mit denen alle, auch und vor allem die Einheimischen leben können« und erteilt dem zerstörerischen Massentourismus eine klare Abfuhr.
Konkret wird u. a. gefordert:
- Das touristische Schwergewicht muß auf der Sommersaison bleiben (sanftere Form)
- Die bessere Ausnutzung der bestehenden Infrastruktur für die Wintersaison (härtere Form)
- Zurückdrängung des Ausflugs- (umweltbelastend, unwirtschaftlich) zugunsten des Aufenthaltstourismus (umweltschonender, wirtschaftlicher)
- Stopp des weiteren Baus von Zweitwohnungen (»Landschaftsfresser«).

Durch neue Marketing- und Informationsstrategien (um die Region besser als Tourismusgebiet »verkaufen« zu können) sollen sich die Gemeinden gemeinsam (!) um die gewünschte Kundschaft bemühen. Ob es die gesuchten umweltbewußten (im Denken und Handeln!) Touristen allerdings heute schon in ausreichender Zahl gibt, scheint mehr als zweifelhaft.
So steht und fällt nicht nur das Tourismuskonzept, sondern das gesamte Konzept letztlich mit der Bereitschaft der Gemeinden zur Zusammenarbeit sowie dem Umweltbewußtsein aller Beteiligten (Touristen, Gemeinden, Einheimische, . . .).
Die Grundlage für eine »harmonische Entwicklung« am Chasseral ist damit geschaffen, nun liegt es an den Beteiligten, dieses »Papier« mit Leben zu füllen.

Yörn Kreib

Ueli Mäder
Vom Kolonialismus zum Tourismus – von der Freizeit zur Freiheit
Rotpunktverlag, Zürich 1987,
213 Seiten, DM/Fr 20,—

Auf den ersten Blick macht ein Foto besonders betroffen. Es zeigt eine weiße Touristin, die umringt von Halbwüchsigen breitbeinig am Strand von Sri Lanka hockt. Die Strandjungen sind bekleidet. Die Touristin trägt außer einer Sonnenkappe nichts. Sie gehört zu den zahlreichen Besucherinnen und Besuchern, die anscheinend nie darüber nachdenken, daß in fremden Ländern, vor allem in der ›Dritten Welt‹, völlig andere Wert- und Moralvorstellungen, Sitten und Gebräuche herrschen, oder meinen, im Urlaub ginge sie das nichts an.
Sich »oben ohne« oder ganz nackt in der Öffentlichkeit zu zeigen, bedeutet nicht nur in Sri Lanka eine unglaubliche Beleidigung des Landes, sondern zeugt auch von einer großen Respektlosigkeit. (Was würde bei uns geschehen, würden sich dunkelhäutige Ausländer/innen nackt im Freibad einer Kleinstadt zeigen?)
In Sri Lanka und anderswo schluckt man diese Rücksichtslosigkeit. Schließlich handelt es sich um »Weiße« und ist man dringend auf harte Devisen angewiesen, die die alten und in gewissem Sinne neuen Kolonialherren ins Land bringen. Denn wie stark koloniales Denken noch bei uns vorherrscht, wird auf

den zweiten Blick deutlich. Ueli Mäder, promovierter Soziologe und ehemaliger Sekretär des Baseler »Arbeitskreises Tourismus und Entwicklung«, holt dazu weit in der Geschichte des Kolonialismus aus. Anhand zahlloser Beispiele schildert er wirtschaftspolitische Verflechtungen und Abhängigkeiten, Diskriminierung und Rassismus gestern wie heute.

»Was hören wir hierzulande von der sogenannten Dritten Welt«, fragt der Autor, »und wie denken wir über sie, die ›Armen‹, ›Eingeborenen‹, ›Primitiven‹, ›Wilden‹...?« Die Presse berichtet hauptsächlich über negative Erscheinungen wie Katastrophen und Korruption. In Unterhaltungssendungen, inklusive Tarzanfilmen, kommen die Einheimischen nur als Statisten vor, als unterwürfige Diener, als kreischend fette Haushälterin oder kriegerische Horde, die sich als hinterlistig und feige entpuppt. Diese Art der Darstellung bringt bis zum heutigen Tag unsere Gefühle der Überlegenheit zum Ausdruck, unsere kulturelle, politische und wirtschaftliche Selbstüberschätzung.

Lebendig beschreiben auch beliebte Schriftsteller wie Jules Verne, Mark Twain, Karl May oder Edgar Wallace kaum gesehene Farbige. Das fast blind gemalte Bild läßt diese als infantil, dumm, heidnisch, häßlich und kannibalisch erscheinen. Dahinter steckt weitverbreiteter, oft unbewußter Rassismus und Ethnozentrismus, dessen Wurzeln im Kolonialismus stecken.

Ein Schreiben, das 75 Deutsche in Deutsch-Südwestafrika (heute Namibia) im Jahr 1900 an das Auswärtige Amt schickten, verdeutlicht die Einstellung fast aller Kolonialisten. In der Eingabe wehren sie sich gegen die Aufhebung der Prügelstrafe bei Schwarzen, weil sie sonst »eine ernstliche Bedrohung der gesunden wirtschaftlichen Entwicklung sehen«. Denn »unsere Eingeborenen leben seit Urzeiten in Faulheit, Rohheit und Stumpfsinn in den Tag hinein. Je schmutziger sie sind, desto wohler fühlen sie sich. Für jeden Weißen, der unter Eingeborenen gelebt hat, ist es nicht möglich, dieselben als Menschen im europäischen Sinne anzusehen... Als Strafe muß die körperliche Züchtigung naturgemäß beibehalten werden, bis er einmal Mensch geworden ist.«

(Reiseveranstalter bieten auch im Jahr 1987 »Expeditionen zu kriegerischen Primitivstämmen, Kopfjägern, Kannibalen, Seezigeunern und Eingeborenen wilder Stämme« an, die durchgehend »primitiv, wild, steinzeitlich, aggressiv« usw. sind. Unterstützt werden sie dabei von Wissenschaftlern, insbesondere Völkerkundlern...)

Ob Handelsgesellschaften, Politiker, das Militär oder Missionare, alle trugen dazu bei, daß die Welt wie ein Kuchen unter den Kolonialmächten aufgeteilt wurde, ohne Rücksicht auf traditionelle Strukturen und kulturelle Einheiten, um sie fortan ungestörter ausplündern zu können.

Die Einheimischen wurden zu Sklaven gemacht, mußten ihren Glauben ändern, ihr Land abgeben und auf den besten Böden Ausfuhrprodukte anpflanzen, die für die »Mutterländer« bestimmt waren. Die fatalen Folgen waren die Zerstörung einer traditionellen Selbstversorgung und einer eigenen Entwicklung. So haben z.B. die aktuellen Hungertragödien und (Grenz-)Konflikte in Afrika ihre Vorgeschichte. Das verheerenste Erbe des Kolonialismus war das Auseinanderbröckeln der sozialen Solidarität bzw. das »Erpichtsein« auf persönliche Vorteile, bedingt durch Erziehung zu kapitalistischem Individualismus. Geschürt wurden ethnische und nationalstaatliche Zwistigkeiten. Zum einen durch die willkürliche Festlegung von Grenzen, zum anderen durch das Ausrichten der Völker auf verschiedene fremde Mächte. Während des zweiten Weltkrieges mußten Afrikaner für Europa und deshalb gegeneinander kämpfen. Julius Nyerere sprach vielen aus der Seele, als er meinte: »Von allen Verbrechen des Kolonialismus war keines schlimmer als der Versuch, uns glauben zu machen, daß wir keine eigenständige Kultur vorzuweisen hätten oder daß das, was wir hatten, wertlos sei.«

Nach dem Aufzeigen dieser Zusammenhänge fragt Mäder, »welchen Stellenwert nun der internationale Tourismus in der wirtschaftlichen und gesellschaftlichen Entwicklung in der Dritten Welt hat oder haben könnte«. Ausführlich beschreibt er die Auswirkungen, die bereits zu beobachten sind, wie die wirtschaftliche Abhängigkeit durch Unternehmen aus den Industrienationen und deren Touristen, kulturelle Entfremdung, Rassismus, Prostitutionstourismus, Kauf von (Ehe-)

Frauen, Umweltbelastung und -zerstörung.
Er zeigt touristische »Alternativen« auf, die in Wirklichkeit keine sind, und empfiehlt den Entwicklungsländern, sich nicht am »Tourismus-Modell Schweiz«, das er kurz skizziert, zu orientieren. Er läßt Betroffene und Organisationen aus der ›Dritten Welt‹ zu Wort kommen, die sich um eine qualitative Verbesserung des Tourismus bemühen, und faßt im Kapitel »Tourismus mit Einsicht« schließlich eine Reihe von Erfahrungen und konstruktiven Vorschlägen zusammen. Dabei betont er immer wieder, wie wichtig die Mitwirkung der Bereisten ist. Ihre Interessen sind vor allem auch bei sämtlichen Infrastruktur-Einrichtungen in den Vordergrund zu rücken. Denn was geht in einem Bauern vor, wenn er beim Wasserschleppen sieht, wie sich Touristen im Swimmingpool tummeln und das kühle Naß verspritzen, das ihm oft fehlt? Was denken Einheimische, die nur mit Krawatte und gegen hohes Eintrittsgeld Lokalitäten besuchen dürfen, wo Touristen in Shorts und mit offenem Hemd ein- und ausgehen? Was denken unsere GastgeberInnen, wenn ihnen der Zugang zum Badestrand, wo sie bislang noch fischten, untersagt bleibt?
Aufgelockert ist das bemerkenswerte Buch mit eindrucksvollen Fotos insbesondere von Hugo Stamm und Cartoons von Heinz Pfister.

Ludmilla Tüting

Dieter Kaiser (Hg.):
Wir töten, was wir lieben.
Das Geschäft mit geschützten Tieren und Pflanzen
Hoffmann und Campe, Hamburg 1989,
356 Seiten mit Abbildungen, DM 48,-

Da kommt Freude auf: Ein Tigerkopf als Aschenbecher. Welcher Pfeifenraucher würde sich über ein solches Mitbringsel nicht freuen und worin lassen sich Regenschirme besser abstellen als in einem umgearbeiteten Elefantenfuß am Eingang! Und welcher moderne Kosmopolit erzählte nicht gerne die exzentrische Anekdote vom Genuß eines Drinks aus Whisky, Honig, Galle und Blut einer lebenden Schlange unter Joggern im Bangkoker-Stadtpark.
Die touristische Seite des Handels ist sicherlich nur ein Aspekt der Vermarktung exotischer Pflanzen und Tiere. So jedenfalls stellt uns der Herausgeber D. Kaiser in seinem Buch "Wir töten, was wir lieben", das parallel zu einer gleichnamigen 9-teiligen Fernsehsendung erschien, die grenzenlose Bereicherung an der Ware Natur und den leisen Tod der Arten vor. Das Aussterben von täglich 1oo Pflanzen und Tierarten hat viele Ursachen. Die Autoren beschränken sich jedoch im wesentlichen auf den illegalen Handel mit Exoten: Kaimane für die Badewanne oder Wegwerf-Tillandsien für die Blumenbank.
Eigentlich gibt es da das Washingtoner Artenschutzabkommen aus dem Jahre 1973, das diesen Handel untersagt. Doch nach 15 Jahren sehen Naturschützer in dem WA alles andere als einen wirksamen Schutz. Kein Gesetz, keine Zollkontrollen und keine Strafen scheinen diesen Handel unterbinden zu können, solange eine Nachfrage nach solchen sinnlosen Souvenirs und Luxusartikeln besteht.

Die Autoren appellieren an die Einsicht der Abnehmer, der Touristen und der Tierliebhaber. Sie empfehlen, wenn der Zimmeraffe schon sein muß, Erkundigungen einzuziehen, ob damit nicht ein Verstoß gegen das WA verbunden ist. Diese etwas harmlose marktfreundliche Empfehlung scheint ihnen zu genügen. Vergeblich sucht man nach Namen, Organisationen, Firmen, Händlern und Drahtziehern, die sich an Kilometern von Schlangenhäuten dumm verdienen. Wenn schon Artenschutzlisten nicht den gewünschten Erfolg zeitigen, dann dürften uns hier hohe Strafen und internationalen Schwarzlisten sowie die Einrichtung einer weltweit operierenden Umweltpolizei sicherlich eher weiterhelfen. Vertrauen ist gut, Kontrolle aber in diesem Fall besser. Trotzdem ein engagiert geschriebenes Buch!

Gisela Hovestadt

Autoren

Fritz Berger, geb. 1938, arbeitete über 20 Jahre als landwirtschaftlicher Berater in der Entwicklungszusammenarbeit in Griechenland, Nepal und Pakistan. Über seine Arbeit verfaßte er neben verschiedenen Berichten u. a. das Buch »Erde Menschen Bäume« und mehrere Dokumentarfilme. Er lebt und arbeitet seit 1987 als freier Bildjournalist in der Schweiz.

Christiane Brauer, 1982 bis 1988 Studium der Ethnologie, Geographie, Psychologie und Südseesprachen an der Universität Hamburg. Magisterarbeit mit dem Thema »Bevölkerungsentwicklung und Migrationsverhalten westpolynesischer Ethnien seit 1950«. Gegenwärtig wissenschaftliche Mitarbeiterin in der völkerkundlichen Abteilung des Roemer- und Pelizaeus-Museums in Hildesheim.

Rüdiger Braun, 28 Jahre, studierte in Würzburg Biologie, mit dem Schwerpunkt Ökologie und Philosophie. Als Freier Journalist versucht er vor allem, Verständnis für ökologische Zusammenhänge zu wecken. Auf einer Informationsreise durch Kenya, Uganda und Zaire wurde er mit den Problemen des Gorillatourismus konfrontiert und engagiert sich seither für den Erhalt der massiv bedrohten Bergregenwälder und das Überleben der Berggorillas.

Rainer Buchwald, geb. 1955, Studium der Biologie und Chemie in Freiburg, 1987 Promotion in der Fakultät für Biologie, seit 1986 wissenschaftlicher Angestellter am Botanischen Institut Freiburg. Schwerpunkt der wissenschaftlichen Arbeit: Pflanzensoziologie, Ökologie von Feuchtgebieten, Libellen (mehrere Veröffentlichungen). Zwei Auslandsaufenthalte in Bolivien und Peru, seit 1988 Mitarbeit im »Verein zur Förderung von Landwirtschaft und Umweltschutz in der Dritten Welt«.

Robert Dilger, geb. 1950, Studium der Biologie, Chemie und Physik; 1976 Zweites Staatsexamen für das Lehramt am Gymnasium, 1976–1979 Studium der Regionalwissenschaft und -planung an der Universität Karlsruhe; Schwerpunkt der wissenschaftlichen Arbeit: Ökologische Aspekte der Kommunalplanung / Analyse von Bewertungsverfahren der Umweltverträglichkeit; bis 1980 Mitarbeiter bei der Bezirksstelle für Naturschutz und Landschaftspflege des Regierungspräsidiums Karlsruhe; 1981–1983 Tätigkeit als integrierter Experte der CIM/GTZ beim nicaraguanischen Umweltministerium (IRENA) in Manugua; heute beschäftigt in der bad.-württ. Naturschutzverwaltung; Mitarbeit im »Verein zur Förderung von Landwirtschaft und Umweltschutz in der Dritten Welt, VFLU«; Veröffentlichungen zu Schutzgebiets- und Nationalparkplanungen, Flußauen-Ökosystemen und tropischen Regenwäldern sowie Problemen standortgerechten Landbaus in den Tropen.

Günter Ermlich, geb. 1951, Studium der Politikwissenschaft, Germanistik und Publizistik, Stipendiat der Carl Duisberg-Gesellschaft im Tourismusministerium in Mexiko-Stadt, zur Zeit wissenschaftlicher Mitarbeiter in einem sportgeschichtlichen Forschungsprojekt an der FU Berlin und freier Journalist, Mitglied der »Gruppe Neues Reisen«.

Claus Euler, geb. 1955, Studium der Ethnologie, Geographie, Soziologie und Urgeschichte in Köln (M. A.); DAAD-Stipendiat in Nepal (1983–85); mehrere Forschungen in Südasien; Gründungsmitglied des INFOE und Leiter des INFOE-Büros in der Schweiz (1987–89); seit einigen Jahren Mitarbeiter beim »Südasien Büro« (Dortmund); Koordinator der Zeitschrift *HIMAL* in Europa; aktives Mitglied in verschiedenen anderen Organisationen, u. a. dem »Antirassistischen Arbeitskreis« (ARA, Berlin); Publikationen u. a. zum Thema Tourismus und Ökologie/ Entwicklung; z. Z. Projekt-Koordinator für eine schweizerische NGO in Bangladesh.

Asun Garcia, M. A., geb. 1953 in Spanien, zunächst in Teneriffa Halbtagsbeschäftigung im Massentourismus als Fremdenführerin. 1977–1984 Studium der Ethnologie in Köln; 1985–1988 Aufbaustudium am »Institut Universitaire d'Etudes du Development« in Genf und Halbtagsstelle als Assistentin am dortigen Völkerkunde-Museum; seit 1987 in einer Vorbereitungsgruppe für eine Forschung in Indonesien.

Al Imfeld, geb. 1935, schloß sein Studium nacheinander in Theologie, Entwicklungssoziologie, Journalistik und Tropenlandwirtschaft ab und lebt als freier Journalist in Zürich. Er ist bekannt geworden durch zahlreiche Veröffentlichungen, u. a. durch sein Buch »Hunger und Hilfe« und ist für Lehraufträge an verschiedene Universitäten in Europa, Afrika und Asien berufen worden. Er ist Mitglied im Wissenschaftlichen Beirat des INFOE und hat für ÖKOZID 4 das Vorwort verfaßt.

Uwe Kievelitz, geb. 1958, studierte Ethnologie, Geschichte und Geographie in Köln und schloß seine Promotion über »Kultur, Entwicklung und die Rolle der Ethnologie« (Beiträge zur Kulturkunde Bd. 11, Bonn 1988) in Frankfurt ab. Seit 1984 arbeitete er mit verschiedenen Aufgabenstellungen als Gutachter für die GTZ und führte Lehraufgaben bei der DSE in Bad Honnef sowie dem Institut für Südostasienwissenschaften in Frankfurt durch. Er arbeitete in Entwicklungsprojekten in Indonesien und (z. Z.) den Philippinen.

Karl-Heinz Kohnen, geb. 1958, Studium der Pädagogik an der Universität Essen, inzwischen selbständig tätig in der Touristik, Schwerpunkt bedrohte Nationalparke in Ost- und Zentralafrika. Zur Zeit vorwiegend engagiert in Uganda und Zaire. Die Verknüpfung von Naturschutz und Tourismus bildet die Grundlage seiner Tätigkeit.

Yörn Kreib, geb. 1960, seit zwei Jahren intensive Auseinandersetzung mit der Tourismusproblematik (Schwerpunkt Umwelt). Im Februar 1989 Fertigstellung seiner Diplomarbeit (FB Landespflege, TU Hannover) über die Umweltverträglichkeit von naturkundlichen Studienreisen. Daneben Durchführung von Seminaren zum Thema Tourismus und (nach Lust) Tätigkeit als Reisebegleiter (Frankreich).

Frank Kressing, geb. 1959, Studium der Ethnologie, Sprach- und Kulturwissenschaften in Tübingen, mehrere Nordamerikareisen, Autor des Buches »Der Cree-Report – kanadische Indianer im Kampf gegen die Energiewirtschaft« (Verlag für Amerikanistik, Wyk auf Föhr 1986) und Teilnehmer an einer Blockade-Aktion der Lubicon-Cree im Herbst 1988; Mitglied in der »Gesellschaft für bedrohte Völker« und im »Institut für Ökologie und Angewandte Ethnologie«, lebt in Herrlingen bei Ulm.

Jost Krippendorf, geb. 1938, studierte an der Universität Bern Wirtschaftswissenschaften, von 1963–1971 Oberassistent am Forschungsinstitut für Fremdenverkehr an der Universität Bern. 1971 wurde er zum Direktor dieses Instituts ernannt (das später in Forschungsinstitut für Freizeit und Tourismus umbenannt wurde) und übernahm den Lehrstuhl für Theorie und Politik des Fremdenverkehrs. 1972 zum außerordentlichen Professor an der Universität Bern ernannt, seit Anfang November 1988 Ordinarius und Leiter der Koordinationsstelle für Allgemeine Ökologie an der Berner Hochschule. Seit 1989 Wirtschaftskolumnist des »Bund«.

Gesine Meerwein, Mitarbeiterin bei AGISRA (Arbeitsgemeinschaft gegen internationale sexuelle und rassistische Ausbeutung), Frankfurt.

Christine Plüss, geb. 1955, hat in Paris Geschichte studiert und 1986 mit einer Dissertation über Tourismus auf den Malediven abgeschlossen. In Zusammenarbeit mit Pierre Aisner veröffentlichte sie 1983 das Buch »La ruée vers le solail« (L'Harmattan, Paris) über Tourismus und Dritte Welt. Seit 1976 ist sie regelmäßig als Reiseleiterin für verschiedene Schweizer Veranstalter tätig, unter anderem während mehr als zwei Jahren auf den Malediven. Sie ist heute Mitarbeiterin beim Arbeitskreis Tourismus und Entwicklung in Basel.

Manfred Spöttl, geb. 1939, Studium der Romanistik, Germanistik und Philosophie in München und Regensburg. Journalist. Buchveröffentlichungen: »Tatort Alpen. Karl Partsch – der sanfte Rebell«, Göttingen 1988.

Heide Thiemann, geb. 1959, Studium der Ethnologie, Soziologie und Psychologie in Köln; freie Referentin in der politischen Erwachsenenbildung, Mitarbeiterin an einer Studie für das Ministerium für Jugend, Familie, Frauen und Gesundheit zum Thema Frauenhandel und Prostitionstourismus, journalistische Arbeit für die Welthungerhilfe in Indien. Seit vielen Jahren frauenpolitisch aktiv u. a. Mitgründerin der Frauen Ethno-Gruppe Köln und agisra e. v. Frankfurt. Verschiedene Veröffentlichungen zu internationalem Sexismus, Autorin von »Frauenrolle und Prostitution in Thailand«, Köln 1988.

Werner Thut, geb. 1959, Wirtschaftshistoriker aus Bern, schreibt z. Z. an seiner Dissertation zum Thema »Historical Evidence as a source to Assess Development Strategies – Rural development and market integration of upland regions in 19th century Switzerland and contemporary Nepal«.

Ludmilla Tüting, freie Journalistin, lebt in Kreuzberg (Berlin) und Kathmandu (Nepal). Autorin von zahlreichen Publikationen und Büchern zu den Themen Nepal, Tibet, Himalaya (Chipko-Bewegung), Entwicklungshilfe, Umwelt, Tourismus, Rassismus. Gründerin des Anti-Rassistischen Arbeitskreises (ARA), Sprecherin der internationalen Arbeitsgemeinschaft »Tourismus mit Einsicht«.

Vorankündigung

ÖKOZID 6 (1990) wird nicht nur die ökologische und kulturelle Krise aufzeigen, die sich aus der Vernichtung der tropischen Regenwälder ergibt. Verschiedene erprobte und propagierte *Strategien zum Schutz der tropischen Regenwälder* werden kritisch beleuchtet.

Die Notwendigkeit des Handelns ist angesichts der Dimension des Ökozids in den tropischen Regenwäldern nicht zu bezweifeln: Aber wie ist der Stand der Ökosystemforschung im Regenwald und welche Schutzstrategien folgen daraus? – Welchen Beitrag können die Biowissenschaften zur Weiterentwicklung bestehender oder Schaffung neuer Naturschutzkonzepte leisten? – Erfordert die parallel zur Vernichtung der biologischen Vielfalt gegebene Bedrohung der kulturellen Vielfalt nicht zwangsläufig interdisziplinäre Strategien?

Zweifelsohne tragen auch wir in den Industrieländern erhebliche Verantwortung für die Regenwaldvernichtung: Wie sind angesichts der bisherigen, oft die Zerstörung fördernden Entwicklungszusammenarbeit die internationalen Schutzabkommen und Umweltrichtlinien in multilateralen Abkommen zu bewerten? – Welche Chancen des Schutzes bieten Entschuldungskonzepte und welche Rolle können multilaterale Entwicklungsbanken hierbei spielen? – Welche Rückwirkungen hat unsere Landwirtschaftspolitik auf Entwicklungen in der Dritten Welt? – Ist es nicht zwingend erforderlich, daß sich durch die Umwelterziehung bei uns ein anderes Selbstverständnis zur Natur bilden muß? – Und wie sehen nicht zuletzt die Betroffenen selbst unsere Kampagnen zur Unterstützung indigener Völker?

Neben diesen Punkten wird der Schutz der Regenwälder durch verschiedene Nutzungsformen erörtert: Kann die Forstwirtschaft zum Schutz beitragen? – Welche Chancen bieten sekundäre Waldprodukte und eine angepaßte Landnutzung? – Wieweit ist ein absoluter Nutzungsausschluß erforderlich?

(Herausgeber: ARA – Arbeitsgemeinschaft Regenwald und Artenschutz)

Redaktionsanschrift:
Institut für Ökologie und angewandte Ethnologie (INFOE)
Lockhütter Str. 141, 4050 Mönchengladbach 1 (Tel.: 02161/630319)

Rezensionsexemplare
sind an die Adresse des Herausgebers der Jahrbuchreihe, Peter E. Stüben (INFOE) einzusenden.
Die Ökozid-Jahrbücher erscheinen jeweils im Oktober!

ÖKOZID-EXTRA (Frühjahr 1990)
R. Gronemeyer/G. Rakelmann/D. Dirmoser: »Mythos Entwicklungshilfe«

Bisher erschienen im Focus Verlag:

ökozid 1
Peter. E. Stüben (Hg.):
Kahlschlag im Paradies
Die Vernichtung der Regenwälder – Das Ende der Stammesvölker
Vorwort von K.-H. Schlesier
Focus Verlag, Gießen 1985
220 Seiten mit 68 Fotos u. Karten
ISBN 3-88349-327-9

ökozid 2
Peter E. Stüben (Hg.):
Nach uns die Sintflut
Staudamm-Entwicklungs»hilfe«, Umweltzerstörung und Landraub
Vorwort von Claus Biegert
Focus Verlag, Gießen 1986
262 Seiten mit 70 Fotos und Karten
ISBN 3-88349-340-6

ökozid 3
Henning Heske (Hg.):
Ernte – Dank?
Landwirtschaft zwischen Agrobusiness, Gentechnik und traditionellem Landbau
Focus Verlag, Gießen 1987
230 Seiten mit zahlreichen Fotos und Karten
ISBN 3-88349-350-3

ökozid 4
Peter E. Stüben (Hg.):
Die neuen »Wilden«
Umweltschützer unterstützen Stammesvölker
Theorie und Praxis der Ethno-Ökologie
Vorwort von Al Imfeld
Focus Verlag, Gießen 1988
248 Seiten mit zahlreichen Fotos und Abbildungen
ISBN 3-88349-364-3

ökozid extra
Gerd Hensel
Strahlende Opfer
Amerikas Uran-Industrie, Indianer und weltweiter Überlebenskampf
Focus Verlag, Gießen 1987
220 Seiten mit 20 Fotos und zahlreichen Karten
ISBN 3-88349-344-9

Ökozid Jahrbücher gibt es auch im Abonnement – Fragen Sie den Verlag nach Einzelheiten

Der Verkauf von Geschäftsanteilen eines Pharma-Unternehmens im Jahr1986 überschwemmte einen linken Kreuzberger Erben mit so vielen Millionen Mark, daß er beschloß, dieses Geld nicht behalten zu wollen. Zusammen mit Personen seines Vertrauens wurde ein Diskussionsprozeß eingeleitet, um das Geld sinnvoll zu verwenden. Die Idee entstand, es zins- und damit ertragbringend anzulegen, um damit kontinuierlich an der Veränderung von Strukturen arbeiten zu können, die Armut, Ausbeutung, Diskriminierung und Unterdrückung bedeuten.

So wurde eine gemeinnützige Stiftung errichtet und vom Stifter mit einem Vermögen von 30 Millionen DM ausgestattet, bestehend aus Barvermögen und zwei Immobilien. Mit den Mitteln der Stiftung werden Projekte mit dem Schwerpunkt Entwicklungshilfe gefördert.

Um die Förderetats möglichst umfangreich halten zu können, wird der Verwaltungsaufwand minimiert. Die Arbeit in den Stiftungsgremien ist daher ehrenamtlich, und für die Verwaltung besteht ein kleines Büro mit zwei hauptamtlichen Angestellten. In Steuer-, Rechts- und Anlagefragen werden bei Bedarf externe SpezialistInnen hinzugezogen.

Die Projektarbeit innerhalb der Stiftung wird von Arbeitsgruppen getragen, die sich im Rahmen der Satzung eigene Förderkriterien und Arbeitsgrundsätze erstellen und dabei inhaltliche und geographische Schwerpunkte setzen. Diese Arbeitsgruppen verfügen über einen Jahresetat, über den sie im Sinne des Stiftungszweckes autonom bestimmen können.

Zur Zeit existieren Arbeitsgruppen zu den Bereichen »Lateinamerika«, »Afrika«, »Asien«, »Frauen«, »Erfahren – Internationale Jugendfahrten« und »dritte Welt – Hier!«. Die Organe der Stiftung sind Stiftungsrat und Vorstand.

Arbeitsgruppe »dritte Welt – Hier!«

Die Arbeitsgruppe »dritte Welt – Hier!« wurde 1986 unter dem Namen »Feuerwehrfonds« gebildet. Arbeit und Ziele der Arbeitsgruppe sind in der Zeit seit ihrer Gründung ständig diskutiert und weiterentwickelt worden, was letztendlich einen neuen Namen und damit auch geänderte Arbeitsschwerpunkte zur Folge hatte.

Stand ursprünglich der Charakter des Lückenbüßers im Mittelpunkt, der schnell und unbürokratisch da einspringt, wo andere Arbeitsgruppen nicht greifen, so zeigte sich schnell, daß dieses Konzept in der Praxis weder sinnvoll noch durchzuhalten war. Auch weckte der AG-Name »Feuerwehrfonds« bei den AntragstellerInnen falsche Hoffnungen: schnell und unbürokratisch geht es eben nicht, wenn wir uns über einen Antrag und seine Hintergründe ausführlich ins Bild setzen wollen.

Deswegen haben wir uns nach einem Jahr umbenannt in »Arbeitsgruppe ›dritte Welt – Hier!‹«. Damit war auch die Zielsetzung unserer Arbeit etwas klarer definiert: Kurz gesagt, unterstützen wir Projekte, die in der BRD und in Westberlin Öffentlichkeitsarbeit leisten, um

- auf Armut, Elend und Unterdrückung in den Ländern Lateinarmerikas, Asiens, Afrikas und des pazifischen Raumes hinzuweisen;
- die Beteiligung der BRD und der anderen reichen Industrieländer an dieser Situation zu verdeutlichen;

- ein Forum zu sein für ethnische Minderheiten in der sogenannten Dritten Welt, für die Opfer von Vertreibung und Raubbau an der Natur;
- den hier lebenden Menschen aus den ›armen‹ Ländern den Zugang zu Informationen über ihr Heimatland, ihr Leben hier und – wenn sie es wollen – die Rückkehr in ihr Heimatland zu erleichtern;
- ausländerfeindliche und rassistische Tendenzen in der BRD und in Westberlin zu bekämpfen.

Die AG »dritte Welt – Hier!« ist Mitherausgeberin dieses Buches und hat durch ihren Beitrag sein Erscheinen ermöglicht.

Andere Beispiele der Unterstützung von »Dritte Welt«-Gruppen durch die AG »dritte Welt – Hier!« seien kurz angeführt:

- Im Dezember 1988 hat die Projektgruppe Pazifik ein Fachseminar für Pazifik-AktivistInnen aus der BRD und Westberlin zur gegenwärtigen Situation und den Entwicklungsmöglichkeiten Neukaledoniens durchgeführt. Ziel war es, ein detailliertes Bild aller wichtigen Problemfelder Neukaledoniens zu gewinnen. Dazu gehören vor allem die ethnischen Konflikte und ihre Ursachen, die wirtschaftliche Lage und die Interessen Frankreichs, die unterschiedlichen Positionen innerhalb der Befreiungsbewegung FLNKS, der durch die koloniale Situation erzwungene Wandel innerhalb der kanakischen Gesellschaft und die politischen Bedingungen des Unabhängigkeitskampfes der Kanaken.
  Mit einem Vertreter der FLNKS wurde die Möglichkeit einer deutschen Unterstützung der FLNKS beraten und die Grundlinie einer Kampagne anläßlich des 200. Jahrestages der Französischen Revolution im Jahre 1989 festgelegt. Der Sender Freies Berlin hat in zwei kurzen Beiträgen über das Seminar und die Pressekonferenz des FLNKS-Vertreters Djimi Ounei berichtet.
- Der Verein Peace Bird Deutschland e. V. bemüht sich seit seiner Gründung im Jahre 1983, Kinder und Jugendliche zu unterstützen, die sich für weltweite Völkerverständigung und für den Frieden einsetzen. Weltweit ist Peace Bird inzwischen zu einer Bewegung geworden, in der mehrere hundert Kinder und Jugendliche aktiv mitarbeiten. Das 1. Kindergipfeltreffen von Peace Bird im Dezember 1987 in Washington hat weltweite Beachtung gefunden, nicht zuletzt wegen der massenhaften Kinder-Friedensbriefe an Reagan und Gorbatschow. Das 2. Kinder-Friedensgipfeltreffen fand im März/April 1989 in Westberlin mit 90 Teilnehmern aus aller Welt statt, darunter auch drei Jugendlichen aus der Sowjetunion. An einem öffentlichen Hearing im Grips-Theater nahmen unter anderem auch der Zukunftsforscher Robert Jungk, die Schulsenatorin Sybille Volkholz sowie der Atomphysiker Hans-Peter Duerr teil.

Sechs bis zehn ehrenamtliche MitarbeiterInnen hat die Arbeitsgruppe »dritte Welt – Hier!«, die Erfahrungen als ehemalige EntwicklungshelferInnen, langjährige SolidaritätsarbeiterInnen oder in »Entwicklungs«organisationen hauptberuflich Tätige in die Arbeit einbringen. Die AG tagt etwa im Abstand von drei bis fünf Wochen; wir bemühen uns, über Anträge von 750 DM mit derselben Sorgfalt zu diskutieren wie über solche von 10000 DM und mehr. Pro Jahr erhalten wir über 50 Anträge von Gruppen aus Westberlin, der BRD und dem Ausland.

Weitere Informationen:
Stiftung Umverteilen – für eine, solidarische Welt
Arbeitsgruppe »dritte Welt – Hier!«
Mehringdamm 50
1000 Berlin 61
Tel.: (030) 7859844